Geschichte und Kultur der Juden in Rothenburg o.d.T.

Herausgegeben vom Bezirk Mittelfranken
durch Andrea M. Kluxen und Julia Krieger

FRANCONIA JUDAICA

Herausgegeben vom Bezirk Mittelfranken
durch Andrea M. Kluxen und Julia Krieger

Band 7

Geschichte und Kultur der Juden in Rothenburg o.d.T.

ERGON VERLAG

Geschichte und Kultur der Juden in Rothenburg o.d.T.

Herausgegeben vom Bezirk Mittelfranken
durch Andrea M. Kluxen und Julia Krieger

ERGON VERLAG

Umschlagabbildung:
Johann Ludwig Schäfer: Ansicht der ehemaligen Synagoge als Marienkapelle auf dem Milchmarkt (Kapellenplatz) in Rothenburg, von Süden, 1745. – Quelle: Stadtarchiv Rothenburg o.d.T., B 669, zu S. 410.

Bibliografische Information der Deutschen Nationalbibliothek
Die Deutsche Nationalbibliothek verzeichnet diese Publikation in der Deutschen Nationalbibliografie; detaillierte bibliografische Daten sind im Internet über http://dnb.d-nb.de abrufbar.

Umschlaggestaltung: Jan von Hugo
Satz: Thomas Breier, Ergon-Verlag GmbH
Redaktion: Julia Krieger M. A.

www.ergon-verlag.de

ISSN 1864-6484
ISBN 978-3-89913-927-3

Inhalt

Geleitwort

Seit 2006 veranstaltet der Bezirk Mittelfranken die erfolgreiche Tagungsreihe „Franconia Judaica“. In der gleichnamigen Buchreihe erscheinen seitdem Publikationen, in denen die Vorträge der jeweiligen Tagung zeitnah, preisgünstig und in kompakter Form einem breiteren Publikum zugänglich gemacht werden. Auch auf diese Weise fördert und unterstützt der Bezirk Mittelfranken die Pflege, Verbreitung und Erforschung des jüdischen Erbes in Mittelfranken.

Ich freue mich, dass mit dem vorliegenden Band 7 erneut Tagungsergebnisse im Druck vorgelegt werden. Das Buch versammelt die Redebeiträge, die am 18. November 2011 auf der Veranstaltung „Geschichte und Kultur der Juden in Rothenburg o.d.T.“ vorgetragen wurden.

Auf dieser gut besuchten Tagung in der ehemaligen Reichsstadt haben fachkundige Beiträger die jüdische Geschichte von Rothenburg grundlegend und in vielen unterschiedlichen Facetten behandelt. Der zeitliche Bogen spannte sich dabei vom Mittelalter bis in die jüngste Zeit.

Ich danke den Autoren und den Herausgebern des vorliegenden Bandes für ihr fachkundiges Engagement. An dieser Stelle sei auch unseren Kooperationspartnern der Tagung – der Stadt Rothenburg o.d.T. sowie dem Evangelischen Erwachsenenbildungswerk, namentlich Herrn Pfarrer Oliver Gußmann, – für Ihren Einsatz und die gute Zusammenarbeit noch einmal aufs Herzlichste gedankt. Mein Dank geht außerdem an den Ergon-Verlag Würzburg für die gewohnt professionelle Betreuung der Drucklegung.

Richard Bartsch
Bezirkstagspräsident

Einführung

Andrea M. Kluxen

Wer sich mit Geschichte und Kultur der Juden in Franken befasst, trifft trotz einer reichen jüdischen Geschichte nur auf eine fragmentarische Überlieferung. Diese aufzuarbeiten und zu vermitteln, ist eine Herausforderung, der sich der Bezirk Mittelfranken mit seiner Tagungs- und Publikationsreihe „Franconia Judaica" immer wieder neu stellt. Mit der ehemaligen Reichsstadt Rothenburg ob der Tauber wird nach Schwabach in dem vorliegenden Band erneut eine Stadt in den Fokus genommen und wissenschaftlich untersucht. Unterschiedlichste Aspekte zu Geschichte und Kultur der Juden sowie ihrer Bedeutung für Stadt und Umland werden dabei thematisiert.

Seit Ende des 12. Jahrhunderts belegen Quellen jüdisches Leben in Rothenburg. Das erste jüdische Viertel lag rund um den heutigen Kapellenplatz, an dem sich auch eine Synagoge, eine Talmudschule und eine Mikwe befanden. Mit knapp 10 Prozent stellten die jüdischen Bürger einen nicht geringen Teil der städtischen Bevölkerung. Die Hochblüte der Gemeinde entwickelte sich im 13. und 14. Jahrhundert, als auch der weltberühmte Rabbi Meir ben Baruch hier wirkte. Nach Pogromen und den Pestverfolgungen 1349 entstand ein neues jüdisches Viertel im Norden der Stadt mit einer neuen Synagoge nahe dem jüdischen Friedhof am Schrannenplatz. Immer höhere Steuern und Repressalien sowie die Aufhebung des Zinsnahmeverbots für Christen führten im 15. Jahrhundert zu drastisch verschlechterten Lebensbedingungen der Juden, die 1520 – wie in allen Reichsstädten in der Frühneuzeit – mit der Ausweisung aus der Stadt endeten. Die Synagoge wurde geplündert, im Bauernkrieg zerstört und 1560 endgültig eingerissen. Erst 350 Jahre später, im Jahr 1870, siedelten sich wieder Juden an, und es entstand ein reiches jüdisches Kultur- und Wirtschaftsleben, dessen Blütezeit um 1910 lag. Schon vor der Machtergreifung der Nationalsozialisten waren Juden in Rothenburg antisemitischen Aktionen und erneuter Diskriminierung ausgesetzt, so dass hier noch vor der Reichspogromnacht die letzten 17 Juden am 22. Oktober 1938 aus der Stadt vertrieben wurden.

Bei den hier vorliegenden Abhandlungen wird immer wieder deutlich, dass trotz struktureller Ähnlichkeiten mit anderen fränkischen Städten es doch unterschiedliche soziale und wirtschaftliche Bedingungen in Rothenburg gab, die zu eigenen Ausprägungen der Geschichte und Kultur der Juden in dieser Stadt führten. Der Band soll nicht nur Einblicke in die lokale und regionale jüdische Geschichte und Kultur bieten, sondern auch Anregung sein, auf diesem Gebiet weiter zu forschen.

Juden im mittelalterlichen Rothenburg o.d.T.

Das Beziehungsgefüge von Stadt, Reich, jüdischer Gemeinde und Individuum

Claudia Steffes-Maus

Einleitende Bemerkungen

Will man sich heute über jüdisches Leben im mittelalterlichen Rothenburg informieren, befindet man sich in einer vergleichsweise günstigen Situation, die für andere, ähnlich bedeutsame deutsche Städte nur selten erreicht ist: Die wissenschaftliche Forschung hat sich bereits in etlichen einschlägigen Publikationen mit der Geschichte der Juden in der Tauberstadt beschäftigt.[1] Auch Ludwig Schnurrer hat in seinen zahlreichen, thematisch breit gefä-

---

1 Zuvorderst zu nennen ist die Arbeit von Michael H. Wehrmann: Die Rechtsstellung der Rothenburger Judenschaft im Mittelalter (1180–1520). Eine rechtsgeschichtliche Untersuchung. Diss. jur. Würzburg 1976. Ihre Befunde können auch heute noch weitgehend Gültigkeit beanspruchen. In ihr wurde die Quellenlage umfassend aufgearbeitet. Schon Ende des 19. Jahrhunderts beschäftigte sich der Mitherausgeber der Monumenta Germaniae Historica, Harry Breßlau, mit dem Rothenburger Judenband I (Staatsarchiv Nürnberg, Reichsstadt Rothenburg, Akten 389r. Depositum in Stadtarchiv Rothenburg, A 840/I), welchen er in einen breiten reichsgeschichtlichen Kontext integrierte, ohne jedoch weiteres Quellenmaterial aus Rothenburger Beständen zu kennen: Harry Breßlau: Zur Geschichte der Juden in Rothenburg ob der Tauber. In: Zeitschrift für die Geschichte der Juden in Deutschland 3 (1889), S. 301–336 sowie ebd., 4 (1890), S. 1–17. Aus neuerer Zeit stammt der Sammelband von Hilde Merz u. a. (Hgg.): Judaika im Reichsstadtmuseum. Zur Geschichte der mittelalterlichen Jüdischen Gemeinde in Rothenburg ob der Tauber. Rabbi Meir ben Baruch von Rothenburg zum Gedenken an seinen 700. Todestag (= Schriftenreihe des Reichsstadtmuseums Rothenburg o. d. Tauber 3). Rothenburg o.d.T. 1993. Unabdingbar sind ferner die Ortsartikel des Standardwerkes „Germania Judaica", dessen dritter Teilband exakt mit der Zeit der Vertreibung der Rothenburger Juden 1519/20 endet: Germania Judaica: Bd. I: Ismar Elbogen, A. Freimann, H. Tykocinski (Hgg.): Von den ältesten Zeiten bis 1238; Bd. II: Zvi Avneri (Hg.): Von 1238 bis zur Mitte des 14. Jahrhunderts, 2 Teilbände; Bd. III: Arye Maimon, Mordechai Breuer, Yacov Guggenheim (Hgg.): 1350–1519, 3 Teilbände. Tübingen 1963–2003. Darüber hinaus existieren mehrere archäologische Berichte zur Entwicklung der Rothenburger Judengasse und den dort erhobenen Befunden: Michael Kamp, Christa Joist: Archivalische Untersuchung Judengasse Rothenburg o. T. Bericht, Stand: Dezember 1989; Horst Brehm: Archäologische Ausgrabungen in der Rothenburger Judengasse. In: Karl Borchardt, Ekkehart Tittmann (Hgg.): Städte, Regionen, Vergangenheiten. Beiträge für Ludwig Schnurrer zum 75. Geburtstag (= Quellen und Forschungen zur Geschichte des Bistums und Hochstifts Würzburg 59). Würzburg 2003, S. 57–89; Anke Köber: Archäologische Forschungen zur hochmittelalterlichen Stadtbefestigung und zum spätmittelalterlichen Judenviertel in Rothenburg. In: Ebd., S. 91–107.

cherten Aufsätzen zur Geschichte Rothenburgs im Mittelalter stets jüdische Aspekte berücksichtigt[2], ein Vorgehen, das man in der übrigen mediävistischen Städteforschung viel zu oft vermisst.

Die Quellenlage, die diesen Forschungsstand maßgeblich begünstigte, erläutert im vorliegenden Band ausführlich der Artikel des Stadtarchivars Thomas Schreiner. Hervorzuheben ist an dieser Stelle lediglich die außerordentliche Bedeutung serieller Quellen für die Rekonstruktion der jüdischen Geschichte in der Tauberstadt, insbesondere die der zahlreichen überlieferten Gerichtsbücher. Das Wirken Rabbi Meirs, eines der einflussreichsten Gelehrten im aschkenasischen Judentum des Mittelalters, sowie die letztendliche Vertreibung der Juden aus der Tauberstadt 1519/20 werden in separaten Beiträgen dieses Sammelbandes von Johannes Heil und Ludwig Schnurrer eingehender behandelt, so dass der vorliegende Aufsatz diese Themen ausklammern kann.

Ziel der folgenden Ausführungen ist es, einen Überblick über die Entwicklung der Rothenburger Juden im Mittelalter zu vermitteln. Dazu wird ein zweigeteilter Zugang gewählt. Für die erste Hälfte jüdischer Siedlung in der Tauberstadt empfiehlt sich ein chronologischer Ansatz, wohingegen für die Zeit nach der Mitte des 14. Jahrhunderts ein systematischerer Zugriff erfolgen kann: Zum einen sollen die verschiedenen Beziehungsebenen der Juden zur umgebenden Gesellschaft herausgearbeitet werden, andererseits soll anhand einiger ausgewählter Familien die Vielschichtigkeit jüdischer Existenz in Rothenburg und im weiteren Umfeld paradigmatisch veranschaulicht werden. Durch diese Herangehensweise kann die nach wie vor in der Forschung vorherrschende Perspektive auf Juden als passive, bestenfalls reagierende Glieder der mittelalterlichen Gesellschaft aufgebrochen werden zugunsten einer individualisierteren Wahrnehmung der Juden als aktive, im Rahmen ihrer Möglichkeiten agierende und verhandelnde Persönlichkeiten.

Die jüdische Gemeinde Rothenburg von ihrer Entstehung bis zum Schwarzen Tod

In Rothenburg lebten vor der Reformation während nahezu 350 Jahren Juden. Den ältesten Hinweis auf jüdische Siedlung in der Tauberstadt liefert die oft zitierte Würzburger Quelle von 1180, die einen „iudeus quidam de Rotenburc, Sanuel Biscoph nomine" nennt.[3] Dieser in Würzburg ansässige Jude

---

2 Stellvertretend für viele andere Artikel vgl. Ludwig Schnurrer: Die Reichsstadt Rothenburg im Zeitalter Karls IV. 1346–1378. In: Ders.: Rothenburg im Mittelalter. Studien zur Geschichte einer fränkischen Reichsstadt. Rothenburg 1997, S. 125–186; Ders.: Die Wallfahrt zur Reinen Maria in Rothenburg (1520–1525). In: Ebd., S. 401–454.

3 Vgl. Wehrmann (wie Anm. 1), S. 28; Hilde Merz: Die mittelalterliche jüdische Gemeinde in Rothenburg o.d.T. In: Dies. u. a. (wie Anm. 1), S. 9–28, hier S. 9. Es ist

stammte also aus der Tauberstadt. Somit kann man mit guten Gründen davon ausgehen, dass bereits zur Zeit der Stadtwerdung Rothenburgs, spätestens aber um 1170, erste Juden dort lebten. Die gängige These, der zufolge diese Juden nach den Judenverfolgungen 1147 im Vorfeld des Zweiten Kreuzzuges aus Würzburg an die Tauber gekommen sind, und die Annahme, dass ihre Ansiedlung im Rahmen einer staufischen Städtepolitik zielgerichtet und planmäßig geschah, schließen sich nicht aus.[4] Mit dem Ausbau Rothenburgs zur staufischen Königsstadt, der sich u. a. in der Verleihung von Marktrechten äußerte, benötigte man auch einen entsprechenden Finanzmarkt. Dieser wurde den Städten zur damaligen Zeit aufgrund bestehender Zinsverbote bei der Geldleihe unter Christen von Juden bereitgestellt.

Den ersten als sicher geltenden Hinweis auf die Existenz einer veritablen jüdischen Gemeinde liefert die Reichssteuermatrikel von 1241, in der die Rothenburger Juden mit zehn Mark Silber veranschlagt worden sind.[5] Der wenige Jahre später in Rothenburg ansässige Rabbi Meir ben Baruch bezeichnete die dortige Gemeinde bereits als „Kahal“, als institutionell und rituell voll ausgestattete, sich selbst verwaltende jüdische Gemeinde.[6] Der älteste überlieferte Grabstein des Rothenburger Friedhofs aus dem Jahr 1266 bestätigt diesen Status und unterstreicht die überörtliche Bedeutung der Rothenburger Judengemeinde als Friedhofsort und somit Vorort in der jüdischen Regionalorganisation.[7] Der Friedhof lag auf dem heutigen Schrannenplatz, im 13. Jahrhundert also noch außerhalb der Stadtmauern. Das Zentrum jüdischen Lebens indes bildete der heutige Kapellenplatz. Es umfasste u. a. die Synagoge und ein Tanzhaus. Auch eine Mikwe, ein jüdisches

---

nachdrücklich darauf hinzuweisen, dass „Bischof“ nicht „Rabbiner“ bedeutet, sondern eine Übersetzung des hebräischen Namens „Cohen“ ist.

4 Zum ersten Ansatz vgl. Wehrmann (wie Anm. 1), S. 29. Zur Stauferthese vgl. Karl Bosl: Frühgeschichte und Typus der Reichsstadt in Franken und Ostschwaben. Mit besonderer Berücksichtigung Rothenburgs o. T., Nördlingens und Dinkelsbühls. In: Ders.: Die bayerische Stadt in Mittelalter und Neuzeit. Altbayern – Franken – Schwaben. Regensburg 1988, S. 178–195, hier S. 182–184.

5 Vgl. Monumenta Germaniae Historica. Constitutiones 3. Hannover 1904–1906, S. 1–6, hier S. 3. Ob eine Zahlung erfolgte, ist angesichts der Streichung des Eintrags ungewiss.

6 Vgl. Art. „Rothenburg“. In: Alfred Haverkamp (Hg.): Geschichte der Juden im Mittelalter von der Nordsee bis zu den Südalpen. Kommentiertes Kartenwerk (= Forschungen zur Geschichte der Juden A 14/1–3). Hannover 2002, hier Teil 2, S. 297: die Gemeindebezeichnung wird mit „meine Gemeinde (hebr.)“ wiedergegeben.

7 Vgl. Theodore Kwasman: Die mittelalterlichen jüdischen Grabsteine in Rothenburg ob der Tauber. In: Merz u. a. (wie Anm. 1), S. 35–180, hier S. 59–75. Zur Bedeutung der Vororte in der jüdischen Regionalorganisation vgl. Rainer Barzen: Regionalorganisation jüdischer Gemeinden im Reich in der ersten Hälfte des 14. Jahrhunderts. Eine vergleichende Untersuchung auf der Grundlage der Ortslisten des Deutzer und des Nürnberger Memorbuches zur Pestverfolgung. In: Haverkamp (wie Anm. 6), Teil 1, S. 293–366, hier S. 301–304.

Ritualbad, dürfte in dem Gebäudekomplex am Kapellenplatz vorhanden gewesen sein.[8] Juden konnten Immobilien in der Stadt erwerben.

Die Geldleihe der Rothenburger Juden im Schutz der Stadt florierte nach Aussage der Gerichtsbücher; sie brachte jedoch bis zum Ende des 13. Jahrhunderts eine breite Verschuldung der städtischen Bevölkerung, insbesondere aber des Edelmannes Kraft von Hohenlohe (-Weikersheim) mit sich.[9] Als es nun in den Thronwirren nach dem Tode König Rudolfs von Habsburg zu einer massiven Schwächung der Reichsgewalt kam, sah der bei Juden hoch verschuldete regionale Adel seine Gelegenheit 1298 in Schwaben und Franken gekommen: Im Zuge der erstmals auf deutschem Boden auftauchenden Hostienfrevelbeschuldigung gegen Juden kam es zunächst im nur wenige Kilometer flussabwärts von Rothenburg gelegenen Röttingen unter einem Anführer namens „Rintfleisch" zu Judenmorden. Befördert durch die Adligen, denen sich durch die Ermordung ihrer Gläubiger eine günstige Gelegenheit zur Entschuldung bot, wuchsen die Morde sich zu einer Massenverfolgung in Franken und Schwaben aus.[10] Auch Rothenburg wurde heimgesucht. Dort kamen nach Aussage hebräischer Quellen bei drei Verfolgungswellen insgesamt 469 namentlich genannte Opfer zu Tode.[11]

Die sogenannten „Rintfleisch-Verfolgungen" waren die erste Zäsur im jüdischen Leben Rothenburgs. Doch bedeuteten sie nicht das Ende der Gemeinde. Die aufgrund von Reisen in nicht betroffene Gebiete oder durch rechtzeitige Flucht Überlebenden brachten binnen weniger Jahre das Gemeindeleben wieder zur Blüte, wenn auch nie wieder ein so hoher prozentualer jüdischer Bevölkerungsanteil an der gesamten Stadtbevölkerung erreicht wurde wie vor der Verfolgung. Die Wohnhäuser sowie die gemeindlichen Institutionen am Kapellenplatz und auf dem Friedhof konnten weiter

---

8 Vgl. Helmut Veitshans: Kartographische Darstellung der Judensiedlungen der schwäbischen Reichsstädte und der württembergischen Landstädte im Mittelalter (= Arbeiten zum historischen Atlas von Südwestdeutschland 6). Stuttgart 1970, hier S. 8; Ursula Mandel: Zeugnisse jüdischer Geschichte in Rothenburg ob der Tauber. In: Bayerisches Landesamt für Denkmalpflege (Hg.): Denkmäler jüdischer Kultur in Bayern (= Arbeitshefte des Bayerischen Landesamtes für Denkmalpflege 43). München 1994, S. 47–51, hier S. 47.

9 Vgl. Michael H. Wehrmann: Judenverfolgung von 1298 in Rothenburg. In: Die Linde 55 (1973), S. 50–54, S. 63f., hier S. 51f.; Friedrich Lotter: Die Judenverfolgung des „König Rintfleisch" in Franken um 1298. Die endgültige Wende in den christlich-jüdischen Beziehungen im Deutschen Reich des Mittelalters. In: Zeitschrift für Historische Forschung 15 (1988), S. 385–442, hier S. 401–403, 407, 419.

10 Vgl. Lotter (wie Anm. 9), S. 416f. Siehe auch Ders.: Die fränkischen Judenpogrome von 1298 und 1336/37 und ihr Hintergrund angeblicher Hostienschändungen (unter besonderer Berücksichtigung der Vorgänge in Rothenburg). In: Jahrbuch des Vereins Alt-Rothenburg. Rothenburg 1999, S. 33–53, hier S. 41.

11 Siegmund Salfeld: Das Martyrologium des Nürnberger Memorbuches. Berlin 1898, hier S. 39–43 (hebr.) u. S. 185–192 (deutsche Übersetzung); vgl. Lotter (wie Anm. 9), S. 406f.

genutzt werden. Desgleichen erstarkte die Geldleihe zu Beginn des 14. Jahrhunderts von neuem.

Die zahlreichen Einträge des Landgerichtsbuches[12] belegen in der ersten Hälfte des 14. Jahrhunderts augenfällig die damalige Bedeutung der Reichsgewalt für die Sicherung der jüdischen Belange. Das personale Schutzverhältnis zwischen dem Reichsoberhaupt und den einzelnen Juden erreichte 1342 mit der Einführung einer Kopfsteuer, des so genannten „Goldenen Opferpfennigs", eine neue Stufe.[13] Bemerkenswerterweise spielte in diesem Zusammenhang die jüdische Kammerknechtschaft keine explizite Rolle.

1335 wurden die Rothenburger Juden in einer Urkunde Ludwigs des Bayern erstmals als Bürger bezeichnet.[14] Seit der Zeit Karls IV. war dieser Bürgerstatus der Juden in der Tauberstadt durchgängig anzutreffen. Freilich ist für die Zeit vor der Pestverfolgung nicht nachvollziehbar, wie die konkrete Ausgestaltung eines solchen Bürgerverhältnisses aussah. Das Fehlen von individuellen Verträgen zwischen der Stadt und einzelnen Juden in diesen frühen Jahren legt nahe, dass die jüdische Gemeinde die einzelnen Mitglieder in ihren Kreis aufnahm und die Stadt deren Bürgerstatus kollektiv bestätigte. Es gab also wohl keine gesonderten Bürgerverträge zwischen der Stadt und den einzelnen Juden.

Die jüdische Gemeinde Rothenburg entrichtete ihre Reichssteuer bereits damals gemeinsam mit der Stadt im November. Es handelte sich hierbei um eine Kollektivsteuer, deren Umlage auf die einzelnen Gemeindemitglieder im Dunkeln bleibt. Schon 1323 wurde die Gesamtsumme der Rothenburger Reichssteuer offenkundig jeweils hälftig auf die städtische und die jüdische Gemeinde verteilt.[15] Ob die jüdische Gemeinde oder ihre einzelnen Mitglieder darüber hinaus weitere Beträge an die Stadt Rothenburg entrichteten, ist mangels Quellen nicht belegbar, wenngleich in Analogie zu anderen Städten als wahrscheinlich anzusehen.

Aus der ersten Hälfte des 14. Jahrhunderts kennen wir die Namen mehrerer Rothenburger Rabbiner sowie eines „Nathan Barnuss", der wohl als Parnass, also als Mitglied des jüdischen Gemeindevorstandes angesprochen werden

12 Stadtarchiv Rothenburg, B 296.

13 Eine jüngere, aber vertrauenswürdige Abschrift dieser ältesten den Opferpfennig betreffenden Urkunde ist im Rothenburger Copialbuch überliefert: Stadtarchiv Rothenburg, B 1, S. 82.

14 Staatsarchiv Nürnberg, Reichsstadt Rothenburg, Münchner Auslagerung, U 191 (früher: Bayerisches Hauptstaatsarchiv München, Kaiser Ludwig-Selekt 589). Abschrift: Stadtarchiv Rothenburg, B 1, S. 60–61. Edition u. a.: Karl Weller (Hg.): Hohenlohisches Urkundenbuch. Im Auftrag des Gesamthauses der Fürsten zu Hohenlohe. Band 2: 1311–1350. Stuttgart 1901, hier S. 405, Nr. 473. Vgl. Wehrmann (wie Anm. 1), S. 37, m. Anm. 1; ebd., S. 38.

15 Meïr Wiener: Regesten zur Geschichte der Juden in Deutschland während des Mittelalters. Hannover 1862, hier S. 29, Nr. 34.

darf.[16] 1346 wird in einer innerjüdischen Vormundschaftsangelegenheit erstmals explizit ein Judenrat erwähnt. Interessanterweise ist der betreffende hebräische Text nebst einer lateinischen Paraphrase im Landgerichtsbuch eingetragen. Offenkundig wollte die jüdische Gemeinde die Sicherheit dieser für sie wichtigen Regelung durch Einschreibung in ein öffentliches Buch der Obrigkeit – und hier bezeichnenderweise des Reichs – erhöhen.[17] Derselbe Eintrag teilt übrigens die Existenz eines jüdischen Gemeindeschreibers mit. Des Weiteren kennen wir eine „Jütke Schulmeisterin", also wohl die Frau eines Gelehrten, der auch Schüler unterrichtete.[18] Darüber hinausgehende Informationen zur inneren Struktur der jüdischen Gemeinde fehlen für die erste Hälfte des 14. Jahrhunderts.

Wirtschaftlich von Bedeutung war für die Juden die 1340 durch die Stadt festgelegte Bestimmung, bestehende Schulden zur Wahrung der Rückzahlungsansprüche alle zwei Jahre neu im Gerichtsbuch eintragen zu lassen.[19] Dies geschah nicht nur im Sinne der Stadt, die so die Verschuldung ihrer Bürger im Blick behielt, sondern durchaus im Eigeninteresse der Geldgeber: Sie wollten sich durch Bücher öffentlichen Glaubens absichern. Die entsprechenden Regeln wurden auch nach der Mitte des 14. Jahrhunderts beibehalten und erneuert. Die Behandlung der Juden vor dem städtischen Gericht war in Schuldangelegenheiten, wie Wehrmann bereits ausführlich herausgearbeitet hat, gleich jener anderer Bürger.[20] Bei der Kreditsicherung avancierte das Einlager, entweder persönlich, mit Bürgen bzw. Knechten, oder mit Pferden, zu einer bevorzugten Form.[21]

---

16 Vgl. Stadtarchiv Rothenburg (wie Anm. 12), Bl. 4r. Vgl. zu weiteren Gelehrten darüber hinaus Germania Judaica (wie Anm. 1), Band II, 2, S. 713, Nr. 7–10. Zu Barnuss vgl. Stadtarchiv Rothenburg, B 14, fol. 195r.

17 Edition, Übersetzung und Abbildung der beiden Quellen bei Kwasman (wie Anm. 7), S. 116–119.

18 Stadtarchiv Rothenburg (wie Anm. 12), Bl. 57v: „[...] .. Schulmeisterin Judeorum antique et suis heredibus [...]"; ebd., Bl. 77 v: „[...] Jütke Schulmeysterin et suis heredibus [...]". Aus dem ganzen aschkenasischen (dies entspricht dem jüdisch-deutschen) Kulturkreis ist aus dem Mittelalter nur eine weibliche Gelehrte bekannt. Daher ist unter der Schulmeisterin kaum eine Lehrerin zu verstehen. Hingegen treffen wir regelmäßig die Benennung der Frauen nach ihren Ehemännern bzw. deren Funktion an. Der Schulmeister oder Lehrer gehörte der „zweite[n] Garnitur der jüd[ischen] Intelligenz" an, vgl. Germania Judaica (wie Anm. 1), Band III, 2, S. 2098, 2108f.

19 Stadtarchiv Rothenburg, B 9a, fol. 5r. Vgl. Rudolf Walther von Bezold: Die Verfassung und Verwaltung der Reichsstadt Rothenburg ob der Tauber (1172–1803). Nürnberg 1915, hier S. 138, Nr. 64.

20 Vgl. Wehrmann (wie Anm. 1), S. 117–129.

21 Vgl. grundlegend hierzu auch den von Bezold (wie Anm. 19) nicht wiedergegebenen Hinweis auf das Einlager im Statutenbuch: Rothenburg Stadtarchiv, B 9a, fol. 5r: „Hoc statutum incepit currere a die beati Jacobi apostoli anno domini M° CCC° XL° in aeternum duraturum. Hic adde de obst(agio) Judeorum, item de alii obst(agio)." Er ist in den achtziger Jahren desselben Jahrhunderts nochmals im Willkürenbuch aufgegriffen worden.

In welchem Ausmaß die „Armleder"-Verfolgungen der Jahre 1336–38 Rothenburg heimsuchten, ist nicht exakt belegbar. Sie stellten im Empfinden der jüdischen Zeitgenossen die größte bis dato in deutschen Landen vorgekommene Verfolgungswelle dar. Allem Anschein nach kam es freilich in der Stadt selbst nicht zu Übergriffen. Dafür spricht zuvorderst das Fehlen der Tauberstadt in der hebräischen Liste der Blutorte jener Jahre.[22] Auch waren die „Armleder"-Verfolgungen, im Gegensatz zum „König Rintfleisch" oder den späteren Pestpogromen, in Franken eher ein Phänomen der ruralen und der niederadligen Gesellschaft.[23]

Dennoch wurden Rothenburger Juden durch die Ereignisse geschädigt, womöglich bei Geschäftsreisen außerhalb der Stadt. Fest steht zudem, dass es innerhalb des Rothenburger Landgerichtsbezirks zu vereinzelten Morden an Juden kam, doch endeten die Prozesse, die vor dem Landgericht der Tauberstadt in diesem Zusammenhang bis 1342 geführt wurden, samt und sonders mit Freisprüchen für die Angeklagten.[24] Dass die tauberstädtischen Juden sich damals über mehrere Jahre hinweg in einer bedrohten Lage befunden hatten, offenbaren die Schutzvereinbarungen, die für sie 1336 durch den Kaiser mit dem Nürnberger Burggrafen und 1338, auf städtische Eigeninitiative hin, mit Gottfried von Hohenlohe geschlossen worden waren.[25] Die städtischen Gerichtsbücher indes vermitteln in dieser unruhigen Zeit eher einen Eindruck der Kontinuität jüdischen Lebens in Rothenburg. Personale Brüche, wie sie nach den Rintfleisch-Pogromen oder der Pestverfolgung feststellbar sind, fehlen.[26]

Zur Pestverfolgung des Jahres 1349 in Rothenburg existieren keine expliziten städtischen Quellen. Nichtsdestoweniger ist mit Sicherheit von einem Pogrom dort im Herbst des Jahres auszugehen. Zum einen nennen die im unmittelbaren zeitlichen Kontext entstandenen und laufend aktualisierten hebräischen Quellen die Tauberstadt unter den Verfolgungsorten.[27] Zum

---

22 Vgl. Salfeld (wie Anm. 11), S. 236–242.

23 Vgl. Jörg R. Müller: *Eretz geserah* – „Land der Verfolgung": Judenpogrome im *regnum Teutonicum* in der Zeit von etwa 1280 bis 1350. In: Christoph Cluse (Hg.): Europas Juden im Mittelalter. Beiträge des internationalen Symposiums in Speyer vom 20.–25. Oktober 2002. Trier 2004, S. 259–273, hier S. 267f.; Lotter (wie Anm. 10), S. 48.

24 Vgl. zukünftig die Dissertation der Verfasserin, Kap. 2, sowie Stadtarchiv Rothenburg (wie Anm. 12), Bl. 17r, Bl. 24v, Bl. 38v.

25 Vgl. Monumenta Zollerana. Urkundenbuch zur Geschichte des Hauses Hohenzollern. Band III: Urkunden der fränkischen Linie. 1332–1363. Berlin 1857, hier S. 34, Nr. 39; Stadtarchiv Rothenburg, U 950. Druck: Weller (wie Anm. 14), S. 455f., Nr. 534.

26 Vgl. z. B. Stadtarchiv Rothenburg (wie Anm. 12), Bl. 16-24. Vgl. Wehrmann (wie Anm. 1), S. 123.

27 Vgl. Christoph Cluse: Zur Chronologie der Verfolgungen zur Zeit des „Schwarzen Todes". In: Haverkamp (wie Anm. 6), Teil 1, S. 223–242, hier S. 225, m. Anm. 10; ebd., S. 234.

anderen erlauben es die Urkunden, die Karl IV. im Zusammenhang mit der Verpfändung Rothenburgs inklusive der dort lebenden Juden an den Würzburger erwählten Bischof Albrecht von Hohenlohe ausgestellt hat, im Zusammenspiel mit den Einträgen der städtischen Bücher die Verfolgung in Rothenburg zeitlich zwischen Ende September und Ende Oktober 1349 einzugrenzen[28]: Der neue König hatte seinem treuen Gefolgsmann, einem territorialen Nachbarn und Konkurrenten der Tauberstadt um herrschaftliche Macht in Franken, noch am 29. September im Vorgriff auf zu erwartende Ereignisse die mobilen und immobilen Güter der Rothenburger Juden vermacht, falls jenen, wie es bereits in vielen anderen deutschen Städten geschehen war, etwas zustoßen sollte.[29] Danach tauchen Personen mosaischen Glaubens erstmals wieder im November 1349 in den seriellen städtischen Quellen auf.[30] Im Bereich der gut sechs Wochen zwischen dem königlichen Privileg und dem nächsten Gerichtsbucheintrag mit jüdischer Beteiligung hatte der Pogrom offensichtlich, von langer Hand geplant, stattgefunden. Nach 1349 erscheinen Juden über einige Jahre hinweg allerdings nur noch höchst vereinzelt in den Rothenburger Gerichtsbüchern. Dass sie die Stadt freiwillig verlassen haben könnten, um einem Pogrom zu entgehen[31], ist

[28] Vgl. Ernst Schubert: Franken als königsnahe Landschaft unter Karl IV. In: Hans Patze (Hg.): Kaiser Karl IV. 1316–1378. Forschungen über Kaiser und Reich (= Blätter zur Deutschen Landesgeschichte 114). Göttingen 1978, S. 865–890, hier S. 866. Siehe auch Alfred Haverkamp: Die Judenverfolgungen zur Zeit des Schwarzen Todes im Gesellschaftsgefüge deutscher Städte. In: Ders. (Hg.), Alfred Heit (Red.): Zur Geschichte der Juden im Deutschland des späten Mittelalters und der frühen Neuzeit (= Monographien zur Geschichte des Mittelalters 24). Stuttgart 1981, S. 27–93, zitiert nach dem unveränderten ND in: Ders.: Verfassung, Kultur, Lebensform. Beiträge zur italienischen, deutschen und jüdischen Geschichte im europäischen Mittelalter. Dem Autor zur Vollendung des 60. Lebensjahres, hg. v. Friedhelm Burgard, Alfred Heit u. Michael Matheus (= Trierer Historische Forschungen). Mainz 1997, S. 223–297, hier S. 280. Der jüngste überlieferte Grabstein vor der Verfolgung bei Kwasman (wie Anm. 7), S. 124f. Die von ihm geäußerte Annahme, das Trauerjahr sei nicht eingehalten und der Stein bereits vor dem Pogrom, also spätestens zwei Monate nach dem Hinscheiden der Metza errichtet worden, ist nicht zwangsläufig. Eine weitere Möglichkeit besteht darin, dass der Stein erst nach der Rückkehr von überlebenden Gemeindemitgliedern errichtet worden ist. Ein weiteres Indiz für die Terminierung des Pogroms auf den Herbst 1349 liefert das Stadtgericht Rothenburg, welches noch am 4. September in einer Angelegenheit zwischen den Brüdern Heinrich und Walther Hornburg sowie dem Juden Gutman entschieden hat: Staatsarchiv Nürnberg, Reichsstadt Rothenburg, Akten 487[d], fol. 320r.

[29] Monumenta Germaniae Historica. Constitutiones 9. Weimar 1974–1983, hier S. 455f., Nr. 585.

[30] Staatsarchiv Nürnberg, Reichsstadt Rothenburg, Akten 487[d], fol. 321v. Ähnlich früh waren übrigens auch in Nürnberg wieder Juden nachweisbar.

[31] Zu Überlegungen in diese Richtung vgl. Ludwig Schnurrer: Zum Judenpogrom in Rothenburg 1349. In: Die Linde 82 (2000), S. 68–72, hier S. 70. Zur Frage der Kontinuität vor und nach der Pestverfolgung vgl. künftig die Dissertation der Verfasserin, Kap. 2.

angesichts des flächendeckenden Ausmaßes der Pestverfolgungen mehr als unwahrscheinlich, wenn auch der ein oder andere durch Flucht überlebt haben mag. Die Pest suchte Rothenburg im Übrigen zu dieser Zeit nicht heim.

König Karl IV. verzieh der Tauberstadt 1352 die Judenmorde und erlaubte ihr erneut die Aufnahme und Besteuerung von Juden.[32] Der Streit zwischen der Stadt und dem Würzburger Bischof um den Nachlass der Juden zog sich indes bis 1353 hin. Dann übertrug Karl IV. der Tauberstadt das Eigentum an den jüdischen Immobilien, verpflichtete sie aber gleichzeitig zur Zahlung von 6.500 Gulden an Albrecht. Ferner hatte Rothenburg die eventuell in den Häusern gefundenen Schätze hälftig mit zwei königlichen Räten zu teilen.[33] Die Gebäude um den Kapellenplatz gingen in der Folgezeit, sofern sie nicht zerstört worden waren, in die Hände angesehener Ratsfamilien über.[34] Ein so zentral gelegenes, attraktives Areal konnte die Stadt angesichts des knappen Raumes innerhalb ihrer Mauern nicht brach liegen lassen. Die Existenz einer konstituierten jüdischen Gemeinde in der Tauberstadt muss nach den Pestpogromen wenigstens bis zu den sechziger Jahren des 14. Jahrhunderts ausgeschlossen werden.

Die Rothenburger Juden nach dem Schwarzen Tod

Nachdem Karl IV. der Stadt Rothenburg 1352 die selbständige Aufnahme, die Besteuerung und den Schutz von Juden übertragen hatte, dauerte es etliche Jahre, bis sich erneut eine verfasste jüdische Gemeinde dort bildete. Im Gegensatz zu den früheren Zeiten wurde das Verhältnis eines einzelnen jüdischen Haushaltsvorstandes zur Stadt nun wesentlich unmittelbarer. Er befand sich also in direkten Beziehungen zu drei Ebenen, die den Rahmen seiner Existenz maßgeblich beeinflussten: Nach wie vor beanspruchte das Reich seinen jüdischen Kammerknecht, der ihm für den erwiesenen Schutz den Opferpfennig schuldete. Hinzu trat jetzt aber ein individuelles Bürgerverhältnis zur Stadt Rothenburg, die ebenfalls für den Schutz der Familie verantwortlich war und ihrerseits vermögensabhängige Steuern dafür vom Haushaltsvorstand erhob. Als dritte Ebene blieb die jüdische Gemeinde im

32 Monumenta Germaniae Historica. Constitutiones 10. Weimar 1979–1991, hier S. 323–325, Nr. 429.

33 Vgl. ebd., S. 431f., Nr. 578; ebd., S. 501f., Nr. 659.

34 Vgl. Karl Borchardt: Die geistlichen Institutionen der Reichsstadt Rothenburg ob der Tauber und dem zugehörigen Landgebiet von den Anfängen bis zur Reformation (= Veröffentlichungen der Gesellschaft für fränkische Geschichte IX 37). Neustadt a. d. Aisch 1988, hier S. 76–82: 1404 stand eine Hofreite am Kapellenplatz im Besitz eines Mitglieds der Familie Toppler. Im selben Jahr kaufte Peter Kreglinger die ehemalige Synagoge und das Tanzhaus der jüdischen Gemeinde.

Spiel, die von ihren Mitgliedern nochmals am Vermögen bemessene Steuern für gemeinnützige Aufgaben und zum Schutz der Gemeinde erhob.

Im Vergleich zu mediatisierten, landesherrlichen Städten, aber auch zu Bischofsstädten fiel in einer reichsunmittelbaren Stadt wie Rothenburg die Besteuerung durch den Landesherrn weg, wodurch die Attraktivität solcher Städte in den Augen jüdischer Siedler anstieg. Des Weiteren bestand die Hoffnung, das „Königsbündnis"[35] zwischen Juden und Reich, das durch die Kammerknechtschaft symbolisiert wurde, hätte in den so genannten Reichsstädten noch eine größere Wirkung als in anderen Orten. Die in Zeiten knapper Kassen ständig vorhandene Gefahr einer Mediatisierung der Reichsstädte infolge von Verpfändungen konnte diese Vorteile nicht schmälern.

Das Verhältnis zur Stadt

Da der Kapellenplatz nach 1353 als Wohngebiet kaum noch zur Verfügung gestanden haben dürfte, erhielten die Juden, die nun offiziell keinen Grundbesitz mehr in der Stadt erwerben konnten[36], im Zuge der Stadterweiterungen neue Wohnmöglichkeiten. 1371 wurde die Judengasse fertig gestellt.[37] Angesichts der alternativen Ansiedlungsmöglichkeiten ist zu konstatieren, dass die Judengasse nach wie vor so zentral wie überhaupt nur möglich lag.[38] Sie wurde auf dem Graben der ersten Stadtmauer errichtet und mündete in zwei wichtige Verkehrswege, die die Tauberstadt mit dem Umland verbanden. Der Friedhof geriet durch die zweite Ummauerung zwar innerhalb der Stadt zu liegen, wurde aber weitergenutzt.[39] Spätestens 1404, nach dem Verkauf der Synagoge auf dem Kapellenplatz an Peter Kreglinger, entstand eine neue Synagoge am Schrannenplatz; auch eine Mikwe hat sich

35 Vgl. Josef Hayim Yerushalmi: „Diener von Königen und nicht Diener von Dienern." Einige Aspekte der politischen Geschichte der Juden (= Themen 58). München 1995, hier S. 9f. Zu einer kritischeren Betrachtung des Königsschutzes in fränkischen Städten vgl. Johannes Heil: Königsschutz, Antijudaismus und Judenfeindschaft. Die Beispiele Bamberg, Nürnberg und Rothenburg ob der Tauber. In: Andrea M. Kluxen, Julia Hecht (Hgg.): Antijudaismus und Antisemitismus in Franken (= Franconia Judaica 3). Ansbach 2008, S. 33–59.

36 Zu Ausnahmen vom Verbot des Grundbesitzerwerbs durch Juden vgl. z. B. Wehrmann (wie Anm. 1), S. 140, 144, 147 m. Anm. 4.

37 Vgl. Ludwig Schnurrer: Rothenburg und das Hochstift Würzburg im Mittelalter. In: Ders. (wie Anm. 2), S. 235–271, hier S. 236, m. S. 259, Anm. 6.

38 Dies als Respons zu Michael Toch: Jüdisches Alltagsleben im Mittelalter. In: Historische Zeitschrift 278 (2004), S. 329–345, hier S. 330. Er führt Rothenburg – auch in anderen Publikationen – als Beispiel für die bewusste Verdrängung von Judenvierteln aus Stadtzentren an.

39 Der jüngste datierbare Grabstein stammt aus dem Jahr 1395, vgl. Kwasman (wie Anm. 7), S. 156f. Mutmaßungen zu einem zweiten jüdischen Friedhof, wie sie z. B. Wehrmann (wie Anm. 1), S. 151, anstellt, sind aufgrund der rituellen Bedeutung des Friedhofs für die Juden als äußerst unwahrscheinlich einzustufen.

dort befunden.[40] Ein weiteres kleines Ritualbad wurde in einem Wohnhaus der Judengasse entdeckt.[41] Außerdem lassen sich am oberen Ende der Gasse das Tanzhaus am Weißen Turm und ein jüdischer Hof mit Stallungen lokalisieren.[42] Die Lage des in einer Quelle erwähnten Selhauses[43] ist unbekannt. Die Stadt trat als Vermieterin der Häuser an die Juden auf. In der Judengasse lebten Juden und Nichtjuden Tür an Tür.[44] Es handelte sich folglich keinesfalls um ein Ghetto.[45]

Ein Eintrag des Urfehdebuches aus dem Jahr 1375 bildete gewissermaßen das „Grundgesetz" jüdisch-städtischer Beziehungen nach dem Schwarzen Tod.[46] Zu dieser Zeit war die jüdische Gemeinde offenbar wieder soweit angewachsen, dass sie Steuern in Höhe von 400 Pfund Heller jährlich erbringen konnte, und es wurde eine Regelung bezüglich der Zahlung der Rothenburger Reichssteuer nötig. Die beiden Gemeinden der Tauberstadt vereinbarten erneut, die jährliche Reichssteuer jeweils hälftig zu tragen. Außerdem verpflichtete sich die jüdische Gemeinde dazu, neue jüdische Bürger nur mit Zustimmung der Stadtgemeinde aufzunehmen; umgekehrt wollte die Stadt der jüdischen Gemeinde bei der Geltendmachung von Forderungen gegenüber Mitgliedern, die den „Kahal" verließen, behilflich sein.

Dieser Vertrag legte zugleich den Grundstein für die individualisierte Bürgeraufnahme von Juden durch die Stadt Rothenburg, die vom letzten Viertel des 14. Jahrhunderts bis 1419 durch zahlreiche Einbürgerungsreverse dokumentiert wird.[47] Das maßgebliche Kriterium für die Erlangung eines jüdischen Bürgerstatus war die selbständige wirtschaftliche Tätigkeit auf eigene Rechnung. Also lebten durchaus auch Juden in der Stadt, die nicht Bürger waren und gewissermaßen als „Angestellte" – in den Quellen heißt es z. B. „knechte"[48] – im Namen ihres Patrons Geldleihe betrieben. Die zeitliche Befristung der Bürgerbriefe für Juden betrug ein Jahr; dies entsprach durchaus der familiär und beruflich bedingten hohen jüdischen Mobilität und ist nicht zwingend als Repressalie der Stadt zu interpretieren. Aufgenommen wurde der Haushaltsvorstand mit seiner Familie und dem Gesinde; er zahlte

40 Vgl. Generallandesarchiv Karlsruhe, 65/420, pag. 714. Vgl. auch den ohne Angabe eines Verfassers gedruckten Artikel „Rothenburg an der Tauber, im März". In: Der Israelit 17 (19. April 1876). Erste Beilage zu Nr. 16, S. 349f., hier S. 350.

41 Vgl. Hannelore Künzl: Eine mittelalterliche Mikwe in Rothenburg o.d.T. In: Merz u. a. (wie Anm. 1), S. 181–200.

42 Vgl. Kamp/Joist (wie Anm. 1), S. 19f.

43 Stadtarchiv Rothenburg, A 840/III, hier fol. 95v.

44 Vgl. bereits Wehrmann (wie Anm. 1), S. 142.

45 Dies als deutliche Erwiderung auf Wehrmann (wie Anm. 1), S. 147, der für die Spätzeit jüdischer Siedlung in Rothenburg von einem „quasi-Ghetto" spricht.

46 Staatsarchiv Nürnberg, Reichsstadt Rothenburg Nr. 86, fol. 20v.

47 Vgl. Breßlau (wie Anm. 1), S. 320–323, S. 17, Nr. 2.

48 Z. B. Staatsarchiv Nürnberg (wie Anm. 1), fol. 117; Stadtarchiv Rothenburg (wie Anm. 43), fol. 11r.

eine nach seinem Vermögen bemessene Jahressteuer an die Stadt, die ihm beim vorzeitigen Wegzug aus Rothenburg anteilmäßig zurückerstattet wurde. Den Juden war Freizügigkeit gestattet. Ab 1432 führte die mittlerweile gut organisierte Rothenburger Stadtverwaltung ein separates Judenbuch, in dem die Bürger- und Wohnrechte sowie die Steuersumme vermerkt wurden; dadurch wurde das Ausstellen individueller Einbürgerungsreverse durch die Juden überflüssig, und es wurden Kosten und Zeit gespart.[49] Somit sind wir in der glücklichen Lage, in den letzten 90 Jahren vor der Vertreibung sämtliche jüdischen Bürger der Tauberstadt namentlich zu kennen.

Wir wissen nicht, wie groß der Einfluss der Bürgerunruhen und der Zunftverfassung in Rothenburg von 1451–1455 auf die jüdische Gemeinde war, und ob die Juden – ähnlich wie jene in Würzburg[50] – die Stadt verlassen mussten. Die Eintragungen des Judenbuchs setzen zwar in dieser Zeit bis 1454 aus.[51] In den folgenden Jahren besaßen aber wieder regelmäßig um die zehn jüdische Familien in Rothenburg Bürgerrecht. Ein erster Versuch des Inneren Rates, deren Rechtstellung im Jahre 1477 zu verschlechtern, wurde wohl durch die zunehmenden Vertreibungsereignisse in anderen süddeutschen Territorien und Städten mit beeinflusst.[52] Die jüdischen Steuerzahler Rothenburgs besaßen aber damals offenbar noch genügend politisches Gewicht, ein für sie weniger nachteiliges Bürgerrecht beim Rat durchzusetzen, so dass dieser erste Versuch einer Suppression der Juden ohne erkennbare Folgen blieb.[53]

Nach der Vertreibung der Juden aus dem Würzburger Hochstift und der Markgrafschaft Ansbach im Jahr 1488 siedelten etliche Familien von dort in die Tauberstadt über, die in diesem Jahr 14 jüdische Steuerzahler verzeich-

---

49 Vgl. Claudia Steffes-Maus: Das Rothenburger Judenbuch III. In: Frank Hirschmann, Gerd Mentgen (Hgg.): Campana pulsante convocati. Festschrift anläßlich der Emeritierung von Prof. Dr. Alfred Haverkamp. Trier 2005, S. 545–561.

50 Vgl. Karlheinz Müller: Die Würzburger Judengemeinde im Mittelalter. Von den Anfängen um 1000 bis zum Tod Julius Echters (1617) (= Mainfränkische Studien 70). Würzburg 2004, hier S. 180f.; Rainer Leng: Konkurrenz und Konfessionalismus. Juden im Hochstift Würzburg an der Wende vom Spätmittelalter zur frühen Neuzeit. In: Kluxen/Hecht (wie Anm. 35), S. 60–92, hier S. 71–73.

51 Stadtarchiv Rothenburg (wie Anm. 43), fol. 6r.

52 Vgl. Franz-Josef Ziwes: Territoriale Judenvertreibungen im Südwesten und im Süden Deutschlands im 14. und 15. Jahrhundert. In: Friedhelm Burgard, Alfred Haverkamp, Gerd Mentgen (Hgg.): Judenvertreibungen in Mittelalter und früher Neuzeit (= Forschungen zur Geschichte der Juden A 9). Hannover 1999, S. 165–187, hier S. 166: „Erst nach 1475 und damit nach dem Aufkommen der populärsten Ritualmordfama des Spätmittelalters um Simon von Trient verdichten sich die Ereignisse derart, daß man in den Vertreibungen Folgeerscheinungen der Verleumdungskampagnen sehen kann." – Vgl. auch ebd., S. 178–182, sowie die Tabelle ebd., S. 185.

53 Vgl. Stadtarchiv Rothenburg (wie Anm. 43), fol. 39v, fol. 40, sowie unfoliertes Beiblatt mit neuzeitlichem Vermerk „zu fol. 43". Vgl. in Zukunft die Analyse dieser Gesetzesänderung in der Dissertation der Verfasserin, Kap. 3.

nen konnte.[54] Erst ein erneuter Ratsbeschluss des Jahres 1491, der u. a. die Geschäftstätigkeit der Juden auf den reinen Pfandhandel einschränkte und ihnen nicht mehr länger juristische Hilfe bei der Eintreibung von Schulden gewährte[55], führte binnen kurzer Zeit zur Halbierung der jüdischen Haushalte.[56] Hinzu kam 1494 der aktive Versuch des Rates, von Maximilian I. eine Erlaubnis zur Vertreibung der Juden zu erlangen; dies scheiterte augenscheinlich an der Höhe der von der Stadt an das Reich zu zahlenden Entschädigung.[57] Zum Schluss lebten nur mehr sechs jüdische Steuerzahler in der Tauberstadt.

Das Verhältnis zum Reich

Das Verhältnis der jüdischen Gemeinde zum Reich war nach der Mitte des 14. Jahrhunderts grundsätzlich durch die beiden jährlich zu erbringenden Steuern – also die kollektive Reichssteuer und den individuellen Goldenen Opferpfennig – geregelt. Doch im Laufe der Zeit suchten die ständig in Geldnöten befindlichen Könige und Kaiser nach neuen Einkommensquellen. So geriet die Reichssteuer der Rothenburger Juden pfandweise vom Reich in die Hände der Stadt. Da keine Auslösung der Pfandschaft erfolgte, verblieb diese Abgabe der jüdischen Gemeinde nach 1409 endgültig an der Tauber.[58] Im 15. Jahrhundert etablierte sich als neue, rechtlich fragwürdige, aber dem Anspruch nach regelmäßige Abgabe an das Reich die Krönungssteuer in Form des Dritten Pfennigs.[59] Freilich kam die schon sprichwörtliche „Königsnähe“ Frankens[60] spätestens mit den Habsburgern und der Verlagerung der Reichsherrschaft nach Österreich an ihr Ende, und sowohl der Dritte als auch der Opferpfennig wurden von den Rothenburger Juden nur noch sporadisch eingezogen.

Der Schutz des Reichsoberhauptes, der durch die Steuern ja traditionell entgolten wurde, wurde den Rothenburger Juden unterdessen auch in

54 Stadtarchiv Rothenburg (wie Anm. 43), fol. 56–60. Vgl. Claudia Steffes-Maus: Zur Organisation jüdischer Geldleiher im Hochstift Würzburg am Ende des 15. Jahrhunderts. In: Jörg R. Müller (Hg.): Beziehungsnetze aschkenasischer Juden während des Mittelalters und der frühen Neuzeit (= Forschungen zur Geschichte der Juden A 20). Hannover 2008, S. 117–148, hier S. 124f.

55 Stadtarchiv Rothenburg, A 361, fol. 34.

56 Vgl. Stadtarchiv Rothenburg (wie Anm. 43), fol. 71–96.

57 Vgl. Haus-, Hof- und Staatsarchiv Wien, Maximiliana II [alt 2a], fol. 74r.

58 Vgl. Wehrmann (wie Anm. 1), S. 91f.

59 Erstmalige Erhebung unter Sigismund; vgl. Staatsarchiv Nürnberg (wie Anm. 1), fol. 70, des Weiteren ebd., fol. 115. Zur allgemeinen Entwicklung des Dritten Pfennigs vgl. Eberhard Isenmann: Steuern und Abgaben. In: Germania Judaica (wie Anm. 1), Band III, 3, S. 2208–2281, hier besonders S. 2231f., 2237f., 2244.

60 Vgl. Peter Moraw: Franken als königsnahe Landschaft im späten Mittelalter. In: Blätter für Deutsche Landesgeschichte 112 (1976), S. 123–138, hier insbesondere S. 124f.

schwierigen Zeiten durchaus zuteil. Erfolgreich griff das Reich letztmalig anlässlich der Fehdedrohungen eines Herrn Wolgemut, der den Juden 1517 den Kampf ansagte, zugunsten der Juden ein. Damals erließ Maximilian I. ein generelles Gebot an sämtliche Reichsangehörigen, auf kaiserlichen Befehl hin die Juden zu schützen.[61]

Schatzungen

Von den regelmäßigen, ihrem Anspruch nach legitimen Abgaben sind jene zu unterscheiden, die selbst nach dem Empfinden der Zeitgenossen als Erpressung der Juden zu bezeichnen sind. Parallel zum insbesondere von Heinrich Toppler vorangetriebenen Ausbau des Rothenburger Territoriums seit dem letzten Viertel des 14. Jahrhunderts verdichteten sich solche Aktionen bis 1401. Unter ihnen ragen die sogenannten Judenschuldentilgungen König Wenzels in den Jahren 1385 und 1390 hervor.[62]

Die erste Schuldentilgung ist aus Rothenburger Perspektive im Kontext des andauernden Krieges zwischen dem Schwäbischen Städtebund und dem Adel zu sehen. Während Wenzel sich erhoffte, durch die Schatzung der Juden in den Schwäbischen Städten genug Geld einzunehmen, um finanzielle Verbindlichkeiten tilgen zu können, lag die Rothenburger Motivation u. a. darin, die herrschaftliche Konkurrenz der auch bei den tauberstädtischen Juden verschuldeten benachbarten Hohenloher auszuschalten. Der Plan zum Aufbau eines Territoriums, das der Stadt ihre Autonomie und Autarkie sichern sollte, nahm damals bereits konkrete Züge an. Die Hohenloher Burgen und Kredite, die durch die Wenzel'sche Aktion an die Stadt fielen, trugen letztendlich dazu bei, dass die Grafen ihre Stammlande um die Burg Hohenloch aufgeben und sich fest im Öhringer Raum niederlassen mussten. Wenigstens 11.000 Gulden betrugen die Zahlungsverpflichtungen an das Reich, welche die Rothenburger Juden, namentlich der der Hochfinanz zuzurechnende Abraham von Mergentheim, im Rahmen dieser Aktion akzeptieren mussten.[63] Hinzu kamen zahlreiche Abschreibungen auf Kredite

---

61 Vgl. Breßlau (wie Anm. 1), S. 317–319; Staatsarchiv Nürnberg (wie Anm. 1), fol. 148, 148b, 149.

62 Vgl. Arthur Süßmann: Die Judenschuldentilgungen unter König Wenzel (= Schriften der Gesellschaft zur Förderung der Wissenschaft des Judentums). Berlin 1907. Zur ersten Tilgung vgl. Karel Hruza: Anno domini 1385 do burden die iuden ... gevangen. Die vorweggenommene Wirkung skandalöser Urkunden König Wenzels (IV.). In: Ders., Paul Herold (Hgg.): Wege zur Urkunde. Wege der Urkunde. Wege der Forschung. Beiträge zur europäischen Diplomatik des Mittelalters. Wien, Köln, Weimar 2005, S. 117–167.

63 Stadtarchiv Rothenburg, U 302 (derzeit nicht auffindbar); ebd., B 716a, fol. 88. Vgl. Ludwig Schnurrer (Bearb.): Die Urkunden der Reichsstadt Rothenburg. 2 Bände. Rothenburg 1999, hier Bd. 2, S. 772, Nr. 1963.

und Pfänder. Bereits 1384 hatte die Stadt Rothenburg, ähnlich wie beispielsweise auch Nürnberg, angesichts von Pogromen in mehreren Städten des Schwäbischen Städtebundes von ihren Juden 6.000 Gulden für deren Schutz erpresst.[64] Diese Plünderung kann man mit guten Gründen als Probelauf für die Wenzel'sche Aktion ansehen.

Auch die zweite Tilgungsaktion, die König Wenzel 1390 nach dem Frieden von Eger eigentlich zugunsten des Adels initiiert hatte, konnte Rothenburg für sich nutzen. Wie hoch die Profite damals waren, ist nicht bekannt. Die Stadt zahlte pauschal 1.200 Gulden an den König und durfte dafür die Judenschulden ihrer Bürger annullieren; letztere mussten stattdessen vermutlich 30 Prozent ihrer Schuldsumme an die Stadt erstatten.[65]

In den Thronwirren um die Absetzung König Wenzels verschaffte sich die Tauberstadt vom Luxemburger 1400 ein Privileg, das ihr die Gefangensetzung und Schatzung der in Rothenburg lebenden Juden zu ihren Gunsten erlaubte.[66] Dieses nutzte sie im Sommer 1401 aus, noch ehe sie Ruprecht von der Pfalz als neuen König anerkannte.[67] Die im Anschluss an die Aktion von allen jüdischen Gemeindemitgliedern eigenhändig unterzeichneten Dokumente belegen den Verzicht der Gläubiger auf die Hälfte ihrer ausstehenden Forderungen in unbekannter Höhe sowie das Versprechen, sich nie für die Schatzung und die damit einhergehende Gefangennahme zu rächen.[68]

Die letzte bekannte Erpressung von Rothenburger Juden geschah 1414, als das Reich zur Erhebung einer angeblichen Sondersteuer die Steuerpflichtigen gefangen setzte.[69] Die Stadt streckte letztendlich 2.000 Gulden für ihre Juden an das Reich vor, sie ließ sich diese Summe jedoch von den Juden zurückerstatten.[70]

---

64 Vgl. Wehrmann (wie Anm. 1), S. 75. Zu Nürnberg vgl. Michael Toch: Art. „Nürnberg". In: Germania Judaica (wie Anm. 1), Band III, 2, S. 1011, 1030, Anm. 181.

65 Julius Weizsäcker (Hg.): Deutsche Reichstagsakten. Zweiter Band. München 1874, hier S. 323, Anm. 2. Vgl. Süßmann (wie Anm. 62), S. 109–115, 118.

66 Staatsarchiv Nürnberg, Reichsstadt Rothenburg, Münchener Auslagerung, U 191 (Ausfertigung). Stadtarchiv Rothenburg, B 1, fol. 253 (Abschrift). Druck bei Werner Vetter: Das Steuerrecht der Reichsstadt Rothenburg o. T. Diss. masch. Erlangen 1949, hier S. 126f. Vgl. Wehrmann (wie Anm. 1), S. 85, m. Anm. 3.

67 Huldigung Rothenburgs an König Ruprecht im Oktober 1401, vgl. Julius Weizsäcker (Hg.): Deutsche Reichstagsakten. Vierter Band. Gotha 1882, hier S. 267f., Nr. 229.

68 Stadtarchiv Rothenburg, U 1240. Staatsarchiv Nürnberg (wie Anm. 1), fol. 36; Druck bei Breßlau (wie Anm. 1), S. 325–327. Vgl. Wehrmann (wie Anm. 1), S. 88–91.

69 Vgl. Wehrmann (wie Anm. 1), S. 95f.

70 Vgl. die Auflistung der Rückzahlungen der einzelnen Juden: Staatsarchiv Nürnberg (wie Anm. 1), fol. 82–91; vgl. Wehrmann (wie Anm. 1), S. 96f.

Die jüdische Gemeinde

Durch die Steuerliste des Jahres 1383 gewinnen wir erstmals einen umfassenden Überblick über die jüdische Gemeinde Rothenburg nach der Pestverfolgung.[71] Damals zahlten mehr als 30 Juden Steuern an die Stadt. Die erwähnte Urfehde des Jahres 1401 listet 19 hebräische Unterschriften auf; ebenso viele Haushalte umfasste also die damalige Gemeinde. Dem gegenüber liegt die Zahl der Steuerzahler ab 1432 wesentlich niedriger und pendelt bis zum Ende des 15. Jahrhunderts um zehn. Unmittelbar vor der Vertreibung lebten schließlich noch sechs Familien in der Stadt.

Während der gesamten Zeit jüdischer Siedlung behielt Rothenburg den Status eines „Kahal" und fungierte auch für auswärtige Juden als Friedhofsort.[72] Wir kennen wenigstens elf Rabbiner mit Namen, von denen z. B. Mendel von Pappenheim vielfältige überörtliche Beziehungen pflegte.[73] Der von König Ruprecht als Reichsrabbiner eingesetzte Hochmeister Israel von Nürnberg lebte vorübergehend in Rothenburg und beschäftigte dort einen Schreiber.[74] Rabbi Jakob, Sohn des Leb von Eichstätt, wurde in der Mitte des 15. Jahrhunderts neben seiner Tätigkeit in Rothenburg als Rabbiner des Hochstifts Würzburg eingesetzt und siedelte zudem zwei Jahre in Nürnberg.[75] Namentlich bekannte Vorsinger, Kinderlehrer oder Verwalter der Finanzkasse bezeugen ferner das intakte Gemeindeleben nach der Pestverfolgung.[76] Wenigstens einmal handelte ein dreiköpfiger Vorstand stellvertretend für die Judengemeinde nach außen.[77]

Die Mehrzahl der Rothenburger Juden dieser Epoche stammte aus einem näheren Umkreis von 100 bis 150 km.[78] Vereinzelt kamen Juden von weiter

71 Vgl. Wehrmann (wie Anm. 1), S. 71–75.

72 Vgl. Steffes-Maus (wie Anm. 49), S. 551, 553f.

73 Vgl. Hans Jürgen Wunschel: Art. „Rothenburg ob der Tauber". In: Germania Judaica (wie Anm. 1), Band III, 2, hier S. 1259–1261; Moritz Stern (Hg.), Siegmund Salfeld (Mitwirkung): Die israelitische Bevölkerung der deutschen Städte. Ein Beitrag zur deutschen Städtegeschichte. Mit Benutzung archivalischer Quellen. III: Nürnberg im Mittelalter. Quellen: Erste und zweite Abteilung. Kiel 1894–1896, hier S. 26, m. Anm. 2, S. 229, Anm. 1; ferner demnächst die Dissertation der Verfasserin, Kap. 3. Zu Mendels Beziehungen nach Zürich vgl. Staatsarchiv Nürnberg (wie Anm. 1), fol. 21r.

74 Vgl. Moritz Stern: König Ruprecht von der Pfalz in seinen Beziehungen zu den Juden. Ungedruckte Königsurkunden nebst ergänzenden Aktenstücken. Kiel 1898, hier S. 39f., Nr. 49; Breßlau (wie Anm. 1), S. 321, 324; Germania Judaica (wie Anm. 1), Band III, 2, S. 1260.

75 Vgl. Germania Judaica (wie Anm. 1), Band III, 2, S. 1260.

76 Vgl. ebd., S. 1259–1261; Steffes-Maus (wie Anm. 49), S. 555–561.

77 Vgl. Stadtarchiv Rothenburg (wie Anm. 63).

78 Diese Tendenz ist schon erkennbar auf der die Herkunftsorte Rothenburger Juden zwischen 1375 und 1445 verzeichnenden Karte bei Jürgen Uwe Ohlau: Der Haushalt der Reichsstadt Rothenburg o. T. in seiner Abhängigkeit von Bevölkerungsstruktur,

her, z. B. aus Köln.[79] Unter den jüdischen Steuerzahlern sind auf der Grundlage des Judenbuchs vielfältige verwandtschaftliche Beziehungen nachweisbar. Familienstrukturen spielten folglich eine fundamentale Rolle für die innere Organisation und Stabilität der jüdischen Gemeinde. Auch in Rothenburg ist infolge der Wenzel'schen Schuldentilgung eine Abwanderungswelle von Juden bis hin nach Italien zu beobachten. Ber, der Sohn des Wolf, nahm den Weg über Augsburg, ehe er sich in Treviso in der venezianischen Terraferma niederließ.[80] Andere neue Siedlungsorte in größerer Entfernung waren Zürich, Worms oder Bayreuth. Nach 1520 blieben die Vertriebenen nach Möglichkeit in der fränkischen Region, beispielsweise bei den Grafen von Wertheim oder in der Markgrafschaft Ansbach.[81]

Fast alle bekannten Rothenburger Rabbiner unterrichteten Studenten. Aus dem Jahr 1457 ist die außerordentlich hohe Zahl von 91 Studenten bei Jakob von Eichstätt überliefert.[82] Höchstwahrscheinlich fand damals der bekannte Nürnberger Rabbiner David Tebel Sprinz, der die Pegnitzmetropole infolge eines Gelehrtenstreites kurzfristig verlassen hatte, in der Tauberstadt Zuflucht und Lehrmöglichkeit.[83]

Die große Judengemeinde Nürnbergs hatte für die Rothenburger Juden im 14. und 15. Jahrhundert eine gewisse Vorortfunktion, die aber auch in Konkurrenz ausarten konnte. Nach der Vertreibung der Juden aus der Stadt an der Pegnitz im Jahre 1498 übernahm die jüdische Gemeinde Frankfurts diese übergeordnete Rolle für die tauberstädtischen Juden.[84]

Fallbeispiele

Wenden wir uns abschließend kurz drei Familien zu, um die Vernetzung, die Kontinuität, aber auch die Mobilität der Rothenburger Juden zu exemplifizieren:

Verwaltung und Territorienbildung (1350–1450). Phil. Diss. Erlangen 1965, hier Karte zwischen S. 59 u. 60.

79 Vgl. Germania Judaica (wie Anm. 1), Band III, 2, S. 1253.

80 Vgl. Angela Möschter: Juden im venezianischen Treviso (1389–1509) (= Forschungen zur Geschichte der Juden A 19). Hannover 2008, hier S. 51, 97, 118, 302f., 306, 325.

81 Vgl. Germania Judaica (wie Anm. 1), Band III, 2, S. 1254.

82 Stadtarchiv Rothenburg (wie Anm. 43), fol. 7v/8r.

83 Vgl. Germania Judaica (wie Anm. 1), Band III, 2, S. 1015, Nr. 5; Steffes-Maus (wie Anm. 49), S. 559.

84 Vgl. zu einer Rabbinerversammlung im Rahmen der Pfefferkorn-Auseinandersetzung Isidor Kracauer: Actenstücke zur Geschichte der Confiscation der hebräischen Schriften in Frankfurt/M. In: Monatsschrift für Geschichte und Wissenschaft des Judenthums 44 (1900), hier S. 225–232, Nr. 7, Nr. 8 (jeweils hebr. Original u. dt. Übersetzung). Zur Bitte der Rothenburger Juden, den Frankfurter Usus der Übernachtungsgebühr für auswärtige Juden in der Tauberstadt zu übernehmen, vgl. Staatsarchiv Nürnberg (wie Anm. 1), fol. 139.

– *Vernetzung*

Die Familie Gans oder „von Aub“ ist bereits vor den Pestverfolgungen in Rothenburg nachweisbar.[85] Nach der Mitte des 14. Jahrhunderts lebten wenigstens drei Brüder in der Tauberstadt, von denen Gottschalk, mit hebräischem Namen Eljakim ben Ascher, der einflussreichste war. Er war größter Geldleiher am Ort, pflegte geschäftliche Kontakte zum Mainzer Erzbischof, besaß Häuser in der Deutschordensstadt Mergentheim und war 1401 schließlich Vorsteher der jüdischen Gemeinde Rothenburg. In Konsortien, vor allem mit Abraham von Mergentheim, lieh er große Summen. Von Gottschalk ist Korrespondenz mit Frankfurter Juden überliefert. Neben seinem wirtschaftlichen und politischen Potential ist auch seine Gelehrsamkeit zu beachten. So war sein Schwiegersohn Bischof der Nachfahre eines bekannten jüdischen Kreuzzugschronisten.[86] Gottschalk selbst wird neuerdings mit eschatologischen Bewegungen im deutschen und italienischen Judentum um 1400 in Verbindung gebracht.[87] Er siedelte 1404 nach Nürnberg über, wo er bis 1420 ebenfalls als Gemeindevorsteher fungierte.[88] Diese Stadt verließ er, damals schon in hohem Alter, nochmals mit unbekanntem Ziel. Neben den erwähnten Verwandten lebte auch seine Schwester mit ihrem Gatten in Rothenburg.[89] Bis zum Ende des 15. Jahrhunderts sind Mitglieder der Familie Gans u. a. in Frankfurt, Erfurt, Tauberbischofsheim, Regensburg und Worms bekannt.[90] Desgleichen gab es Familienangehörige in Oberitalien.[91] Vielleicht ist sogar der im 17. Jahrhundert in Schwaben lebende Gelehrte Eliakim Gottschalk von Rothenburg[92] noch ein Nachfahre der Familie.

---

85 Stadtarchiv Rothenburg (wie Anm. 12), fol. 18r. Zu Gottschalks Person vgl. v. a. Germania Judaica (wie Anm. 1), Band III, 2, S. 863, Nr. 2; ebd., S. 1452f., Anm. 30f.

86 Vgl. Eva Haverkamp (Hg.): Hebräische Berichte über die Judenverfolgungen während des ersten Kreuzzugs (= Monumenta Germaniae Historica. Hebraica 1). Hannover 2005, hier S. 170, Anm. 155; Breßlau (wie Anm. 1), S. 17, Nachtrag 2.

87 Vgl. in Zukunft Alfred Haverkamp: Juden in Deutschland und Italien während des späten Mittelalters. Bewegungen in kabbalistischen Zusammenhängen. In: Fritz Backhaus u. a. (Hgg.): Frühneuzeitliche Ghettos in Europa im Vergleich / Early Modern Ghettoes: A Comparative Approach (= Frankfurter Kulturwissenschaftliche Beiträge 15). Frankfurt a. M. 2012, S. 81–148.

88 Vgl. Germania Judaica (wie Anm. 1), Band III, 2, S. 1014f.

89 Staatsarchiv Nürnberg (wie Anm. 1), fol. 33; Stadtarchiv Rothenburg (wie Anm. 68). Vgl. Breßlau (wie Anm. 1), S. 328, Anm. 1.

90 Vgl. Germania Judaica (wie Anm. 1), Band III, 2, S. 865, Anm. 39; Isidor Kracauer: Urkundenbuch zur Geschichte der Juden in Frankfurt am Main von 1150–1400. Frankfurt a. M. 1914, hier S. 779.

91 Vgl. Möschter (wie Anm. 80), S. 348.

92 Er war zudem ein Nachfahre des Rabbi Meir ben Baruch, vgl. http://www.jewishencyclopedia.com/articles/12907-rothenburg-eliakim-gottschalk [Stand: 02.02.2012].

– Kontinuität

Über nicht weniger als fünf Generationen ist die Familie des Samuel vom endenden 14. Jahrhundert bis 1520 ununterbrochen in der Tauberstadt nachweisbar.[93] Samuels Sohn Joßlin war Mitte des 15. Jahrhunderts der größte Steuerzahler und demnach auch größter Geldleiher der Taubergemeinde. Ebenso wie sein Sohn Samuel, der die Armenkasse verwaltete[94], hatte Joßlin in der jüdischen Gemeinde eine herausragende Funktion inne. Vermutlich war er sogar deren Vorsteher. Doch geriet er auch mit der städtischen Führung in Konflikt: 1440 musste er mit seiner Ehefrau wegen eines angeblichen Hochverrats sogar Urfehde gegenüber der Stadt schwören.[95] Er pflegte vielfältige Kontakte zur nichtjüdischen Umwelt; beispielsweise ließ seine Frau einen Pelz bei einer Christin aufarbeiten.[96] Chaim, ein Enkel Joßlins, wanderte 1517 mit dem Ziel Jerusalem aus. Ein Sohn dieses Chaim konvertierte nach der Vertreibung der Juden aus der Tauberstadt samt seiner Familie zum Christentum und nahm den Namen Ender an.[97] Dessen Schwager Feifelman verließ die Stadt erst bei der Vertreibung im Februar 1520.[98]

– Mobilität

Die Familie Öhringer ließ sich 1468, höchstwahrscheinlich nach ihrer Vertreibung aus dem gleichnamigen Herkunftsort[99] in der Tauberstadt nieder. Mosche war Geldleiher und Gelehrter, außerdem in späteren Jahren offenbar der Vorsteher der jüdischen Gemeinde.[100] Er erwarb nach der rechtlichen Auseinandersetzung mit der Stadt 1477 als erster Jude das Bürgerrecht nach dem neuen Recht[101]; dies verdeutlicht seine Bedeutung sowohl gegenüber dem städtischen Rat als auch innerhalb der jüdischen Gemeinde. Einen innerjüdischen Rechtsstreit um unrechtmäßig von ihm eingezogene Außenstände entschied der berühmte Rabbi Mosche Minz aus Bamberg durch Schiedsurteil.[102] 1504 verstarb Mosche Öhringer in hohem Alter in Rothenburg. Seine Witwe überlebte ihn um vier Jahre.[103] Ihr Sohn Selig-

93 Vgl. Steffes-Maus (wie Anm. 49), S. 558.
94 Ebd., S. 557.
95 Stadtarchiv Rothenburg, U 442.
96 Stadtarchiv Rothenburg, B 301, fol. 128r.
97 Vgl. Breßlau (wie Anm. 1), S. 16; Steffes-Maus (wie Anm. 49), S. 558.
98 Vgl. Steffes-Maus (wie Anm. 49), S. 558.
99 Vgl. Germania Judaica (wie Anm. 1), Band III, 2, S. 1057.
100 Vgl. ebd., S. 1261, Nr. 17.
101 Stadtarchiv Rothenburg (wie Anm. 43), fol. 39r.
102 Germania Judaica (wie Anm. 1), Band III, 2, S. 1261.
103 Zur jeweils letztmaligen Nennung vgl. Stadtarchiv Rothenburg (wie Anm. 43), fol. 84v, 85v, 89r.

mann verließ die Stadt dagegen bereits 1490 und begab sich in den Schutz der Grafen von Wertheim, wo er seinen Bruder Josef nach dem Tode der Mutter auf die Herausgabe seines Erbteils verklagte.[104] Josef indes praktizierte als Arzt und Geldleiher in Rothenburg und vermietete ein Eckhaus in der Judengasse an Christen unter. Er trat in der Endphase jüdischer Siedlung als Sprecher der Rothenburger Juden gegenüber der Stadt auf.[105] Seine Kinder und Schwiegerkinder lebten ebenfalls bis zur Vertreibung in Rothenburg; vier der sechs am Ende verbliebenen jüdischen Steuerzahler gehörten der Familie Öhringer an. Nach 1520 begab sich Jos von Hirschaid, der Schwiegersohn des Josef Öhringer, desgleichen nach Wertheim.[106] Josef selbst zog damals vermutlich nach Aub.[107] Er durfte 1546, mit über 70 Jahren, als einziger Jude nach der Vertreibung im 16. Jahrhundert nochmals die Tauberstadt betreten, um einen Kranken zu behandeln.[108]

***

Diese drei kurzen Fallbeispiele sollen, aller Komprimiertheit zum Trotz, wenigstens einen oberflächlichen Eindruck von der Komplexität jüdischen Lebens im mittelalterlichen Rothenburg vermitteln. Nicht nur die übergeordneten politischen Bedingungen, sondern auch die konkreten familiären Lebensumstände bildeten den Rahmen, in dem ein Jude individuell seinen Platz in der Gesellschaft aushandeln konnte. Je nach familiärem, politischem und nicht zuletzt finanziellem Vermögen standen ihm hierbei größere oder kleinere Gestaltungsmöglichkeiten offen. Die Einbindung in die Familie vor Ort stellte in diesem Gefüge den wichtigsten Stabilitäts- und Kontinuitätsfaktor dar. Bis zum Ende des 15. Jahrhunderts genoss Rothenburg eine vergleichsweise hohe Attraktivität als Siedlungsort für Juden, die vor allem in der – selbst in Zeiten sozialer Umstürze höchstens für wenige Jahre unterbrochenen – Siedlungskontinuität ihren beredten Ausdruck fand. Das hier mögliche Zusammenspiel von Kontinuität, Mobilität und Vernetzung trug dazu bei, dass die Rothenburger jüdische Gemeinde zu einer der langlebigsten Stadtgemeinden im aschkenasischen Mittelalter avancierte. Erst die Umbruchphase der ersten Hälfte des 16. Jahrhunderts brachte das endgültige Aus für den „Kahal" Rothenburg. Die nicht voneinander zu trennenden religiösen und sozialen Veränderungen, verschlagwortet unter den Begriffen „Reformation" und „Bauernkrieg", welche die innere

104 Vgl. Staatsarchiv Nürnberg (wie Anm. 1), fol. 159. Zu seinem weiteren Weg vgl. Max Freudenthal: Zur Geschichte des Judenprivilegs Kaiser Maximilians II. auf dem Reichstag zu Augsburg 1566. In: Zeitschrift für die Geschichte der Juden in Deutschland NF 4 (1932), S. 83–100, hier S. 90, S. 97f.

105 Germania Judaica (wie Anm. 1), Band III, 2, S. 1260, Nr. 12.

106 Vgl. Staatsarchiv Nürnberg (wie Anm. 1), fol. 168.

107 Germania Judaica (wie Anm. 1), Band III, 2, S. 1260, 1274, Anm. 246.

108 Breßlau (wie Anm. 1), S. 16.

Struktur Rothenburgs zwischenzeitlich sogar existenziell bedrohen sollten, ließen für die Juden in der tauberstädtischen Gesellschaft keinen Platz mehr. Doch sie fanden ihre Nischen mehrheitlich in der fränkischen Region, vor allem in den Herrschaftsgebieten der aufstrebenden Grafen und Reichsritter. Diese ermöglichten ihnen eine neue Existenz unter gewandelten Prämissen, in deren Folge sich neue Formen jüdischen Lebens entwickeln konnten.[109]

[109] Vgl. zu den frühneuzeitlichen Siedlungsverhältnissen in Franken zukünftig die Dissertation von Torben Stretz: Juden in den Grafschaften Castell und Wertheim zwischen Spätmittelalter und Früher Neuzeit – Inklusion und Exklusion (15. bis 17. Jahrhundert) [Arbeitstitel]. Erscheint voraussichtlich Trier 2012.

Der Maharam – Rabbi Meir von Rothenburg und seine Schule

Johannes Heil

Manches Thema liegt näher als seine Ausführung. Der „Maharam und seine Schule“ ist so eines. Natürlich ist Rabbi Meir von Rothenburg, in der Überlieferung einfach der MaHaRaM (Mar ha Rav Meir = unsere Herr und Lehrer Meir) genannt und so in gelehrten Diskussionen bis heute als Autorität allgegenwärtig, ein Lehrer gewesen, einer der europaweit bedeutendsten des Mittelalters. Und ein Lehrer hat selbstredend eine Schule, hatte Schüler, die er in Rothenburg unterrichtete. Freilich verbinden wir mit „Schule“, zumal mit „Akademie“ oder Talmudhochschule“, fest gefügte Vorstellungen von irgendwie gearteten Institutionen, was sich bei näherem Hinsehen kaum mit der Realität des 13. Jahrhunderts deckt.

Betrachten wir es nüchtern: Jüdische Gelehrte und mit ihnen Schüler sind nördlich der Alpen seit der Zeit um das Jahr 1000 in den Städten am Rhein fassbar, zunächst in Mainz, dann in Worms und Speyer. Gemeinde- und Schulenbildung fielen zeitlich in Eins. Später treten, mit wechselnden Zentren, Bezügen und Peripherien, andere Orte wie Köln, Würzburg und Regensburg hinzu.[1] Der Maharam stammte aus Worms, aus dem Gründungsraum der aschkenasischen Schulen, und über seinen Vater ist er in dieser Gelehrtengesellschaft, deren Angehörige das immer nur im Nebenberuf machten, anfänglich ausgebildet worden und ihr dann entwachsen. Um seine Zeitstellung zu erfassen, lohnt ein kurzer Seitenblick: Der Kölner „doctor universalis“ Albertus Magnus (ca. 1200–1280) und Meir von Rothenburg (ca. 1220–1293) waren annähernd Zeitgenossen.

---

1 Gerd Mentgen: Die Juden des Mittelrhein-Mosel-Gebietes im Hochmittelalter unter besonderer Berücksichtigung der Kreuzzugsverfolgungen. In: Evangelische Kirche im Rheinland (Hg.): Der Erste Kreuzzug 1096 und seine Folgen. Die Verfolgung von Juden im Rheinland (= Schriften Archiv EK Rheinland 9). Düsseldorf 1996, hier S. 41–43; Michael Toch: The Formation of a Diaspora. The Settlement of Jews in the Medieval German Reich. In: Aschkenas 7 (1997), S. 11–34; Ders.: Die Juden im mittelalterlichen Reich (= Enzyklopädie deutscher Geschichte 44). München 1998; Ivan G. Marcus: A Jewish-Christian Symbiosis. The Culture of Early Ashkenaz. In: David Biale (Hg.): Cultures of the Jews. A New History. New York 2002, S. 449–516; Christoph Cluse: Juden am Niederrhein während des Mittelalters – eine Bilanz. In: Monika Grübel u. a. (Hgg.): Jüdisches Leben im Rheinland. Vom Mittelalter bis zur Gegenwart. Köln u. a. 2005, hier S. 4–6; grundlegend ferner: Avraham Grossman: Die ersten Gelehrten in Aschkenaz – Lebensläufe, Aufstieg zur Gemeindeführung, Werke – vom Beginn der Niederlassung bis zu den Pogromen 1096 [hebr.]. Jerusalem 1988.

Was waren aber überhaupt Schulen in dieser Zeit? Natürlich gab es Klosterschulen, die seit dem 9. Jahrhundert einen enormen Aufschwung nahmen. Es gab Kathedralschulen, vor allem in Frankreich, und von ihnen führt im 12./13. Jahrhundert eine Linie zu dem, was wir Hochschule oder Universität nennen. Die „universitas magistrorum et scholarium" von Paris, die König Philipp II. 1200 anerkannte, darf als die älteste Volluniversität im heutigen Sinne gelten; die Rechtschule als Kern der Universität von Bologna geht noch auf das Jahr 1088 zurück. Die Gründung der Universität Köln aus den geistlichen Schulen der Stadt kann man nur mit Mühe ins 13. Jahrhundert datieren. So ist im Grunde die erste wirkliche Universitätsgründung im heutigen Deutschland die der Universität Heidelberg im Jahr 1386 gewesen.[2] Halten wir also fest, dass die jüdischen „Laien"-Schulen, die sich schon seit dem 11. Jahrhundert allmählich formierten, in ihrem Umfeld im Grunde vorbildlos waren und eben auf keinerlei Orientierung gebende Struktur zurückgreifen konnten. Solche Vorbilder hätten eher schon aus dem Herkunftsraum des rabbinischen Judentums, den Schulen im Zweistromland und im Heiligen Land tradiert sein können, ohne dass man deswegen auf eine unmittelbare Vorbildnahme schließen sollte.[3] Dafür waren die Bedingungen im jeweiligen Umfeld zu verschieden, am Rhein vor allem viel kleiner. Auch die Klosterschulen des Nordens hätten kein Modell für das jüdische Studium bieten können: Der Zweck des Klosters war nicht das Studium (sondern nur ein Teilaspekt davon), und die jüdische Schulenbildung vollzog sich nicht im Rahmen der Verbindlichkeit einer dem Monastischen auch nur irgendwie verwandten Ordnung mit entsprechenden Regeln, sondern auf familiärer Basis inmitten der noch in Entstehung begriffenen Gemeinden.

Die jüdischen Schüler kamen, wenn Autorität und Ruf des Lehrers es verdienten, ja das Kommen der Schüler sowie Anfragen in sakralrechtlichen Angelegenheiten rückten den Gelehrten erst in seinen Rang – und nicht ein landesherrlicher Akt oder eine irgendwie geartete Approbation. Die Schüler zogen irgendwann weiter und suchten anderswo nach Mehr oder Anderem. Oder sie heirateten in die Familie des Lehrers ein oder sonst wo in der Gemeinde und erwarben sich einen Platz in ihr. Es waren persönliche und familiäre Bindungen, die die Schulen strukturierten, und entsprechend dynamisch und kaum institutionell begründet waren diese Lernhäuser dann auch.

Dazu passt, dass die obrigkeitlichen Privilegien, die den Juden die Niederlassung ermöglichten – zumal die frühen bischöflichen und kaiserlichen

---

2 Walter Rüegg (Hg.): Geschichte der Universität in Europa. Bd. 1: Mittelalter. München 1993.

3 Robert Brody: The Geonim of Babylonia and the Shaping of Medieval Jewish Culture. New Haven u. a. 1998; ferner Shlomo Eidelberg: The Origins of Germanic Jewry: Reality and Legend. In: Gertrude Hirschler (Hg.): Ashkenaz. The German-Jewish Heritage. New York 1988, S. 3–10; Marcus (wie Anm. 1).

Verbriefungen der Jahre 1084–90 für die Gemeinden am Mittelrhein – nichts über Schüler oder Schulen sagten, sondern ganz von der Gemeinschaft der Juden insgesamt und anderen alltagspraktischen Fragen handeln und vor allem die Interessen der Aussteller spiegeln, während die jüdische Stimme auf essentielle Eckpunkte beschränkt bleibt.[4] Es hat einmal jemand gesagt, eine Jeshiva sei damals im wirklichen Wortsinn einfach ein Tisch mit Stühlen herum gewesen. Das tritt die Sache vermutlich viel besser als der Begriff „Schule".

Ein zweites kommt hinzu, wenn wir von der Schule des Maharam sprechen. Wir können sie eigentlich nur in ihrem Nachwirken erfassen – im Auftreten jener Schüler, die Lehren und Lehrentscheidungen des Maharam schon zu seinen Lebzeiten festhielten und auch danach noch kodifizierten und für deren Verbreitung sorgten. Ansonsten müssen wir die Schule durch die Betrachtung der Person des Lehrers konturieren, also bei seiner Biographie, seinem – soweit fassbar – bemerkenswert eigenwilligen Lebensweg, ansetzen. Meist betrachtet man den Maharam von den dramatischen Umständen seines Lebensendes her, von seinem Abzug aus Rothenburg 1286, von seiner Inhaftierung, von seinem Wirken aus der Festungshaft heraus, schließlich von seinem Tod in der Gefangenschaft 1293 und der Auslösung seines Leichnams durch seinen Getreuen (und Schüler?) Alexander Wimpfen (1307), von dem unten noch die Rede sein wird. Es ist ja nicht einmal restlos geklärt, ob der Maharam bei seinem Aufbruch 1286 sich mit seinem Anhang tatsächlich nach Jerusalem hat aufmachen wollen. Wenn ja, dann ist er dort nie angekommen, sondern schon auf dem Weg über die Alpen in Oberitalien denunziert worden und in kaiserliche Gefangenschaft geraten. In der Haft wurde ihm der Kontakt mit seinen Schülern ermöglicht; es muss eine einigermaßen komfortable Haft gewesen sein, aber eben eine Trennung von Familie und Gemeinde.

Was wissen wir dann über die Anfänge des Maharam? Meir ben Baruch wurde 1215 in Worms geboren, und dort wurde er schließlich auch begraben. Sein Vater war Rav Baruch, einer der bekannten Wormser Gelehrten seiner Zeit, der mehrmals in der Funktion des *Dajan* (Richter) genannt wird; Meirs Bruder Abraham ist als Verfasser eines (schwach überlieferten) talmudischen Kommentarwerks bekannt.[5] Dass der Beiname, den die Tradition

---

4 Das Privileg für Speyer 1084 bei Alfred Hilgard: Urkunden zur Geschichte der Stadt Speyer. Straßburg 1885, Nr. 11, S. 11f. – Die kaiserlichen Privilegien für Worms und Speyer von 1090 in Monumenta Germaniae Historica, Diplomata Heinrich IV., Nr. 411, 412, S. 543–549; Nr. 509, S. 679f.; Übers. in: Julius Schoeps u. a. (Hg.): Juden in Europa. Ihre Geschichte in Quellen. Bd. 1: Von den Anfängen bis zum Ende des Mittelalters (mehr nicht erschienen). Darmstadt 2001, Nr. 52f., S. 120–123.

5 Vgl. Hirsch J. Zimmels: Beiträge zur Geschichte der Juden in Deutschland im 13. Jahrhundert, insbesondere auf Grund der Gutachten des R. Meir Rothenburg. Wien 1926, S. 1–7, passim; Irving A. Agus: Rabbi Meir of Rothenburg. His Life and His

dem Meir ben Baruch beigegeben hat, nicht auf Worms, sondern auf die damals noch junge Reichsstadt an der Tauber verweist, zeigt zugleich, dass die Hegemonie der rheinischen Gemeinden, die die Anfangszeit von Aschkenas kennzeichnet, im 13. Jahrhundert einer komplexeren Kultur- und Kommunikationslandschaft gewichen war.

Rabbi Meirs Leben spielte sich also nicht, wie es einige Generationen zuvor noch selbstverständlich gewesen war, allein im kurzen Abstand der rheinischen Städte Mainz, Worms und Speyer ab. Stattdessen erstrecken sich die Stationen seiner Formierung über einen weiter reichenden, eigentlich gesamteuropäischen Raum. Meir studierte anfangs in Würzburg (seit etwa 1225 bei Rabbi Isaak Ben Moses, genannt der „Or Sarua"), dann in Mainz (Rabbi Jehuda Ben Moses Ha-Kohen und anderen) und schließlich für längere Zeit in Frankreich. Eine gesicherte Station seines Aufenthalts dort war Samuel Ben Solomon von Falaise und – nicht sicher nachgewiesen – der bekannte Rabbi Jechiel von Paris.[6]

Rabbi Meir hatte, so viel können wir festhalten, auffallend viele Lehrer an bemerkenswert vielen Orten. Die meiste Zeit seines Lebens – an die vierzig Jahre – hat Rabbi Meir dann hingegen in Rothenburg ob der Tauber verbracht. Vermutlich kam er direkt nach seiner Rückkehr aus Frankreich 1245 dorthin. Wenn überhaupt, ist er nur kurz nach Worms zurückgekehrt, hat also offenbar gar nicht erst versucht, sich dort dauerhaft im Geflecht bestehender Schulen und gelehrter Netzwerke zu etablieren. Seine Entscheidung für Rothenburg erscheint dagegen erstaunlich, damals wie heute.

Die Stadt war im Unterschied zu den Bischofsstädten am Rhein zwar eine rapide aufstrebende, königsunmittelbare Reichsstadt, aber auch ein bis

---

Works as Sources for the Religious, Legal, and Social History of the Jews of Germany in the Thirteenth Century. Bd. 1: Philadelphia 1947, S. 5, 125ff.; Zvi Avneri (Hg.): Germania Judaica II. Von 1238 bis zur Mitte des 14. Jahrhunderts. 2 Bde. Tübingen 1968, hier Bd. 2, S. 709ff.; Israel J. Yuval: Meir ben Baruch aus Rothenburg (um 1220–1293), „supremus magister". In: Claus Grimm (Hg.): Geschichte und Kultur der Juden in Bayern. Lebensläufe. München u. a. 1988 (= Veröffentlichungen zur Bayerischen Geschichte und Kultur 18/88). S. 21–24; Ephraim Kanarfogel: Preservation, Creativity, and Courage. The Life and Works of R. Meir of Rothenburg. In: Jewish Book Annual 50 (1992), S. 249–259; Barbara Mattes: Jüdisches Alltagsleben in einer mittelalterlichen Stadt. Responsa des Rabbi Meir von Rothenburg. Berlin 2003, S. 21–30; ferner Hilde Merz (Hg.): Zur Geschichte der mittelalterlichen jüdischen Gemeinde in Rothenburg ob der Tauber. Rabbi Meir ben Baruch von Rothenburg zum Gedenken. Rothenburg 1993; Hans Georg von Mutius: „Meir ben Baruch". In: Neue Deutsche Biographie 16 (1990), S. 681f. [Onlinefassung], URL: http://www.deutsche-biographie.de/pnd119136392.html].

6 Israel M. Ta-Shma: Jehiel ben Joseph of Paris. In: Encyclopaedia Judaica. Bd. 11. 2. Aufl. Detroit u. a. 2007, S. 103; ferner Simon Schwarzfuchs: La vie interne des communautés juives du Nord de la France au temps de Rabbi Yéhiel et de ses collègues. In: Gilbert Dahan (Hg.): Le brûlement du Talmud à Paris 1242–1244. Paris 1999, S. 23–37.

dahin auf der jüdischen Landkarte völlig unbeschriebenes Blatt. Freilich: Im 12. Jahrhundert, unter der Herrschaft der staufischen Königs- und Kaiserdynastie, verschoben sich die traditionellen Königslandschaften vom Rhein allmählich weg an den Main und weiter nach Franken hinein. Doch was im Rückblick vom Ergebnis her einsichtig ist, war in seiner Zeit noch kaum mit Sicherheit zu beurteilen. So bleibt festzuhalten, dass Rabbi Meir mit Rothenburg einen intellektuell noch in keiner Weise bestellten Ort abseits der älteren jüdischen Schulen zum Lebensmittelpunkt wählte und hier seinen Tisch zur Lehre aufstellte, also Schule machte.[7] Eine solch abseitige Positionierung war nicht neu, aber bei der Suche nach einem Vorbild muss man weiter schauen.

Mit der Wahl des abseitigen Rothenburg importierte der Maharam ein Modell der polyzentrischen und vor Ort dann auf eine einzelne Person fixierten Gelehrsamkeit, wie er es in Frankreich kennen gelernt hatte. Denn bei aller Bedeutung von Paris verbinden sich, anders als im Rheinland, in der Nachfolge des großen Raschi (gest. 1105) gerade die vielen kleineren Orte mit großen Namen. Schon Raschi hatte sich nach seinem Rückzug aus dem Rheinland in seine bis dahin als jüdischem Ort nicht sonderlich profilierte Vaterstadt Troyes zurückgezogen.[8] Und so waren es in der Generation seiner Schüler - respektive Schwiegersöhne, Enkelschüler und Enkelkinder - die kleineren und auch ganz kleine Städte der Ile de France, die, meist nur über ein oder zwei Generationen hinweg, Zentren jüdischen Lebens wurden und mit den Namen von eben nur einem, höchstens zwei Gelehrten und deren Schülerkreis zu verbinden sind. Dampierre, Falaise, Ramerupt, die kirchliche Metropole Sens, Evreux, Vitry und andere Orte sind hier zu nennen.[9]

Auch wenn die französischen Gelehrten bei ihrer Ortswahl zunächst einmal vor allem auf ihre eigene Unabhängigkeit bedacht gewesen sein dürften, wurden unter den krisenhaften, von zunehmenden Verfolgungen gezeichneten Bedingungen des 12./13. Jahrhunderts Faktoren wie Mobilität und azentrische Verteilung jüdischer Gelehrsamkeit auf unterschiedliche

---

7 Vgl. Zimmels (wie Anm. 5), S. 1–7, passim; Agus (wie Anm. 5); Yuval (wie Anm. 5), S. 21–24.

8 Vgl. Johannes Heil: Raschi. Der Lebensweg als soziale Landschaft. In: Daniel Krochmalnik, Hanna Liss, Ronen Reichmann (Hgg.): Raschi und sein Erbe (= Schriften der Hochschule für Jüdische Studien Heidelberg 10). Heidelberg 2007, S. 1–22.

9 Ephraim E. Urbach: The Tosafists. Their History, Writings and Methods. 2. Aufl. Jerusalem 1955 [hebr.], S. 423f.; Encyclopedia Judaica 15, S. 1278–1283; ferner Avraham Grossman: Social Structure and Intellectual Creativity in Medieval Jewish Communities (8th to 12th c.). In: Isadore Twersky u. a. (Hgg.): Studies in Medieval Jewish History and Literature. Bd. 3. Cambridge/Mass. 2000, S. 1–19; Ephraim Kanarfogel: Religious Leadership During the Tosafist Period. Between the Academy and the Rabbinic Court. In: Jacques Wertheimer (Hg.): Jewish Religious Leadership – Image and Reality. Bd. 1. New York 2004, S. 265–305.

Orte geradezu zur Voraussetzung für das Weiterbestehen von Judentum in einer immer weniger kalkulierbaren Umwelt.

Der Aufstieg Rothenburgs auch zu einem jüdischen Zentrum hatte also nur bedingt innerjüdische Ursachen, aber die rapide Entwicklung der Stadt hat sich sogleich innerjüdisch dynamisch auswirken können. Die sich ändernden politischen Rahmenbedingungen von Königsherrschaft und Städtepolitik haben dieses und andere neue jüdische Zentren wie Frankfurt am Main, Friedberg in der Wetterau, Nürnberg oder auch Wien im Herzogtum Österreich überhaupt erst entstehen lassen. Die enge Bindung dieser Gemeinden an die Herrschergestalten, seien es Könige oder Landesherren gewesen, hat diesen Aufstieg ermöglicht, das Wohlergehen der neuen jüdischen Gemeinden aber war unweigerlich mit Erfolg oder Misserfolg, immer wieder auch mit den Bedürfnissen, Launen der Herrscher und den wechselnden Ausrichtungen ihres politischen Handelns verbunden. Und den Preis für diese Abhängigkeit erfuhren die Juden der Zeit immer häufiger – man denke nur an die zunehmende Entrechtung der Juden in England bis hin zu ihrer Vertreibung 1290.[10]

Im Rückblick sieht man auch über der Rothenburger Judengemeinde schon für die Zeit, in der Rabbi Meir hier eintraf, dunkle Wolken aufziehen. Anderswo, nicht fern von Rothenburg, kam es in diesen Jahren zu Verfolgungen von Juden, in Fulda 1235, in Frankfurt 1241, in Mainz 1283 oder im Zusammenhang der Ritualmordbeschuldigung um den Jungen Werner von Bacharach 1287.[11] Und es fällt schon Rabbi Meirs Zeit in Frankreich und seine alsbaldige Rückkehr von dort in eine Zeit der Bedrängnis der französischen Juden. In Paris soll er Augenzeuge der erzwungenen Disputation gewesenen sein, die Jechiel von Paris 1240 vor König Ludwig IX. zur Verteidigung des Judentums und seiner textlich-spirituellen Grundlagen führen musste. Das ist als (Erste) „Talmudverbrennung von 1242“ bekannt geworden[12], tatsächlich

---

10 Vgl. Robin R. Mundill: England's Jewish Solution. Experiment and Expulsion, 1262–1290. Cambridge 1998.

11 Friedrich Lotter: Hostienfrevelvorwurf und Blutwunderfälschung bei den Judenverfolgungen von 1298 („Rintfleisch“) und 1336–1338 („Armleder“). In: Fälschungen im Mittelalter. Internationaler Kongreß der Monumenta Germaniae Historica. München 16.–19. September 1986. Teil V: Fingierte Briefe, Frömmigkeit und Fälschung, Realienfälschungen (= MGH Schriften 33.V). Hannover 1988, S. 533–583; Michael Toch: Zur Situation der Juden in Deutschland gegen Ausgang des 13. Jahrhunderts. In: Merz (wie Anm. 5), S. 209–216; Franz-Josef Ziwes: Studien zur Geschichte der Juden im mittleren Rheingebiet während des hohen und späten Mittelalters (= Forschungen zur Geschichte der Juden. Abhandlungen 1). Hannover 1995, S. 220–238; Gerd Mentgen: Die Ritualmordaffäre um den „Guten Werner" von Oberwesel und ihre Folgen. In: Jahrbuch für westdeutsche Landesgeschichte 21 (1995), S. 159–198; Jörg R. Müller: *Eretz geserah* – „Land der Verfolgung“: Judenpogrome im *regnum Teutonicum* in der Zeit von etwa 1280–1350. In: Christoph Cluse (Hg.): Europas Juden im Mittelalter. Trier 2004, hier S. 262–265.

12 Zur Talmudkonfiskation und Verbrennung 1241/2 vgl. Dahan (wie Anm. 6).

richtete sich das Vorgehen des Königs gegen das gesamte nachbiblische jüdische Schrifttum, also neben den vermutlich eher wenigen tatsächlich vorhandenen Talmudausgaben auch gegen die Schriften der Mischna, die Midraschim, andere rabbinische und wohl auch esoterische Schriften sowie liturgische Gebrauchsbücher. Das Jahr 1242 markiert im Rückblick den Anfang vom Ende des französisch-mittelalterlichen Judentums.[13]

Rabbi Meirs Klagelied über das Ereignis wird noch heute zum *Tischa be'aw* rezitiert, zum 9. Tag im Monat Av, dem Tag der Trauer über die Zerstörung des Tempels. Das Klagelied, das keine Schonung zulässt und die ganze Dramatik des Geschehens ausmisst, beginnt mit den Worten: „Scha'alei srufa ba'esch le schalom awelaeich – Frage, du Verbrannte im Feuer, nach dem Frieden der um dich Trauernden" [14] „Ich staune über das Licht des Tages, das allen aufgeht, aber Dunkel bringt es dir und mir", heißt es da. Der Text formuliert die beunruhigende Frage, ob das Verbrennen der Thora dem Zerbrechen der Gesetzestafeln am Sinai gleichkomme, und beides Mal das die Vergeltung für die Torheit Israel sei. Ob es gar „eine andere Tora" gebe. Am Ende heißt es dann: „Nach den Tagen Deines Leidens, tröste Dich Gott, und wende die Gefangenschaft der Städte Jeshuruns und erhöhe Deine Armen".

In dieser wie auch in den anderen Dichtungen Rabbi Meirs finden wir schon früh und dann immer wieder den bis zu radikaler Skepsis gesteigerten Lebenston des Gelehrten anklingen.[15] Er erscheint gleichsam als Kontrapunkt zu dem Ton, der ansonsten aus seinen halachischen, d. h. sakralrechtlichen Arbeiten spricht, die sich so scheinbar souverän und nüchtern mit ganz praktischen Lebensfragen befassen. Aber auch da finden sich Momente, die anzeigen, dass die Verfolgungserfahrung zur Biographie des Maharam und der seiner Generation unmittelbar hinzugehörte. Die Verfolgungswelle des Jahres 1283 in Städten und Orten des Mittelrhein (Mainz, Bacharach und Rockenhausen in der Nordpfalz)[16] schlägt sich ganz unmittelbar in einem Responsum des Rabbi Meir nieder: Er hatte zu entscheiden, wie es sich mit Frauen verhalte, die unter dem Druck der Verfolgung die Taufe angenommen hatten und anschließend zu ihrer Gemeinde zurückkehren wollten – ob sie auch zu ihren Männern zurückkehren dürften. Rabbi Meir entschied mit großer Milde: sie dürften, denn sie hätten bloß die Predigt angehört und seien doch in ihrem Herzen ihrem Glauben treu geblieben.[17]

---

[13] Vgl. Joel E. Rembaum: The Talmud and the Popes. Reflections in the Talmud Trial of the 1240th. In: Viator 13 (1982), S. 203–223; ferner: Dahan (wie Anm. 6).

[14] Agus (wie Anm. 5), S. 11; Mordechai Breuer: Religiöse Innigkeit – Rabbi Meirs religiöse Dichtung. In: Merz (wie Anm. 5), hier Übersetzung nach Martin Buber S. 238–242.

[15] Eine genaue Datierung der einzelnen Dichtungen ist nicht möglich; vgl. Breuer, Religiöse Innigkeit (wie Anm. 14), S. 231–243.

[16] Siehe oben Anm. 7.

[17] Zimmels (wie Anm. 5), S. 19.

Auch anderswo zeigt sich Rabbi Meir als Pragmatiker, und eine Stelle bringt dies besonders deutlich zum Ausdruck: Es sei nach der *Gemara* („Vollendung“, die zweite Argumentationsschicht des *Talmud*) verboten, vor dem Morgengebet jemanden zu grüßen. Sei, so die Frage, das Grüßen aber nicht nötig, um Frieden zwischen den Menschen zu stiften, müsse also die dem anderen womöglich unverständliche Verweigerung des Grußes als ein Friedensbruch verstanden und könne negative Folgen zeitigen. Rabbi Meir antwortete darauf, dass das Verbot nur untersage, auf den anderen zum Zweck des Grußes zuzugehen, weil man diesen dann Gott vorziehe. Wenn sie hingegen aufeinander treffen, dürften sie grüssen, denn dies ist keine Entwürdigung Gottes.

Der Rothenburger Gemeinde war zunächst eine beständigere Existenz beschieden als etwa der ersten Frankfurter Gemeinde, die im Jahr 1241 durch ein Pogrom weitgehend ausgelöscht wurde, doch die Entscheidung Rabbi Meirs und seines Gefolges zum Abzug aus Rothenburg im Jahr 1286 kann nicht isoliert von ihrem zeitlichen Zusammenhang gedeutet werden. Ganz gleich, ob Rabbi Meir, wie die Überlieferung es berichtet, nach Jerusalem oder ob er sonst wohin wollte: dass er sich auf den Weg machte, mag auch persönliche und womöglich spirituelle Gründe gehabt haben, verweist aber auch auf die Instabilität der Verhältnisse. Das Ende der Rothenburger Gemeinde während der „Rintfleisch“-Pogrome des Jahres 1298[18] hat Rabbi Meir, der 1293 als königlicher Gefangener gestorben war, nicht mehr miterlebt. Die zunehmende Gefährdung jüdischer Existenz war aber auch in den Jahren davor nicht zu übersehen und dürfte Denken und Handeln Rabbi Meirs besonders in den letzten Lebensjahren deutlich geprägt haben.

***

So wenig sich zu Rabbi Meirs Persönlichkeit und den genauen Umständen seines Wirkens zu Lebzeiten gewinnen lässt, so sehr gewinnt er durch seine Schriften und deren Nachwirken an Format. Dabei sind keine großen Traktate aus einem Guss zu nennen, sondern die Summe seines vielfältigen praktischen Wirkens in Rothenburg und für Gemeinden und Personen in einem weiten Umkreis. Anfragen erreichten den Gelehrten aus dem Rheinland, aus Böhmen und dem Donauraum, aber auch aus Frankreich, Italien und selbst aus Spanien.[19] Zu nennen sind neben geistlichen Dichtungen (*Piyyutim*) und halachischen Miszellen (*Tossafot, Chiddushim*) vor allem Responsen, also Antworten (*Tshuvot*) auf Anfragen in Rechtssachen; sie machen den Großteil sei-

---

[18] Vgl. den Eintrag zu Rothenburg bei Siegmund Salfeld (Hg.): Das Martyrologium des Nürnberger Memorbuches (= Quellen zur Geschichte der Juden in Deutschland 3). Berlin 1898, S. 185–198; dazu Lotter (wie Anm. 11), S. 533–583.

[19] Jizchak Ehrenberg: Meir ben Baruch von Rothenburg [hebr., sehr freie Übertragung Benyamin Barslai]. In: Merz (wie Anm. 5), S. 245–263, 247.

nes Werkes aus.[20] Die interne, zivile Rechtssprechung in aktuellen Angelegenheiten – und damit auf immer neue Weise die Wahrung halachischer Lebensstandards in einer nichtjüdischer Umgebung, in der ganz andere Regeln herrschten und die oft feindlich gesinnt auftrat – war sein vorrangiges Metier. Das musste es auch sein, denn hier war er gefordert, in den vielen Einzelheiten von Anfragen und Tagesproblemen das große Ganze im Blick zu behalten und die scheinbaren Kleinigkeiten angemessen zu entscheiden. Die Sicherstellung und Bewahrung des autonomen, korporativen jüdischen Rechtsbereichs als essentielle Grundlage für das Leben der Gemeinden und ihrer Angehörigen wurde von Landesherren und Königen in Niederlassungsprivilegien und Schutzverbriefungen geregelt, oder besser: sollten geregelt sein. Das entsprach zunächst einmal ganz dem komplexen körperschaftlichen Aufbau der vormodernen Gesellschaft. Man denke nur an die Autonomie kirchlicher Institutionen wie Klöstern und Stiften gegenüber Landesherren und Städten oder auch an die korporative Verfassung der entstehenden Universitäten. Der Bereich jüdischer Autonomie war dabei aber zusätzlich durch Religion bestimmt und durch religiöse Differenz geschieden; tatsächlich wurde dieser Bereich im lokalen Raum und auf der Ebene der Herrschaftsträger immer wieder angefochten bzw. es generierte das Spannungsfeld zwischen christlicher Mehrheit und jüdischer Minderheit zumindest eins ums andere Mal neue Fragen und Probleme. Eben hier, mehr als mit Bibelkommentaren oder Talmudglossen, musste ein Gelehrter wie Rabbi Meir den jüdischen Bedürfnissen Geltung verschaffen, musste der Gelehrte immer wieder nach innen hinein Orientierung bieten, und hier hat er es zu höchster Meisterschaft und Anerkennung gebracht.

Rabbi Meir war bei alledem kein Neuerer, was die einzelnen Inhalte angeht. Im Gegenteil: man kann sein Werk als konsequente Fortschreibung innerhalb der ererbten gelehrten Traditionen des Rheinlands mit den ShUM-Gemeinden im Zentrum und der wachsender Zahl von Gemeinden in deren Umgebung, ebenso der Landschaften an Donau, Seine, Loire und Rhône betrachten. Rabbi Meirs Leistung besteht danach in der systematischen Erfassung, Inventarisierung, auch Anwendung und Transformierung dieses Erbes.[21] Er wirkte, wenn man so will, als Archivar und Redaktor der bis dahin aufblühenden aschkenasischen Landschaften.

Darin wiederum stand er in der Tradition von Gelehrten wie Rabbi Eliezer ben Nathan (Raben, ~1090–1165), der zuvor schon einmal die Lehrtraditio-

20 Vgl. Mordechai Breuer: Die Responsenliteratur als Geschichtsquelle. In: Manfred Treml u. a. (Hgg.): Geschichte und Kultur der Juden. Aufsätze. München 1988, S. 29–37; Breuer, Religiöse Innigkeit (wie Anm. 14), S. 231–243.

21 Vgl. Rami Reiner: Von Rabbenu Tam zu R. Isaak von Wien. Die Hegemonie der französischen Schule der Talmudwissenschaft im 12. Jahrhundert. In: Cluse (wie Anm. 11), S. 301–310.

nen des Rheinlands und der Champagne (die Dialektik der Tossafisten) zusammengeführt und in seinem *Even ha Eser* („Stein zur Hilfe" – „Zufluchtsburg") nach der Folge der Talmudtraktate geordnet übermittelt hatte.[22]

Die besondere Bedeutung der Lehrentscheidungen des Maharam liegt also weniger in seinen Einzelentscheidungen, sondern in ihrem Umfang und in der Breite ihrer Überlieferung. Da geht es vielfach um Fragen von Erbschaft, Heirat, Gemeindestatuten, ferner der Steuern und der Geschäftorganisation, vor allem im Umgang mit Nichtjuden. Auffallend ist, dass wiederholt Frauennamen genannt werden, deren eigenständige Geschäftsfähigkeit dabei überhaupt zu einem der zentralen Themen wird. Bemerkenswert ist auch, dass rituelle Fragen, die einige Generationen zuvor bei Rashi (Rabbi Salomon ben Isaak, ~1040–1105) und im Rheinland noch eine große Rolle gespielt hatten, in seinen Arbeiten kaum vorkommen. Rabbi Meir verhandelte etwa wiederholt Probleme des Weinhandels, nicht aber Fragen seiner Genießbarkeit und rituellen Reinheit, denen die besondere Aufmerksamkeit Rashis und seiner Generation gegolten hatte.[23]

Im Unterschied zur Überlieferung der Responsen früherer Gelehrter, von denen viele allein durch die Rezeption oder Kommentierung des Maharam überhaupt auf uns gekommen sind, erscheinen Rabbi Meirs eigene Entscheide zum Zeitpunkt ihrer redaktionellen Erfassung meist noch „frisch" und eben nicht durch Überlieferung geglättet und anonymisiert. So bieten sie wenigstens in einzelnen handschriftlichen Überlieferungen und in den neuzeitlichen und modernen Druckausgaben vielfach Namen und Orte und lassen sich damit auf konkrete Momente und Personen beziehen.[24]

---

22 Sefer Even ha-Ezer, hg. von Shalom Albeck. Warschau 1905 (ferner Hg.: Shlomo Z. Ehrenreich. New York 1958); zum Raben vgl. Hans-Georg von Mutius. In: Lexikon des Mittelalters. Bd. 3. München, Zürich 1986, S. 1828f.; David M. Ackerman. The Life and Times of R. Eliezer ben Nathan of Mainz (Raban). In: Proceedings of the Eleventh World Congress of Jewish Studies (1994), S. 57–64; ferner Karlheinz Müller: Würzburg: Der größte Fund aus einem mittelalterlichen Judenfriedhof – weltweit. In: Cluse (wie Anm. 11), S. 455–464, hier S. 459f.

23 Vgl. Hans-Georg von Mutius: Rechtsentscheide Raschis von Troyes 1040–1105 (= Judentum und Umwelt 15). 2 Bde. Frankfurt a. M. u. a. 1987; dazu: Ders.: Das Apostasieproblem im Lichte jüdischer Rechtsgutachten aus Deutschland, Frankreich und Italien vom Ende des 10. bis zum Ende des 11. Jahrhunderts. In: Heinz Mohnhaupt, Dieter Simon (Hgg.): Vorträge zur Justizforschung. Geschichte und Theorie. Bd. 2. Frankfurt a. M. 1993, S. 1–24, hier 23f. – Zur Person: Krochmalnik, Raschi und sein Erbe (wie Anm. 8).

24 Die gesicherten und eine Reihe nur zugeschriebener Lehrentscheidungen des Maharam sind in verschiedenen Texttraditionen und darauf folgend unterschiedlichen Druckausgaben überliefert, etwa auf der Grundlage der Ausgabe Prag 1608, hg. Moses A. Bloch. Budapest 1895 (zahlreiche ungesicherte Zuschreibungen); Ders. (Hg.): Tšûbōt Maharam mi-Rôthenburg (Antworten des Maharam). 6 Bde. Berlin u. a. 1891ff. (div. Ndr., hier Jerusalem 1967/68); zuletzt Sēfer šeēlōt û-tešûbōt Maharam bar Barukh (Fragen und Antworten des Maharam). 5 Bde. Bnei Braq 1997ff.; ferner Sēfer šeēlōt û-tešûbōt Maharam bar Barukh. Hg. v. Rafael Natan Rabinowitz. Lem-

Vor allem im Wirken der Schülergeneration, aus der nur die Namen der erfolgreichen, selbst zu anerkannten Lehrern aufgestiegenen Persönlichkeiten bekannt geworden sind, zeigte sich, dass die Rothenburger auf formaler Ebene zu wegweisenden Innovationen fähig waren und die bislang getrennten Lehrtraditionen des Südens und des Nordens Europas miteinander zu verbinden wussten. Das gilt etwa für den *Sefer Mordechai*, überliefert als „kleiner" (österreichischer) und „großer" (rheinländischer) Mordechai. Diese Sammlung ist das Werk des Rabbi Mordechai ben Hillel ha-Ashqenasi. Der Schüler Rabbi Meirs, der in Speyer und Frankreich (Corbeil) gelernt hatte, kam als Haupt der Nürnberger Yeshiva mitsamt seiner Familie in den „Rintfleisch"-Pogromen des Jahres 1298 ums Leben. Sein Beiname „ha-Aschkenasi" zeigt dagegen an, dass sein Werk auch außerhalb der Welt von Aschkenas rezipiert und womöglich überhaupt nur durch diese rettende Überlieferung bewahrt wurde. Dafür freilich hatte Rabbi Mordechai seinerseits mit seinen Anleihen beim *Sefer ha-Halachot* des spanischen Gelehrten Isaak ben Jakob Alfasi (gest. 1103) die Voraussetzung geschaffen und so womöglich zum ersten Mal systematisch die spanische mit der rheinländischen Tradition verwoben.[25] Zu nennen ist auch Rabbi Samson ben Zadok, genannt der *Tashbez* nach seinem gleichnamigen Hauptwerk, das seinerseits als Akronym die Initialen seiner Namensteile trägt (TaShBeZ). Das Werk birgt der Überlieferung nach - nebst anderem - unmittelbare Aufzeichnungen von 590 Lehrentscheidungen Rabbi Meirs, die Simson als Schüler und „Sekretär" des Maharam in den Tagen der Gefangenschaft aufgezeichnet haben soll.[26]

Noch bemerkenswerter ist in unserem Zusammenhang das Werk eines anderen Schülers des Rabbi Meir, die *Tschuvot ha Maimuniot* des Rabbi Meir ha-Kohen von Rothenburg (~1300), der die Responsen seines Lehrers, anderer aschkenasischer Gelehrter und schließlich auch französischer Autoren entsprechend den Paragraphen der *Mishne Torah* des Maimonides ordnete und

berg 1860 (auf Basis der unvollst. erhaltenen, nach 1291 red. Sammlung des Chaim ben Machir); ferner Isaak Z. Kahana: Meir bar Baruch mi Rothenburg, Tšûbōt, Psakim u-minhagim. 3 Bde. Jerusalem 1957–63. - Vgl. Mattes (wie Anm. 5), S. 27f.; Simcha Emanuel: Unbekannte Responsen R. Meirs von Rothenburg als Quellen zur jüdischen Geschichte. In: Cluse (wie Anm. 11), S. 311–321 (u. a. zu einigen bislang unedierten Responsen in der Sammlung des Sēfer Sinai, geschrieben 1391, jetzt Jüdisches Museum Berlin, Hs. VII5.262).

25 Haim Dickman (Hg.): Mordechai ben Hillel ha-Aschkenasi, Sēfer Mōrdĕkay haššālēm. 2 Bde. Jerusalem 1993; vgl. Goldschmidt. In: Germania Judaica II, hier, Bd. II/2, S. 604–606; Mattes (wie Anm. 5), S. 28f.

26 TaShBeZ = **T**shuwot **Sch**imschon **b**en **Z**adok. Erstdruck Cremona 1556, danach Lemberg 1858 und Warschau 1902, 1924 sowie Jerusalem 1951.

dem umstrittenen Werk des spanisch-nordafrikanischen Rationalisten damit zu Eingang in die aschkenasische Gelehrtenwelt verhalf.[27]

Ein besonderer Fall ist Rabbi Salomo ben Abraham Adret (RaShBa), ein spanischer Gelehrter (*1235, Barcelona), der ein Schüler des Nachmanides (Rabbi Moses ben Nachman, RaMbaN, 1194–1270) und dessen Cousin Rabbi Yonah ben Abraham Gerondi (eines führenden Maimonides-Gegners) war, aber auch mit Rabbi Meir in Rothenburg in Verbindung stand und womöglich zeitweilig bei ihm gelernt hatte. Jedenfalls hat er dessen Lehrentscheidungen nach Spanien eingeführt: In seiner Kompilation bedeutender Rechtsentscheide nehmen Stücke aus den Werken des Maharam eine prominente Stellung ein.[28]

Damit schaffte das Werk des Maharam den Brückenschlag zwischen Aschkenas und der sephardisch-arabischen Lehrtradition, vermittelt über direkte Kontakte im Schülerkreis. In gewisser Weise bietet der Nord-Südverlauf der Rezeption der Werke des Meir von Rothenburg das zeitgenössische Gegenstück zum wenig älteren großen katalonischen Gelehrten Nachmanides, der wie der Maharam zum Ende seines Lebens nach Jerusalem aufbrach, allerdings auch dorthin gelangte, und seinem philosophisch-exegetischen Werk, das sich dank direkter Kontakte mit den französischen *Tossafisten* von der Iberia nach Norden ausbreitete.[29] Wenigstens partiell standen die Wissenslandschaften des Nordens und des Südens seitdem in Austausch miteinander.

Die Zerstörung der Rothenburger Gemeinde durch fränkische Adelige und deren Gefolge unter Führung des „Armleder“ im Jahr 1298 hat Meir nicht mehr miterleben müssen. Das Nürnberger Memorbuch verzeichnet für Rothenburg die Namen von 450 Ermordeten. Man kann aus diesen Zahlen im Umkehrschluss lesen, dass es nicht die „Rothenburger Gemeinde“ war, die sich 1286 auf der Suche nach einem anderen Ort aufmachte, sondern eher ein kleiner Kreis um Meir, womöglich der Lehrer, seine Familie, und seine Rothenburger Schüler. Die Umstände dieses Aufbruchs wer-

---

27 Ed. Venedig 1524 sowie teilw. in der Ed. Venedig 1509 von Maimonides' Mishneh Torah. – Vgl. Ephraim E. Urbach: Masters of the Tossaphot [hebr.]. Jerusalem 1980, S. 434 ff.; Mattes (wie Anm. 5), S. 29f.

28 Haim Z. Dimitrovsky (Hg.): Teshubot HaRashba. 2 Bde. Jerusalem 1990. – Vgl. Isadore Epstein: The Responsa of Rabbi Solomon ben Adreth of Barcelona, 1235–1310, as a source of the history of Spain. New York 1968; Elimelech Westreich: Elements of negotiability in Jewish law in medieval Christian Spain. In: Theoretical Inquiries in Law 11,1 (2010), S. 411–439.

29 Bernhard Septimus: Hispano Jewish Culture in Transition. The Career and Controversies of Ramah. Cambridge/Mass. 1982; Ephraim Kanarfogel: On the Assessment of R. Moses Ben Nahman and His Literary Oeuvre. In: Jewish Book Annual 51 (1993), S. 158–172; Yaakov Elman: Moses ben Nahman/Nahmanides (Ramban). In: Hebrew Bible/Old Testament. The History of Its Interpretation. Bd. I.2: The Middle Ages, hg. v. Magne Saebø. Göttingen 2000, S. 416–432.

den später und an fernem Ort übermittelt, von Chaim Joseph David Azulai (1724–1807), in seinem *Shem ha Gedolim*, in Jerusalem im 18. Jahrhundert. Natürlich stimmt es verdächtig, dass der neuzeitliche Berichterstatter selbst in Jerusalem saß und seinen Großen eben auf den Weg dorthin schickt.

Das und das späte Datum müssen aber nicht als Beleg gegen die Glaubhaftigkeit gewertet werden. In Azulais Werk schlagen sich, natürlich historisch-redaktionell gebrochen, Informationen nieder, die auf langer mündlicher und schriftlicher Tradition beruhen können. In der Sache sind sie bemerkenswert detailliert und kenntnisreich:

> "Er war auf dem Weg mit seinem Haushalt und seinen Töchtern und seinen Schwiegersöhnen und allem, was er hatte, das Meer zu überqueren, und sie kamen zu einer Stadt, die in den hohen Bergen gelegen ist, die sie Lombardei nennen in der Sprache Deutschlands. Und er wollte sich dort niederlassen, bis alle bei ihm versammelt wären, die mit ihm hinübergehen wollten. Und siehe, der Bischof von Basel ritt plötzlich von Rom aus durch diese Stadt. Und bei ihm war ein Mann mit Namen Kinpapa, der unseren Lehrer erkannte und es dem Bischof sagte. Dieser veranlaßte, daß Meinhart von Görz, der Fürst dieser Stadt, ihn gefangen nahm am 4. Tammus des Jahres 5046 (28. Juni 1286). Graf Meinhart übergab ihn an König Rudolf, der ihn gefangen hielt bis zu seinem Tod am 19. Iyyar (27. April 1293)."[30]

Die Rothenburger scheinen auch nicht die einzigen gewesen zu sein, die sich auf den Weg machten. Juden aus Speyer, Worms, Oppenheim, Mainz und Orten der Wetterau haben sich allem Anschein nach in ungeordnetem Zug in den Jahren seit 1280 auf den Weg nach anderswo gemacht.

***

Fragen wir noch einmal nach den Schülern. Der bekannteste Anhänger des Maharam war Alexander Süsskind ben Shlomo Wimpfen, ein Frankfurter. Dabei hat dieser nichts Eigenes an Geschriebenem hinterlassen und zählt auch nicht in die Reihe der bekannten Gelehrten. Sein Name wäre vielleicht nirgendwo vermerkt, wäre er es nicht gewesen, der die Summe aufbrachte, um Jahre nach dem Tod des Maharam 1307 dessen Leichnam auszulösen und in seiner Heimatstadt Worms zu bestatten. Zum Dank durfte er sich direkt neben dem verehrten Meister bestatten lassen. Ob wir ihn einen Schüler nennen sollen oder einfach einen Verehrer und Anhänger? Die Übergänge sind vermutlich fließend, zwischen Lehrern und Schülern, und zwischen Schülern und Anhängern.

Von seiner Biographie her und auch in Hinsicht seiner religions- und wissenschaftsgeschichtlichen Stellung, ist Rabbi Meir von Rothenburg eine Gestalt der Krise gewesen. Er hat das in seinem Werk ja selbst unmittelbar zum

---

30 Chaim Joseph David Azulai: Shem ha-Gedolim, hg. v. Ben Jacob. Wien 1867, Addenda 47 (Übersetzung nach Mattes, wie Anm. 5, S. 25).

Ausdruck gebracht. Ende des 13. Jahrhunderts war in Deutschland der Formierungsprozess des aschkenasischen Judentums zu Ende gekommen, der bislang trotz vielfach zurückweisender und wiederholt auch gewaltsamer Gegenkräfte (1096) immer noch vorangekommen war und breit gestreute jüdische Landschaften sowohl in den Städten als auch auf dem Land hervorgebracht hat. Was Rabbi Meir zu Lebzeiten nicht absehen konnte, war die Bedeutung, die seinem und seiner Generation Wirken noch zuwachsen sollte. Es ist nicht übertrieben, im Wirken dieser Generation die Grundlage und die Voraussetzung für das Fortbestehen von Judentum in der Mitte Europas nach der Krise des Spätmittelalters zu erkennen.

Rabbi Meir als gänzlich antiquarische Gestalt zu präsentieren, die in ihrem Zeitkontext für uns erkenntlich bedeutsam war, nicht aber für unsere eigene Zeit, wäre dann also zu kurz gegriffen. Die geschriebenen Botschaften, Kerzen und Gedenksteine auf seinem Grab in Worms zeugen von der Präsenz des Verstorbenen in der Gegenwart, ebenso die Verfügbarkeit seiner Entscheidungen in der Data-Base des Responsa-Projekts aus Bar Ilan. Sein Wirken ist damit heute nicht einmal mehr von Schichten nachfolgender Diskussionen überschrieben, sondern steht dem direkten Zugriff offen.[31]

31 http://www.biu.ac.il/jh/Responsa/

Die Vertreibung der Juden aus Rothenburg 1519/20

Ludwig Schnurrer

Die Vertreibung der Juden aus Rothenburg 1519/20 ist kein isolierter Einzelfall. Besonders in den süddeutschen Reichsstädten fanden solche Ausweisungen schon vorher statt, z. B. in Nürnberg 1498/99, in Ulm 1499, in Nördlingen 1506/07.[1] Die Gründe dafür waren mannigfach. Wirtschaftlich waren es wachsende kapitalistische Tendenzen der führenden reichen Bürgerfamilien, welche die Rolle der Juden als Kreditgeber zunehmend überflüssig machte. In gesellschaftlicher und religiöser Hinsicht war es u. a. die zunehmende Ablehnung der Juden vor allem durch das einfache Volk, das in ihnen Abkömmlinge der Christusmörder sah und darin bestärkt wurde durch Gerüchte von abnormen jüdischen Verbrechen gegen Christen.

All das lässt sich auch in Rothenburg beobachten. Das Rothenburger Beispiel bietet aber darüber hinaus einige Eigenheiten, auf deren Schilderung ich im Folgenden besonderen Wert legen möchte.[2]

Eine völlig unerwartete Einwirkung von außen spielte für Rothenburg eine entscheidende Rolle: der Fall Regensburg, genauer gesagt: die Vertreibung der Juden aus der bayerischen Donaumetropole im Jahre 1519. Wie kam es zu dieser Vorbildfunktion für das so weit entfernte Rothenburg, das außer seltenen wirtschaftlichen Beziehungen kaum irgendwelche Kontakte zu Regensburg aufzuweisen hatte? [3]

---

1 Markus Wenninger: Man bedarf keiner Juden mehr. Ursachen und Hintergründe ihrer Vertreibung aus den deutschen Reichsstädten im 15. Jahrhundert (= Beihefte zum Archiv für Kulturgeschichte 14). Wien 1981; Ludwig Schnurrer: Die Juden in den kleineren fränkischen Reichsstädten. In: Rainer A. Müller (Hg.): Reichsstädte in Franken. Aufsätze 2 (= Veröffentlichungen zur bayerischen Geschichte und Kultur 15/2). München 1987, S. 84–99; hier S. 95.

2 Harry Breßlau: Zur Geschichte der Juden in Rothenburg an der Tauber. In: Zeitschrift für die Geschichte der Juden in Deutschland 4 (1890), S. 1–15; August Schnizlein: Zur Geschichte der Vertreibung der Juden aus Rothenburg o. Tauber 1590/20. In: Monatsschrift für Geschichte und Wissenschaft des Judentums 61 (1917), S. 263–284; in gekürzter Form auch in „Die Linde". Beilage zum Fränkischen Anzeiger Rothenburg 11 (1921), S. 30–32, 36–38, 44–46; Martin Schütz: Eine Reichsstadt wehrt sich. Rothenburg ob der Tauber im Kampf gegen das Judentum. Rothenburg 1938 (materialreich, aber einseitig polemisch und extrem antijüdisch). Dazu die Miszelle von: Paul Schattenmann: Dr. Johannes Teuschlein und die Rothenburger Judenaustreibung 1519/20 in neuer Schau. In: Zeitschrift für bayerische Kirchengeschichte 13 (1938), S. 113–115; Michael H. Wehrmann: Die Rechtsstellung der Rothenburger Judenschaft im Mittelalter (1180–1520). Jur. Diss. Würzburg 1976, S. 209–215.

3 Leonhard Theobald: Reformationsgeschichte der Reichsstadt Regensburg. Bd. I (= Einzelarbeiten aus der Kirchengeschichte Bayerns 19). München 1936, S. 33–98

Die einst mächtige Handelsmetropole Regensburg hatte um 1500 viel von ihrer Bedeutung eingebüßt. Die große, uralte dortige Judengemeinde verlor, wie auch in vielen anderen Städten, zunehmend ihren bisher führenden Einfluss auf den Geldverkehr der Regensburger Kaufleute. Zudem wurde ihre soziale Lage immer unsicherer durch den ständig wachsenden, religiös motivierten Judenhass, besonders der mittleren und unteren Bevölkerungsschichten. Geschürt wurde dieser durch schauerliche Ritualmordgerüchte (1475 hatte man in Trient den dortigen Juden vorgeworfen, sie hätten einen zweijährigen Knaben namens Simon aus rituellen Motiven heraus grausam ermordet), und beeinflusst wurde er durch daraus entstehende Ausschreitungen gegen die Juden in anderen Donaustädten (Deggendorf und Passau).

In eine entscheidende Phase gerieten diese antijüdischen Tendenzen aber erst 1516, als der Regensburger Domprediger Balthasar Hubmaier eine extrem antijüdische Propaganda von der Kanzel herunter begann, die von den breiten Volksmassen begierig aufgenommen wurde. Auch das Stadtregiment ließ sich bald von diesen Tendenzen beeinflussen und beschloss, ihre Judengemeinde auszuweisen. Vorläufig hatte der Rat noch Skrupel wegen der allgemeinen reichsrechtlichen Stellung der Juden. Aber als am 13. Januar 1519 Kaiser Maximilian I. starb und monatelang eine Sedisvakanz, eine kaiserlose Zeit, herrschte, nutzte die Stadt diese Gelegenheit und dekretierte am 21. Februar 1519 die Vertreibung der Juden aus Regensburg. Sie wurde mit rücksichtsloser Eile und Gründlichkeit durchgeführt. Nach einer Woche hielt sich kein Jude mehr in der Stadt auf. Die sehr schöne gotische Synagoge wurde niedergerissen, der Judenfriedhof planiert, das gesamte Judenviertel eingelegt. Es entstand, wie schon früher in anderen Städten (z. B. Nürnberg, Würzburg, auch in Rothenburg der Kapellenplatz) ein großer Platz (der heutige Neupfarrplatz), in dessen Mitte an der Stelle der Synagoge eine Marienkapelle errichtet wurde, zunächst aus Holz, später ein prachtvolles architektonisches Projekt.

Während der Arbeiten daran geschah ein „Wunder“: ein Steinmetzmeister wurde durch herabfallende Gewölbesteine nicht erschlagen, sondern nur verletzt, was sofort und intensiv, vor allem durch den Domprediger Hubmaier propagandistisch ausgenutzt und verbreitet wurde. Seine eindeutige Absicht war es, in der neuen Kapelle eine Wallfahrt zu installieren.[4] Der Regensburger Rat war damit einverstanden, einmal, um die aufgewiegelte Bürgerschaft zu befriedigen; sicherlich auch, weil eine Wallfahrt zusätzlichen Wohlstand und wachsendes Prestige versprach. Schließlich glaubte das

(3. Kapitel); Peter Herde: Gestaltung und Krise des christlich-jüdischen Verhältnisses in Regensburg am Ende des Mittelalters. In: Zeitschrift für bayerische Landesgeschichte 22 (1959), S. 359–395.

4 Gerlinde Stahl: Die Wallfahrt zur Schönen Maria in Regensburg. In: Beiträge zur Geschichte des Bistums Regensburg 2 (1968), S. 35–282.

Stadtregiment, man könne mit einer christlichen Wallfahrt eine mögliche Rückkehr der Juden ein für allemal unterbinden.

Hubmaiers Propaganda hatte durchschlagenden Erfolg. In kürzester Zeit entwickelte sich die Wallfahrt explosiv in unerwarteter Ausdehnung und Heftigkeit, die weit über Altbayern und Österreich hinaus bis nach Franken und Schwaben, sogar bis nach Böhmen und Ungarn ausstrahlte. Hubmaier hatte die Kapelle „Zur Schönen Maria" benannt, um damit die unbefleckte Gottesmutter, die Immaculata, der angeblich von Grund auf „befleckten", sündigen und christusmörderischen Judenschaft entgegenzusetzen. Kein geringerer als der berühmte Maler Albrecht Altdorfer schuf dafür ein Andachtsbild nach dem Muster der Gnadenmadonna in der Regensburger Alten Kapelle.

So viel in aller Kürze über den „Fall Regensburg". – Was aber hat er mit Rothenburg zu tun, mit anderen Worten: auf welche Weise wurde er zum Vorbild für die Judenvertreibung in Rothenburg? – Dazu bedurfte es eines „Katalysators", d. h. einer Person, die imstande war oder bereit stand, die beiden scheinbar so weit entfernten Zustände und Ereignisse zusammenzuführen.

Es ist hier zu sprechen von einer der bemerkenswertesten, aber auch umstrittensten und zwielichtigsten Gestalten der Rothenburger Geschichte am Vorabend der Reformation: von dem Prediger Dr. Johannes Teuschlein.[5] Dieser, aus dem Marktflecken Frickenhausen am Main stammend, studierte, nach dem Besuch der Lateinschule in Ochsenfurt, an der Universität Leipzig, wurde dort 1503 Baccalaureus, 1506 Magister Artium, ließ sich 1507 zum Priester weihen und hielt darauf theologische Vorlesungen. Eine akademische Gelehrtenlaufbahn schien vorgezeichnet. Doch er verließ wenig später die Universität, vielleicht aus Geldmangel, und nahm die Stelle eines Predigers in der Reichsstadt Windsheim an.[6] Sein neues Amt verlangte allerdings den Erwerb des Doktortitels, den er schließlich im November 1508 an der Universität

---

5 Theodor Kolde: D. Joh. Teuschlein und der erste Reformationsversuch in Rothenburg o.d.T.: In: Festschrift der Universität Erlangen zur Feier des achtzigsten Geburtstags Sr. Königlichen Hoheit des Prinzregenten Luitpold von Bayern. Erlangen, Leipzig 1901, S. 7ff.; Paul Schattenmann: Die Einführung der Reformation in der ehemaligen Reichsstadt Rothenburg ob der Tauber (1500–1580) (= Einzelschriften aus der Kirchengeschichte Bayerns 7). München 1928, S. 28–36; Ders., Teuschlein (wie Anm. 2); Schütz (wie Anm. 2), S. 33–47; Ludwig Schnurrer: Rothenburg im Mittelalter. Studien zur Geschichte einer fränkischen Reichsstadt. Rothenburg 1997, S. 406–408; Karl Borchardt: Die geistlichen Institutionen in der Reichsstadt Rothenburg ob der Tauber und dem zugehörigen Landgebiet von den Anfängen bis zur Reformation (= Veröffentlichungen der Gesellschaft für fränkische Geschichte IX 37). Bd. 1. Neustadt a. d. Aisch 1988, S. 97–100; 604, Nr. 495.

6 Johannes Bergdolt: Die freie Reichsstadt Windsheim im Zeitalter der Reformation (1520–1580) (= Quellen und Forschungen zur bayerischen Kirchengeschichte 5). Leipzig, Erlangen 1921, S. 12, 28, 290.

Wittenberg erlangte und mit ihm nach Windsheim zurückkehrte. Dort blieb er nur drei Jahre; vielleicht schien ihm die finanzielle Ausstattung dieser Stelle zu gering, oder er hatte Streit mit seinen geistlichen Mitbrüdern - wir wissen es nicht. Fest steht aber, dass er sich 1511 um das gleiche Amt eines Predigers in Rothenburg bewarb und dieses auch 1512 verliehen bekam, freilich nach lästigen Querelen mit dem Rothenburger Rat als dem Lehensherrn, weil Teuschlein nicht mit dem von ihm auszuführenden Pflichtenkatalog einverstanden war. Denn er sah sich als Wissenschaftler, der Muße für seine Studien und vor allem die Vormittage zum Lesen und Arbeiten in seiner recht beachtlichen Bibliothek benötigte. Er verfasste und veröffentlichte, neben einer Einführung in die lateinische Grammatik und einigen Gelegenheitsschriften, umfangreiche Wort-Indices zu den Werken zweier Kirchenväter - der Heiligen Augustinus und Hieronymus -, die zwar großen Kompilationsfleiß und sorgfältige Akribie, aber keine eigenständige wissenschaftliche Kreativität verraten. Darüber hinaus blieb es ihm versagt, Bedeutendes und Neues in die Welt zu setzen. Dies mag dem ehrgeizigen und selbstbewussten Geistlichen, nach dem offenbaren Scheitern einer Universitätskarriere, stark zugesetzt haben.

An dieser entscheidungsträchtigen Stelle seiner Biographie erscheint nun, beinahe schicksalshaft, ein weiterer, freilich untergeordneter Zwischenträger: ein schriftstellernder Mönch der berühmten Benediktinerabtei St. Emmeram in Regensburg namens Christoph Hofmann, der sich in seinen historiographischen Werken „Ostrofrancus“ (Ostfranke), aber auch „Erytropolitanus Tuberinus“ nannte und sich dadurch eindeutig als ein Sohn unserer Stadt, als Rothenburger, zu erkennen gab.[7] Er war ein eifriger Parteigänger des Dompredigers Hubmaier und wie dieser ein leidenschaftlicher Judengegner, und so schrieb er unmittelbar nach den geschilderten Regensburger Ereignissen in lateinischer Sprache einen Bericht mit dem Titel „De Ratisbona Metropoli Boioariae et subita ibidem judaeorum proscriptione“ und ließ ihn als Flugschrift in Augsburg drucken. Ein Exemplar davon gelangte noch um die Mitte des gleichen Jahres in seine Heimatstadt Rothenburg und in die Hände Teuschleins, vermutlich sogar durch unmittelbare persönliche Beziehung zwischen beiden (die Schrift wurde aus dem Nachlass Teuschleins für die Rothenburger Bibliothek angekauft und ist heute noch,

---

7 Otto Kronseder: Christophorus Hoffmann genannt Ostrofrancus. Diss. München 1898, zugl. Programm des Max-Gymnasiums München für 1898/99. - Zu seiner Bedeutung als Geschichtsschreiber: Bernhard Bischoff: Studien zur Geschichte des Klosters St. Emmeram im Spätmittelalter (1324–1525) (= Studien und Mitteilungen zur Geschichte des Benediktinerordens 65). München 1953/54, S. 184–186. - Paul Schattenmann stellte eine mögliche Identifizierung mit einem „Johannes“ Hofmann, der 1492 an der Universität Leipzig studierte, zur Diskussion („Die Linde“ 27, 1937, S. 62–64, wie Anm. 2); Schütz (wie Anm. 2) S. 36f.; Schnurrer (wie Anm.12, Rothenburg im Mittelalter) S. 409f.

mit seinen eigenhändigen Randbemerkungen, erhalten). Sie muss als der Schlüsseltext für die nun folgenden Rothenburger Ereignisse angesehen werden, denn sie veranlassten Teuschlein, das hier geschilderte Regensburger Vorbild bis in Einzelheiten zu kopieren.

Zuerst war es wohl die spektakuläre Regensburger Wallfahrt „Zur Schönen Maria“, die ihn reizte, etwas Ähnliches in Rothenburg zu inszenieren und dadurch Ruhm und Ansehen zu erwerben. Um die gleiche Zeit war ein Neubau der kleinen Kobolzeller Kirche im Taubertal, Ort einer schon älteren Marienwallfahrt, fertig gestellt und geweiht worden.[8] Teuschlein wollte diese Chance nutzen und veranlasste die Heiligenpfleger der Kirche, sie neu als „Kirche zur Reinen Margen“ zu benenen – ganz offensichtlich in Anlehnung an die „Schöne Maria“ in Regensburg, die er natürlich nicht einfach kopieren und übernehmen konnte. Er wollte durch die Betonung der unbefleckten Empfängnis Mariä einen besonderen Aspekt der Marienverehrung in die Öffentlichkeit tragen, der anderswo nicht so sehr im Vordergrund stand, was die von ihm angestrebte Wallfahrt günstig beeinflussen mochte.

Das Experiment schlug allerdings fehl: am 19. Juli 1519 verbot der Würzburger Generalvikar „in spiritualibus“, den Titel der „Reinen Maria“ auf die Kobolzeller Kirche zu übertragen.[9] Wahrscheinlich hatte die kirchliche Obrigkeit Bedenken, eine ähnlich unkontrollierbare Massenwallfahrt wie in Regensburg zu ermöglichen.

Aber Teuschlein gab nicht auf. Hatte er bis dahin die Marienwallfahrt als Motor seiner Ambitionen verwenden wollen, so sah er nun eine günstige Gelegenheit, die antijüdische Komponente des Regensburger Vorbilds dafür zu gebrauchen. Die Quellen lassen nicht erkennen, ob Teuschlein von Anfang an ein fanatischer Judengegner war oder es erst durch die Regensburger Ereignisse wurde. Auf jeden Fall verstand er es erfolgreich, die auch in Rothenburg wie überall, besonders bei den mittleren und unteren Einwohnergruppen, immer latent vorhandenen antijüdischen Animositäten und Vorurteile geschickt zu instrumentalisieren. Dazu waren ihm seine unzweifelhaften rhetorischen Fähigkeiten als Prediger nützlich. Zunächst aber versuchte er, der städtischen Obrigkeit gegenüber, seinen Schwenk zur judenfeindlich garnierten Marienverehrung zu rechtfertigen. Dabei bediente er sich vermutlich einer Fiktion. Er erfand nämlich einen anonymen „Freund und Verwandten“, von dem er angeblich am 21. September 1519 sieben Fragen zugeschickt be-

8 Anton Ress (Bearb.): Stadt Rothenburg o.d.T. Kirchliche Bauten (= Die Kunstdenkmäler von Mittelfranken 8). München 1959, S. 366–384; Borchardt (wie Anm. 5), S. 71f.; Ludwig Schnurrer: Die Kirche zu Kobolzell bei Rothenburg. In: Erbe und Auftrag. 100 Jahre Pfarrei St. Johannis. 190 Jahre katholische Gemeinde in Rothenburg ob der Tauber. Rothenburg 1993, S. 109–132; auch in: Ders.: Spätlese. Neue Beiträge zur Geschichte der Reichsstadt Rothenburg. Rothenburg 2010, S. 129–155.

9 Stadtarchiv Rothenburg A 1414, fol. 248.

kommen hatte, die den Marienkult und die Juden betrafen.[10] Er konstruierte aus den Antworten darauf eine Schrift mit dem Titel „Auflösung etlicher Fragen zu Lob und Ere Christi Jesu, auch seiner lieben Mutter Maria, wider die versteckten, plinte Juden und alle diejenigen, so sie in iren Landen und Stetten wider Recht enthalten, füren und gedulden". Sie wurde, allerdings erst unter dem Datum des 16. Januar 1520, in Augsburg gedruckt, wird aber handschriftlich schon im Herbst 1519 in der Stadt und vor allem bei den Mitgliedern des Rats verbreitet worden sein.

Die einfach und eingängig formulierten Hetzpredigten für das gemeine Volk – die rhetorisch scheinbar überzeugenden Argumente für die Obrigkeit: das waren die beiden Instrumente, die Teuschlein virtuos zu handhaben verstand. Und zwar mit Erfolg, denn der Rat, anfangs eher ablehnend, gab in der ersten Oktoberwoche 1519 der immer lauter und fanatischer werdenden Forderung des „gemeinen Pöbels" (wie es in den Quellen immer wieder heißt), die Juden auszuweisen, schrittweise nach. Es kam bereits zu ersten Ausschreitungen gegen die Judenhäuser, die allerdings noch ziemlich harmlos abliefen. Die Herren vom Rat fürchteten dennoch die Gefahr einer sozialen Revolte des „gemeinen Mannes", wie sie schon einmal zwei Generationen vorher, im Jahre 1450, für fünf Jahre die patrizische Verfassung über den Haufen geworfen hatte. Die kleine Rothenburger Judengemeinde von sechs Familien war ja auch, als Geldleiher wie als Steuerzahler, von geringer wirtschaftlicher Bedeutung. Man kam ohne sie aus, und so beriet man anfangs Oktober 1519, wie man sie loswerden könnte.

Federführend bei diesen Verhandlungen war der Stadtschreiber Thomas Zweifel, der zwar auch als eine Art Rechtsberater oder Syndicus der Stadt diente, aber kein studierter Rechtsgelehrter war. Ein solcher war aber dringend nötig, wollte man die Judenausweisung juristisch unanfechtbar festnageln. Also wandte sich der Rat mit der Bitte um Rechtsauskunft an die Juristen der befreundeten Stadt Nürnberg, ferner an die Advokaten Dr. Caspar Mart am Reichskammergericht in Speyer, an Dr. Eucharius Steinmetz und an den Licentiaten Wolfgang Öffner, beide in Würzburg.

Es ging dabei um zwei Probleme: 1. Wie war die Vertreibung der Juden, die im Grunde immer noch als Schutzbefohlene des Reiches galten, gegenüber Kaiser und Reich ohne deren Zustimmung zu rechtfertigen? 2. Wie sollten die jüdischen Geldgeschäfte in der Stadt möglichst problemlos abgewickelt werden?

Die Gutachten der Juristen fielen unterschiedlich aus. Einige rieten zu abwartender Vorsicht, andere zu raschem Zugreifen und Zu-Ende-Führen.

---

10 Ratsschulbibliothek Zwickau, Signatur XVII/VIII/16. – Dazu: Otto Clemen: Noch etwas von D. Joh. Teuschlein. In: Beiträge zur bayerischen Kirchengeschichte 12 (1906) S. 181–187; Schütz (wie Anm. 2), S. 37f.

Dabei gab man zum erstgenannten Problem als besondere Gunst des Augenblicks zu bedenken, dass nach dem Tod Kaiser Maximilians (am 12. Januar 1519) zwar schon am 28. Juni sein Nachfolger Karl V. zum deutschen König erwählt, aber noch nicht gekrönt wurde. Zur Zeit der juristischen Verhandlungen bestand also quasi ein reichsrechtliches Machtvakuum, das die Stadt ausnutzen sollte. – Zum zweiten, wirtschaftlich-finanziellen Problem gab es keine Einwände der Juristen, wenn es nach den geltenden vermögensrechtlichen Grundsätzen und Vorschriften sauber gelöst werden würde. Lediglich der Licentiat Wolfgang Öffner, übrigens aus einer reichen Rothenburger Patrizierfamilie stammend und kurz darauf zum Kanzler des Markgrafen von Brandenburg-Ansbach ernannt, hatte nicht nur schwerwiegende Bedenken, sondern riet überhaupt ab, die Juden auszuweisen.

Der Rat zögerte zunächst, war unentschlossen, fürchtete reichsrechtliche Sanktionen. Da heizte Teuschlein wiederum in seinen Predigten die antijüdische Stimmung an und brachte es nun so weit, dass einige Juden um ihr Leben fürchteten und die Stadt unaufgefordert verließen. Zudem wurde der neue König Karl V. am 26. Oktober 1519 gekrönt, so dass auch von dieser Seite her höchste Eile geboten schien.

Und so beschloss der Rat am 7. November 1519 endgültig die Ausweisung der gesamten kleinen Judengemeinde. Das betreffende Ratsedikt[11] versuchte, dieses juristisch nach wie vor fragwürdige Vorgehen dadurch zu rechtfertigen, dass die Juden „uff ir begeren geurlaubt" wurden, also von sich aus verlangt hätten, die Stadt zu verlassen, was in keiner Weise zutraf, auch wenn man berücksichtigt, dass schon vor dem offiziellen Edikt einige Juden, vermutlich Frauen und Kinder, „freiwillig" weggezogen waren, um vor weiteren Ausschreitungen des Pöbels sicher zu sein.

Die Bedingungen des Ratsbeschlusses waren freilich, verglichen mit dem brutalen Vorgehen in Regensburg, geradezu human: die Juden durften ihre gesamte Habe mitführen, konnten ihre Schuld- und Pfandforderungen und sonstigen rechtlichen Ansprüche ungehindert abwickeln, sogar einklagen, und hatten dafür ein volles Vierteljahr Zeit. In dieser Frist sollten sie nach wie vor Schutz und Schirm der Stadt genießen; die Bürger sollten sie „unbetrubt und unbelestigt bleiben" lassen und sie „mit tetlicher handlung in worten oder werken, haimblich oder offenlich, in iren heusern noch uff der gassen nit belaidigen oder bekummern [...] bei schwerer strafe an leib und an gut". – Man spürt aus dieser Formulierung die Angst der Obrigkeit vor Aufruhr und Tumulten des gemeinen Volks.

Der Prediger Dr. Teuschlein dachte aber gar nicht daran, sich an diese Anweisungen zu halten. Er fühlte sich als Geistlicher wohl auch als außerhalb des weltlichen Rechts stehend und daher als unangreifbar. Wahrschein-

11 Druck: Schütz (wie Anm. 2) S. 74f.; Wehrmann (wie Anm. 2) S. 214f.

lich hatte er auch einzelne Anhänger im Rat, und denen ist es wohl zuzuschreiben, dass die Abzugsfrist ausgerechnet auf das Fest Mariä Lichtmess, den 2. Februar 1520, festgelegt wurde, denn das war der Festtag der Maria Immaculata, der „Reinen Maria“, zu deren Verehrung Teuschlein die Judensynagoge (wie in Regensburg) mit aller Macht umwidmen wollte, nachdem ihm das ein halbes Jahr zuvor mit der Kobolzeller Marienkirche misslungen war.

Nicht im Sinne Teuschleins war es freilich, dass der Rat den Juden bis zum Abzug Schutz und Schirm zugesichert und ihnen auch den Gebrauch ihrer Synagoge gestattet hatte. Er brannte offensichtlich vor Ungeduld, seine Umwandlungspläne zu verwirklichen, und ergriff noch einmal sein wirksamstes Mittel, die aufhetzende Volkspredigt. Am 8. Januar 1520 nachmittags, einem Sonntag, rotteten sich, sicher unter dem Einfluss der vormittägigen Predigt, eine Schar von vorwiegend jüngeren Leuten zusammen, meist aus den unteren Volksschichten, zogen vor die Synagoge auf dem Judenfriedhof, brachen sie auf und zerstörten die wenigen noch verbliebenen Ausstattungsstücke.

Teuschlein, der die Menge wohl begleitet und den Überfall vorbereitet und organisiert hatte, war zur Stelle, setzte eine Marienstatue oder ein Marienbild darein, teilte der Menge mit, dass die Synagoge von nun an der „Reinen Maria“ gewidmet sei und ließ diesen Titel „oben in die Kirch“, wohl über dem Eingang, „anschreiben“.

Die verbliebenen Juden waren noch selbstbewusst genug, um sich über diese Ausschreitungen beim Rat zu beschweren, und dieser, in der Zwickmühle zwischen seinem Schutzversprechen und der aufgehetzten Menge, versperrte immerhin die Synagoge, verbot, sie zu beeinträchtigen, untersagte neuerliche Zusammenrottungen und bestrafte sogar etliche Rädelsführer und Zuwiderhandelnde.

Teuschlein brauchte nur ein paar Wochen zu warten, bis er am Ziele seiner ehrgeizigen Wünsche war. Unmittelbar nach dem Lichtmesstag begannen seine Maßnahmen, um die Synagoge nicht nur in eine Marienkapelle, sondern auch zum Mittelpunkt einer großen Wallfahrtsbewegung zu verwandeln.[12] Nach seinem Regensburger Vorbild erfand er in kürzester Zeit Wunderheilungen, die durch die Fürbitte der Reinen Maria geschehen sein sollten; er ließ sie sogar in einem gedruckten Mirakelbuch veröffentlichen. Ebenfalls im Druck erschienen zwei strophenreiche Balladen, die sicher von Teuschlein in Auftrag gegeben wurden und die von wandernden Schriftenverkäufern auch in der weiteren Umgebung für die neue Wallfahrt warben.

---

12 Grundlegend: Ludwig Schnurrer: Die Wallfahrt zur Reinen Maria in Rothenburg (1520–1525). In: Würzburger Diözesangeschichtsblätter 42 (1980), S. 485–509 (auch in: Ders., Rothenburg im Mittelalter, wie Anm. 5, S. 401–454).

Der Rat konnte nach dem Exodus der Juden diese Wallfahrtspläne natürlich nicht mehr aufhalten. Er war aber gewillt, Kapellenumbau und Wallfahrt selbst straff in die Hand zu nehmen und dadurch dem Zugriff der aufgeregten und fanatisisierten Menge und des ehrgeizigen Predigers zu entziehen – zu dessen großer Enttäuschung, denn die Wallfahrt entwickelte sich äußerst erfolgreich für einige Jahre bis zum Bauernkriegsjahr 1525, das ja auch Teuschleins eigenes Ende brachte: er wurde als einer der Haupträdelsführer des städtischen Aufstands enthauptet und – Ironie des Schicksals – im ehemaligen Judenfriedhof begraben. – Aber das ist eine eigene Geschichte.

Die letzten sechs jüdischen Familien Rothenburgs, angeführt von dem in der Stadt und im Umland sehr erfolgreichen und angesehenen Arzt Joseph Öhringer, fanden rasch Aufnahme bei auswärtigen Verwandten, vor allem als adelig-ritterschaftliche Untertanen wie des Grafen von Wertheim und als markgräflich brandenburgische Schutzverwandte. Die Stadt Rothenburg selbst blieb bis um 1870 ohne jüdische Einwohner.

Quellen und Zeugnisse zur jüdischen Geschichte in Rothenburg

Thomas Schreiner

Es ist anzunehmen, dass sich ein Beitrag des Stadtarchivs Rothenburg zu „Geschichte und Kultur der Juden in Rothenburg" auf die im Stadtarchiv vorhandenen Quellen beschränken würde. Doch im Zuge der Vorbereitungen erwies es sich als sinnvoll, in einigen begründeten Fällen von dieser Einschränkung abzuweichen, so dass in dieser Zusammenstellung eher über „Quellen zur jüdischen Geschichte der Reichsstadt Rothenburg o.d.T. – vor allem, aber nicht nur – im Stadtarchiv Rothenburg" zu berichten sein wird.

Selbstverständlich ist die reine Präsentation von Quellen, die teilweise bis ins 14. Jahrhundert zurückgehen, nicht möglich, ohne sie in einen Kontext der Forschungen einzubinden, sie auch in den Kontext der damaligen Zeit, des Deutschen Reiches, einzubinden, zu vergleichen mit den Entwicklungen in anderen Reichsstädten und Territiorien. Im Rahmen dieses Beitrags musste hier aber eine notwendige Beschränkung vorgenommen werden. Es ist an dieser Stelle nicht möglich, gleichzeitig die Quellen vorzustellen und einen umfassenden Forschungsüberblick zu bieten. Dennoch soll ein kurzer Überblick über die Forschungen versucht werden.

Rothenburgs jüdische Vergangenheit war schon mehrfach Gegenstand historischer Forschungen. Genannt seien die grundlegende Arbeit von Harry Breßlau, die Untersuchung von Uwe Ohlau zur jüdischen Gemeinde unter finanzpolitischen Gesichtspunkten, die Dissertation von Michael H. Wehrmann über die Rechtsstellung der Juden im mittelalterlichen Rothenburg, weiterhin die Forschungen von Hilde Merz, der früheren Leiterin des Reichsstadtmuseums, von Claudia Steffes-Maus sowie von Ludwig Schnurrer, dem vormaligen Stadtarchivar von Rothenburg. Als sehr wertvoll und erhellend erwies sich vor allem Schnurrers Beitrag zu den „Juden in den kleineren fränkischen Reichsstädten" von 1987.

Nicht verschwiegen werden soll die Arbeit von Martin Schütz, die 1938 unter dem Titel „Eine Reichsstadt wehrt sich" erschienen ist. Wie der Titel ahnen lässt – vorangestellt ist der Arbeit eine Porträtaufnahme und ein Zitat des Gauleiters in Franken, Julius Streicher, – untersucht Martin Schütz das Verhältnis von Juden und Reichsstadt unter rassistischen Kriterien im Sinne des Nationalsozialismus. Das schränkt, um es zurückhaltend auszudrücken, Wert und Lesbarkeit des Werks erheblich ein. Gleichwohl gilt die Arbeit unter quellenkundlichen Gesichtspunkten immer noch als relevant und muss daher bei aller gebotenen Vorsicht in Forschungen zum Thema mit einbezogen werden. Zahlreiche der genannten Untersuchungen bringen auch Quelleneditionen aus den Archivalien des Stadtarchivs, so dass nicht unbedingt auf Originale zurückgegriffen werden muss.[1]

Die Quellen

Gerichtsbücher

Nicht alle Quellen zur jüdischen Geschichte befinden sich noch im Stadtarchiv Rothenburg. Sie mussten nach der Aufhebung der Reichsstadt zu Beginn des 19. Jahrhunderts zusammen mit anderen Archivalien an das Königreich Bayern abgegeben werden und befinden sich heute im Staatsarchiv Nürnberg[2]. Aufgrund ihrer Bedeutung sind sie hier zu erwähnen. Das betrifft vor allem die Achtbücher des Landgerichts als die älteste Quelle, beginnend mit dem Jahr 1274. Sie enthalten eine kontinuierliche Abfolge von Einträgen zu den Angelegenheiten jüdischer Einwohner bis zu ihrer Vertreibung 1520.

Das Stadtarchiv Rothenburg verfügt aber weiterhin über einen reichhaltigen Bestand mittelalterlicher und frühneuzeitlicher Urkunden und Akten, die über die Geschichte der Juden Auskunft geben. Hier sei an vorderster Stelle die Serie der Stadt- und Landgerichtsbücher genannt, beginnend 1302. Die wichtigsten Einträge dieser Bücher sind durch ein Findbuch des Stadtarchivs[3] zugänglich gemacht.

Als Beispiel sei ein sogenannter Judeneid, wie er von Juden vor Gericht zu leisten war, aus Reichsrichterbuch B 13 vom Anfang des 14. Jahrhunderts genannt:

> „Ditz ist der Juden eit den sie sweren sullen umb ein iglich dinck daz zu irem eid stet / also das er die rehten hant sol legen biz an den Richsen in die fünf buch eins herren moyses / Und man sol Im in den eit geben daz daz selb buch der rehten buch eins sey / und sol Im also vorsprechen und der Jud hinnach.“[4]

Urkunden

Die urkundliche Überlieferung der Reichsstadt Rothenburg, die bis 1400 durch das Urkundenbuch von Ludwig Schnurrer[5] erschlossen ist, enthält zahlreiche Hinweise zur jüdischen Geschichte. Ein Teil der Urkunden be-

1 Eine Auswahl der wichtigsten Literatur findet sich im Anhang.
2 Ludwig Schnurrer: Die Urkunden der Reichsstadt Rothenburg 1182–1400 (= Veröffentlichungen der Gesellschaft für Fränkische Geschichte 6). Neustadt a. d. Aisch 1999 [vorangestellt ist eine ausführliche Archivgeschichte].
3 Stadtarchiv Rothenburg, Repertorium 30.
4 Stadtarchiv Rothenburg, B 13 Reichsrichterbuch, 1403–1540, fol. 20r.
5 Schnurrer, Urkunden (wie Anm. 2).

findet sich im Staatsarchiv Nürnberg, ein weiterer ist im Stadtarchiv Rothenburg zu den sog. Judenakten – gebundenen Aktenkonvoluten – formiert worden, auf die weiter unten noch einzugehen ist.

Die früheste Erwähnung der Rothenburger Judenschaft findet sich im Nürnberger Urkundenbestand aus dem Jahr 1313[6], nicht lange nach dem Pogrom des Jahres 1298. Graf Ludwig von Oettingen und Burggraf Friedrich zu Nürnberg garantieren der Stadt Rothenburg ihren Schirm für ein Jahr, wobei ausdrücklich Juden erwähnt werden. Mit Urkunde Nr. 381 liegt dem Stadtarchiv sogar ein in hebräischer Sprache geschriebener Ehevertrag aus dem Jahr 1401 vor. In diesem Zusammenhang sei darauf hingewiesen, dass der Urkundenbestand ab 1400, auch im Hinblick auf die jüdische Geschichte, nur schlecht erschlossen ist und als Forschungslücke gelten muss.

Memorbücher

Die Nürnberger Memorbücher legen Zeugnis ab über die über die Opfer des Pogroms von 1298 und damit auch über die Größe und Bedeutung der jüdischen Gemeinde in Rothenburg vor 1298.

Akten

Die „Judenakten" – so die traditionelle Bezeichnung dieser Archivalien – stellen den zentralen Bestandteil der historischen Überlieferung zum Thema dar. An erster Stelle steht Band A 840 I unter dem Titel „Der Juden in Rotenburg Auffnahm, Abschaff und Handthierung betr., 1353–1599", der sich als Dauerleihgabe des Staatsarchivs Nürnberg im Stadtarchiv befindet. Es handelt sich nicht im eigentlichen Sinn um eine Akte, sondern um ein bei Archivordnungen des 17. Jahrhunderts formiertes Konvolut, dem zahlreiche Urkunden beigefügt wurden.

So wertvoll dieser Band ist, so wechselvoll ist seine Geschichte[7]: Unter nicht geklärten Umständen wurde er im 19. Jahrhundert dem damals schlecht betreuten Stadtarchiv entnommen und kam darauf in die Hand des jüdischen Bankiers Joseph von Hirsch. Nach dessen Tod geriet er in den Besitz des sächsischen Generalkonsuls und Kommerzienrats Max von Wilmersdörfer. Dieser übergab das Konvolut 1894 dem damaligen bayerischen Reichsarchiv. Nach dem Ersten Weltkrieg gelangte es – wiederum auf nicht geklärtem Wege – zurück nach Rothenburg und wurde 1945 an einen amerikanischen Offizier (einen Militärrabbiner) ausgeliehen. Dieser gab ihn nie zurück, sondern nahm in mit in die Vereinigten Staaten. Nach langen

6 Staatsarchiv Nürnberg Rst Ro MA U 125.
7 Stadtarchiv Rothenburg, Verlust wertvoller Bände aus dem Stadtarchiv, 1945.

Nachforschungen auf Veranlassung der Stadt Rothenburg gelangte der Band 1962 zurück ans Stadtarchiv, wo er seitdem wieder als eines der wertvollsten Zeugnisse zur Rothenburger Geschichte aufbewahrt wird. Seine Besonderheit besteht in der fast schon chronikalischen Form der Überlieferung und der historischen Komplexität des Materials, woraus einige Aspekte vorgestellt werden sollen.

– Kaiser und Reich

Der Band beginnt mit der dramatischen Verschlechterung der Rechtsstellung der Juden, die eigentlich direktem königlichen Schutz unterstanden, unter Kaiser Karl IV. um die Mitte des 14. Jahrhunderts. Seine Urkunden liegen in Abschriften vor. Die notorisch leeren königlichen Kassen stehen mit dieser für die Juden ungünstigen Entwicklung ebenso im Zusammenhang wie die Bestrebungen der Reichsstadt nach weiterem Ausbau ihrer Rechte. Das Schutzrecht für die Juden und die damit verbundenen Einnahmen – auch deren Häuser, Synagoge und Kirchhof – gingen in den Besitz der Reichsstadt über. Trotzdem blieb eine direkte Reichssteuer, der „Goldene Opferpfennig“, erhalten. Die Judenschaft war auch oft das Ziel, wenn es sich kaiserliche Sondersteuern ging, etwa einer Steuer unter Kaiser Sigismund anlässlich des Konzils in Konstanz 1414 oder einer Steuer zur Bekämpfung der „Ketzer“ in Böhmen 1422.

– Bürgeraufnahme

Nicht nur das Verhältnis zu Kaiser und Reich spiegelt sich in dem Aktenband. Selbstverständlich ist auch das Verhältnis der jüdischen Einwohner zur Stadt dokumentiert, etwa in den Unterlagen zu der jeweils auf ein Jahr befristeten Aufnahme der Juden in die Stadt oder zur Verleihung des Wohnrechts.

Zahlreich vertreten sind Beurkundungen über die Aufnahme von Juden, etwa von 1410 für den Juden Bermann aus München (fol. 62):

> „Wir die Burgere des Rates der Stat Rotemburg vff der Tauber bekennen offenbar mit dem brive vor / allermeniglichen daz wir *Bermann den Juden von Münchein* zu Burger Jngenumen vnd empfangen / haben noch lawt vnd sage des brives, den er uns mit sein selbs hant noch Judischer gewonheit ge- / zeichent geben hat, Also das er disez nechste Jor vnser Burger sol heissen vnd sein, Er sein weip / seine kint vnd sein gesinde die Jn seim brot seint, die ir eygen gelt nicht vsleyhen Sullen vnd / mugen auch ditz Jor bey vns sitzen vnd wonen, vnd wir sollen sie auch, das Jor zu, ir leib vnd / ir güte schirmen vnd v(er)antwurte(n) als ander vnser burger [...].“

Aus dem Jahr 1413 (fol. 68) ist dann für denselben Juden Bermann eine von ihm ausgestellte Urkunde, ein sog. Revers, über die Aufnahme in die Stadt erhalten. Hier gelobt er seinerseits, sich an das Stadtrecht zu halten, Schaden von der Stadt abzuwenden und ihren Nutzen zu fördern. Diese Reverse tragen in hebräischer Schrift die Unterschrift der Aussteller.

– *Ausweisung*

Am 7. November 1519 erging der Beschluss des Rates zur Ausweisung der Juden. Er ist im vorliegenden Band in einer Abschrift überliefert, da die reichsstädtischen Ratsprotokolle vor 1664 nicht mehr vorhanden sind. Hieraus ein Zitat:

> „Zu wissen das ain erbar rath hie in dieser statt Rottenburg die juden, so hie seindt uff Ir begeren geurlaubt und Inen gemainer statt burgern und undterthanen zu Gutt, damit sie Ire pfandt desto bequemlich lösen und zu Inen pringen mogen, derweil sie noch hie seind ain zeit bestimpt hat, hie zwischen und lichtmeß in der sie ir sachen schicken sollen hinwegk zu ziehen mit sambt irer hab. [...]".[8]

Die Quelle stellt es so dar, als hätten die Juden selbst den Rat um ihren Auszug ersucht. Dieser hätte dann eine Frist gesetzt, in der alle Geschäftsbeziehungen zwischen Juden und christlichen Einwohnern hätten gelöst werden können. Diese Version darf bezweifelt werden, spielte sich die Ausweisung aus Rothenburg doch im Kontext zahlreicher ähnlicher Fälle ab. In Regensburg oder in Weißenburg geschah sie etwa zeitgleich, 1499 in Ulm und Nürnberg, 1505 in Nördlingen. Zusätzlich war die Zeit der einsetzenden Reformation den Juden nicht günstig gesonnen. Außerdem sind zahlreiche Bittgesuche ausgewiesener Juden auf Wiederaufnahme in die Stadt überliefert – ein Zeichen dafür, dass der „Auszug" aus Rothenburg nicht freiwillig war.[9]

Der zweite Band der Rothenburger „Judenakten" bildet unter dem Titel „Der Juden in Rothenburg Handlungen und Zoll"[10] die Fortsetzung des ersten Bands. Die Überlieferung beginnt, kein Vierteljahrhundert nach der offiziellen Ausweisung der Juden, mit einer Verordnung der Reichsstadt Rothenburg von 1543. Darin verbietet die Stadt ihren Bürgern in Stadt und Landwehr jeglichen Handel mit den – wohlgemerkt – auswärtigen Juden, denen sie auch den Zutritt zur Stadt untersagt, die Durchreise durch die Landwehr aber bei gleichzeitiger Wiederholung des Handelsverbotes gestattet. Begründet wird das Verbot mit der Konkurrenz, die die jüdischen Händler dem einhei-

8 Stadtarchiv Rothenburg, A 840 I, fol. 3v–4r.

9 Siehe vor allem: Harry Breßlau: Zur Geschichte der Juden in Rothenburg an der Tauber. In: Zeitschrift für die Geschichte der Juden in Deutschland 3 (1889), S. 301–336, 4 (1890), S. 1–17.

10 Stadtarchiv Rothenburg, A 840 II.

mischen Gewerbe und auswärtigen (christlichen) Händlern bereiten, auch mit „ungeburlichem wucher“, „geverlichheit“ und „betrug“.

Der Rest des Aktenbandes besteht aus einer großen Anzahl nur teilweiser erfasster und nicht genau quantifizierbarer Schriftstücke von 16. bis zum Beginn des 18. Jahrhunderts: Er enthält neben der Erneuerung des Handelsverbotes vor allem Akten über gerichtliche Auseinandersetzungen, insbesondere Klagen jüdischer Händler gegen ihre christlichen Kunden. Wie konnte es, trotz des Handelsverbotes, immer wieder zu Kaufabschlüssen zwischen auswärtigen jüdischen Händlern und der einheimischen landsässigen Bevölkerung kommen? Erfüllten die jüdischen Händler hier eine wichtige Funktion? Boten sie etwa andere, bessere, attraktivere Waren an als das einheimische Gewerbe? Waren, anders als es die reichsstädtischen Verordnungen suggerieren, die jüdischen Händler in Wirklichkeit die Betrogenen, die ihrem Geld hinterherlaufen mussten? Welcher Teil der Handelsabschlüsse wurde überhaupt justitiabel und nicht vielmehr ganz normal abgewickelt?

Der letzte Band, „Das Judenbuch“[11], ist im Gegensatz zu den beiden vorherigen Aktenbänden, die erst im 17. Jahrhundert als Archivalie formiert wurden, als genuine Quelle anzusehen.

Es diente von 1432 bis 1519 als Aufnahme- und Steuerbuch für die jüdische Gemeinde in Rothenburg und darf als eine Art jüdisches Bürgerbuch für Rothenburg bezeichnet werden. Festgehalten ist hier das für jüdische Einwohner jährlich zu entrichtende Bürgeraufnahmegeld, das christliche Einwohner nur einmal zahlen mussten. Das „Judenbuch“ gibt einen hervorragenden Einblick in die Entwicklung, – und in diesem Fall auch in die Verkleinerung – der jüdischen Gemeinde während des 15. Jahrhunderts. 1520 bestand diese nur noch als Torso und war nicht mehr mit der Gemeinde vergleichbar, die vor dem Pogrom von 1298 bestanden hatte.[12] Publiziert ist die Quelle in der Arbeit von Michael H. Wehrmann zur Rechtsstellung der Rothenburger Judenschaft im Mittelalter.

Die jüdischen Bürgerlisten müssen in Ergänzung mit anderen Quellen des Stadtarchivs gesehen werden. Genannt seien hier das Bürgerbuch von 1374 bis 1408, in dem die Aufnahme von Juden in die Bürgerschaft festgehalten ist, oder die Urkunden des Stadtarchivs, unter denen sich auch Aufnahmebestätigungen für Juden befinden.

In der Akte „Judenedikte und Ordnungen. Handel und Hausieren der Juden“[13] setzt sich die Überlieferung zur Situation der Juden nach der Ver-

---

11 Stadtarchiv Rothenburg, A 840 III, 1432–1519.

12 Siehe vor allem: Claudia Steffes-Maus: Das „Judenbuch III“ der Reichsstadt Rothenburg ob der Tauber. In: Frank G. Hirschmann, Gerd Mentgen (Hgg.): Campana pulsante convocati. Festschrift anlässlich der Emeritierung von Prof. Dr. Alfred Haverkamp. Trier 2005, S. 545–561.

13 Stadtarchiv Rothenburg, AA 396 (1559) 1693–1790.

treibung von 1520 fort. Hierfür steht eine wissenschaftliche Auswertung noch aus, da lediglich der schon erwähnte Martin Schütz eine rassistisch-tendenziöse Darstellung liefert. Im Bestand finden sich wiederholt reichsstädtische Verordnungen von 1605 bis 1756, die den Handel mit Juden verbieten oder zu regulieren versuchen, indem alle Kauf- und Tauschverträge mit Juden ohne öffentliche Beglaubigung für ungültig erklärt werden.

Die Behandlung dieser Quellen ist nicht einfach, denn nur allzu leicht kann eine Aufzählung von Verordnungen, die sich gegen jüdische umherziehende Händler richten, als eine historische Rechtfertigung des modernen Antisemitismus angesehen werden. Man muss sich bewusst sein, dass obrigkeitliche Verordnungen immer nur einen Teil der Wirklichkeit widerspiegeln. Ob die landsässige christliche Bevölkerung die Rolle der jüdischen Händler in ähnlicher Weise negativ gesehen hat oder ob diese Händler auch eine wichtige Funktion hatten, sollte man zumindest mit bedenken. Auch sollte man sich vor Augen halten, dass es Juden verwehrt war, ein normales Handwerk zu erlernen und sich damit zu ernähren. Außerdem waren nicht allein die Juden das Ziel solcher Verordnungen, sondern generell die je nach Zeitläuften und Konjunktur kleineren oder größeren Gruppe der nichtsesshaften oder bettelnden Bevölkerungsschicht, die sich der Obrigkeit als mehr oder weniger kriminelle „Landplage" darstellte.

Im 17. und 18. Jahrhundert mehren sich die Verordnungen der Reichsstadt gegen den Handel mit Juden, da sie – die reichsstädtischen Untertanen – „durch solche unchristliche Hendel und hochbeschwerliche Wucher Zinß in abgang ihrer Gueter und endlich mit weib und kind an Eusersten bettelstab gerathen sind".[14] Aber nicht nur der (angeblich) wucherliche Handel mit Geld wird als Grund angeführt. Eine Verordnung der Reichsstadt Rothenburg vom 31. Oktober 1670 nennt die „bey allhiesiger Statt ohne dem sehr schlechte Commercia", die durch den verbotenen Hausierhandel der in den benachbarten Herrschaften sesshaften Juden mit immer mehr Waren „vollend gäntzlich zu boden gelegt"[15] werden.

Die Verordnung vom 7. Dezember 1708 weicht von einem generellen Handelsverbot mit Juden ab. Da die meist ohne Vertrag geschlossenen Käufe oft zu Streitigkeiten führen, wurden alle Kaufhandlungen ohne Beglaubigung öffentlicher Gewährsmänner für ungültig erklärt.[16] Schon im Vorjahr war eine Verordnung ergangen, die auch die christliche Bevölkerung zu „mehrerer Heiligung der Sonn- und Festtäge" und zu „fleissiger Besuchung des Gottesdienstes"[17] ermahnte. Umso schlimmer sah man es an, dass auch noch jüdische Händler

14 Stadtarchiv Rothenburg, AA 396, fol. 2, 16. Juli 1605.
15 Stadtarchiv Rothenburg, AA 396, fol. 3, 31. Okt. 1670.
16 Stadtarchiv Rothenburg, AA 396, fol. 4, 07. Dez. 1708.
17 Stadtarchiv Rothenburg, AA 396, fol. 6, 06. Mai. 1707.

> „nach Verfluß ihrer Jüdischen Sabbaths-Zeit offtermalen den gantzen Sonntag in denen Dörffern und Weylern herumlaufen und zu gefliessentlicher Störung der christlichen Sabbaths-Feyer ihre größte Freude haben, sondern auch sonsten [...] allerhand verbottene und mehrmalig zu ihren eigenen Schaden gereichende wucherliche Händel treiben."[18]

Diesen restriktiven Verordnungen gegenüber stehen langwierige Verhandlungen mit der benachbarten Herrschaft Hatzfeld über den Handel der Hatzfeldischen Schutzjuden auf reichsstädtischem Gebiet. Diese hatten sich bei Ihrer Herrschaft über die Handelsbeschränkungen beklagt, die ihnen kaum mehr erlaubten, ihr Schutzgeld zahlen zu können.

Auch ein Passierschein für den Juden Jacob von Michelbach, der sich vom 26. bis 29. Juli 1706 in Rothenburg aufhielt und das Spitaltor passierte, ist hier überliefert. Wo die Wirklichkeit liegt zwischen den Handelsverboten der reichsstädtischen Obrigkeit und den offensichtlich immer wieder vorkommenden Übertretungen durch hausierende jüdische Händler, aber eben auch der einheimischen Bevölkerung, kann nicht geklärt werden.

Wegen seiner prägnanten Formulierung sei abschließend Ludwig Schnurrer zitiert:

> „Die Zeit nach den Vertreibungen ist gekennzeichnet durch eine mehr oder weniger strikt durchgehaltene Politik der Städte, die auswärtigen Juden aus ihrem Wirtschaftsleben fernzuhalten. Es entwickelte sich der Typ des armen Landjuden, auf den die Städter noch verächtlicher herabsahen als vorher."[19]

Außerdem weise ich noch auf zwei wichtige Zeugnisse zur jüdischen Geschichte in Rothenburg hin, die ebenfalls außerhalb des Stadtarchivs stehen: zum einen auf die jüdischen Grabsteine, die sich heute im Reichsstadtmuseum und im Rabbi-Meir-Gärtchen befinden[20], und zum anderen auf die Zeugnisse, die über den weit über Rothenburg hinaus berühmten Rabbi Meir ben Baruch Auskunft geben, vor allem die Sammlungen seiner Responsa.

---

18 Stadtarchiv Rothenburg, AA 396, fol. 6, 06. Mai 1707.

19 Ludwig Schnurrer: Die Juden in den kleineren fränkischen Reichsstädten. In: Rainer A. Müller (Hg.): Reichsstädte in Franken (= Veröffentlichungen zur Bayerischen Geschichte und Kultur 15,2). Aufsätze 2: Wirtschaft, Gesellschaft und Kultur. Ausst. Kat. München 1987, S. 84–99.

20 Merz, Geschichte der mittelalterlichen jüdischen Gemeinde in Rothenburg (s. Literaturverzeichnis).

Literatur (Auswahl)

Baumann, Franz Ludwig (Hg.): Quellen zur Geschichte des Bauernkriegs aus Rothenburg an der Tauber (= Bibliothek des Litterarischen Vereins in Stuttgart 139). Tübingen 1878.

Breßlau Harry: Zur Geschichte der Juden in Rothenburg an der Tauber. In: Zeitschrift für die Geschichte der Juden in Deutschland 3 (1889), S. 301–336, 4 (1890), S. 1–17.

Mattes Barbara: Jüdisches Alltagsleben in einer mittelalterlichen Stadt. Responsa des Rabbi Meir von Rothenburg (= Studia Judaica. Forschungen zur Wissenschaft des Judentums 24). Berlin, New York 2003.

Merz Hilde u.a. (Hg.): Zur Geschichte der mittelalterlichen jüdischen Gemeinde in Rothenburg ob der Tauber. Rabbi Meir Ben Baruch von Rothenburg zum Gedenken an seinen 700. Todestag (= Schriftenreihe des Reichsstadtmuseums Rothenburg o.d.T. 3). Rothenburg o.d.T. 1993.

Merz Hilde: Mit bitterer Seele eine bittere Klage! Über die Wiederauffindung des Gedenksteins zum Judenpogrom in Rothenburg ob der Tauber 1298 und seine Identifizierung. In: Die Linde 66 (1984), S. 73–79.

Ohlau Jürgen Uwe: Der Haushalt der Reichsstadt Rothenburg o.T. in seiner Abhängigkeit von Bevölkerungsstruktur, Verwaltung und Territorienbildung (1350–1450). Phil. Diss. Erlangen-Nürnberg 1965.

Quester, Ernst: Das Rad der Fortuna und das Kreuz. Studien zur Aufstandsperiode von 1525 in und um Rothenburg ob der Tauber und ihrer Vorgeschichte. Rothenburg o.d.T. 1994.

Schnizlein August: Die Grabsteinfunde auf dem Judenkirchhof. In: Die Linde 6 (1914), S. 21–22.

Schnizlein August: Zur Geschichte der Vertreibung der Juden aus Rothenburg o.T. 1519/20. Nachdruck aus: Monatsschrift für Geschichte und Wissenschaft des Judentums 61 (1917), S. 263–284. In: Die Linde 11 (1921), S. 30–32, 36–38, 40–42.

Schnurrer Ludwig: Siegel der Rothenburger Judengemeinde. In: Die Linde 52 (1970), S. 49.

Schnurrer Ludwig: Die Juden in den kleineren fränkischen Reichsstädten. In: Rainer A. Müller (Hg.): Reichsstädte in Franken. Aufsätze 2: Wirtschaft, Gesellschaft und Kultur (= Veröffentlichungen zur Bayerischen Geschichte und Kultur 15,2). Ausst. Kat. München 1987, S. 84–99.

Schnurrer Ludwig: Zur Entdeckung der jüdischen Grabsteine auf dem Judenkirchhof in Rothenburg 1914. In: Die Linde 80 (1998), S. 41–44.

Schnurrer Ludwig: Zum Judenpogrom in Rothenburg 1349. In: Die Linde 82 (2000), S. 68–72.

Schnurrer Ludwig: Rabbi Meir Ben Baruch von Rothenburg. In: Ludwig Schnurrer: Rothenburg im Mittelalter. Studien zur Geschichte einer fränkischen Reichsstadt. 2. Aufl. Rothenburg o.d.T. 2008, S. 49–62.

Schütz Martin: Eine Reichsstadt wehrt sich. Rothenburg ob der Tauber im Kampfe gegen das Judentum. Rothenburg o.d.T. 1938.

[Steffes-] Maus Claudia: Studien zur Geschichte der Juden in Rothenburg im 15. Jahrhundert. Schriftliche Prüfungsarbeit zur Wissenschaftlichen Prüfung für das Lehramt an Gymnasien im Fach Mittelalterliche Geschichte, 2001.

Steffes-Maus Claudia: Das „Judenbuch III" der Reichsstadt Rothenburg ob der Tauber. In: Frank G. Hirschmann, Gerd Mentgen (Hgg.): Campana pulsante convocati. Festschrift anlässlich der Emeritierung von Prof. Dr. Alfred Haverkamp. Trier 2005, S. 545–561.

Wehrmann Michael H.: Judenverfolgung von 1298 in Rothenburg. In: Die Linde 55 (1973), S. 49–54, 63–64.

Wehrmann Michael H.: Die Rechtsstellung der Rothenburger Judenschaft im Mittelalter (1180–1520). Eine rechtsgeschichtliche Untersuchung. Phil. Diss. Würzburg 1976.

Die Synagogen in Rothenburg o.d.T.

Cornelia Berger-Dittscheid

Die Bedeutung der jüdischen Gemeinde von Rothenburg im Mittelalter, die nicht zuletzt auf die Persönlichkeit des großen jüdischen Gelehrten Rabbi Meir ben Baruch (um 1215/20–1293) zurückzuführen ist, lässt sich unter anderem an ihrer hohen Mitgliederzahl von etwa 470 Personen ablesen.[1] Der beträchtlichen Gemeindegröße entspricht die Größe der ersten Rothenburger Synagoge, von der sich nur Bilddokumente erhalten haben. Nach dem so genannten Rintfleischpogrom 1298, in dessen Verlauf die gesamte jüdische Gemeinde ausgelöscht wurde,[2] blieb die Synagoge am Kapellenplatz weiterhin in Benutzung. Doch sind für die neu niedergelassenen jüdischen Rothenburger zahlreiche Repressalien und Bedrängnisse überliefert, die 1349 in dem so genannten Pestpogrom gipfelten und erneut die Ermordung der Juden sowie die Zerstörung und Enteignung jüdischen Besitzes zur Folge hatten. Anfang des 15. Jahrhunderts erhielten die jüdischen Einwohner eine neue kleinere Synagoge am Stadtrand, die ihnen bis zur Vertreibung 1519/20 für ihre Gottesdienste vom Rat der Stadt Rothenburg zur Verfügung gestellt wurde. Dieser Bau wird anhand von Bild- und Schriftquellen ebenfalls anschaulich. Beide Synagogen wurden in Marienkapellen umgewandelt – ein Phänomen, das für viele jüdische Gotteshäuser im Mittelalter charakteristisch ist und auf diese Weise den vielfach in der mittelalterlichen Kunst bemühten Triumph der „Ecclesia" über die „Synagoga" zum Ausdruck brachte. Die im Jahre 1875 – 355 Jahre nach der frühneuzeitlichen Vertreibung – gegründete „Israelitische Kultusgemeinde Rothenburg" erhielt in dem ehemaligen Wohn- und Wirtschaftshof Herrnmarkt Nr. 40 (heute Herrngasse 21) ein neues Gemeindezentrum mit einer kleinen Synagoge, die bis 1938 den Mittelpunkt ihres religiösen Lebens darstellten.

---

1 Vgl. Salfeld, Siegmund: Das Martyrologium des Nürnberger Memorbuches (= Quellen zur Geschichte der Juden in Deutschland 3). Berlin 1898, S. 185–192.

2 Die Inschrift eines in der Judaika-Abteilung des Rothenburger Reichsstadtmuseums aufbewahrten mittelalterlichen Gedenksteins in Form eines Klagelieds erinnert an die Ermordeten des Rintfleischpogroms von 1298. Vgl. Cornelia Berger-Dittscheid: Rothenburg ob der Tauber. In: Wolfgang Kraus, Berndt Hamm, Meier Schwarz (Hgg.): Mehr als Steine … Synagogen-Gedenkband Bayern. Bd. 2. Lindenberg im Allgäu 2010, S. 542–562, hier S. 544 mit weiterführender Literatur.

Die mittelalterliche Synagoge auf dem Kapellenplatz / Milchmarkt

Es spricht vieles dafür, dass die jüdische Gemeinde bereits vor dem Rintfleischpogrom 1298 auf dem Gelände des heutigen Kapellenplatzes mitten im Zentrum der damaligen Reichsstadt siedelte. Sie unterhielt dort eine Synagoge und die Talmudschule des prominenten Rabbi Meir ben Baruch

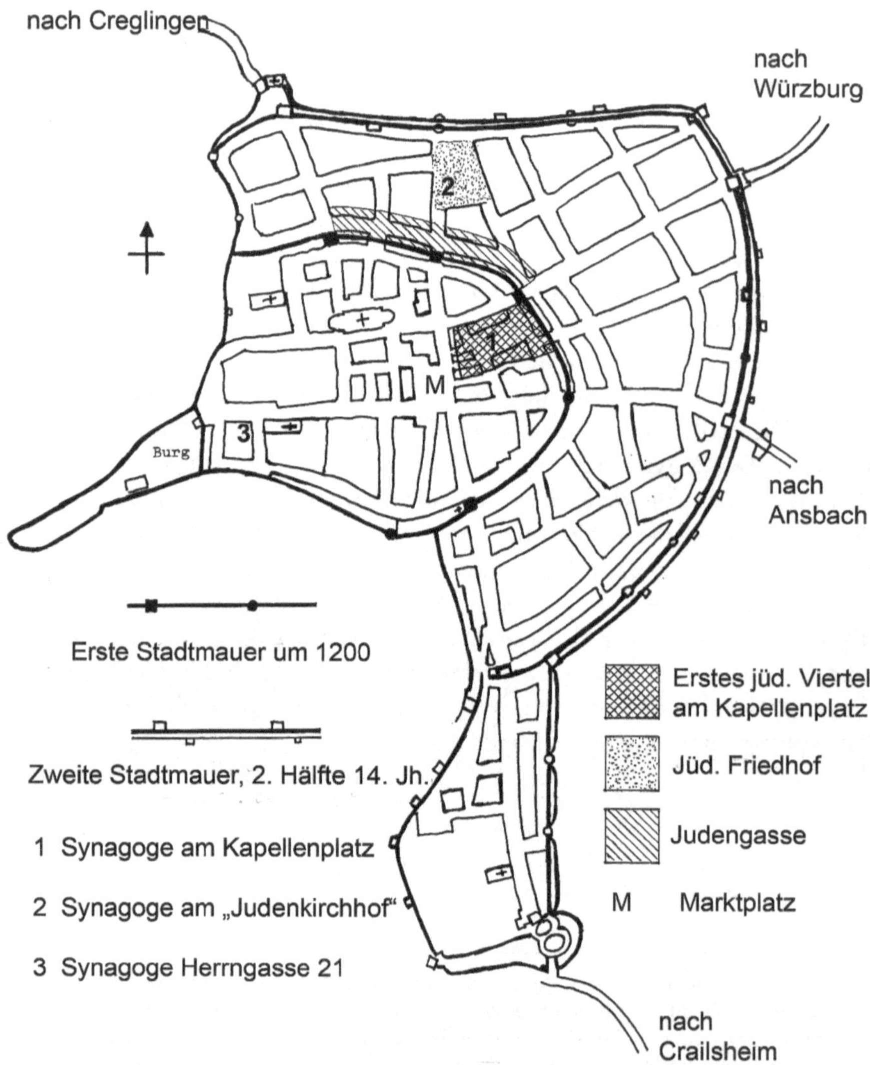

Abb. 1: Lageplan von Rothenburg o.d.T. mit jüdischer Besiedlung und Synagogen im Mittelalter sowie im 19. Jahrhundert (Zeichnung nach Hilde Merz)

Abb. 2: Johann Friedrich Schmidt, Rothenburg, Kapellenplatz mit ehemaliger Synagoge als Marienkapelle, von Westen, Kupferstich 1762, Reichsstadtmuseum Rothenburg (Foto: Cornelia Berger-Dittscheid)

von Rothenburg.[3] Das erstmals 1333 in den Stadtgerichtsbüchern erwähnte Tanzhaus – das einstige jüdische Gemeindezentrum – befand sich ebenfalls am Kapellenplatz.[4] Der Kupferstich von Johann Friedrich Schmidt von 1762 zeigt das lange, traufständig angeordnete Gebäude in seiner späteren Nutzung als Seelhaus an der Südseite des Kapellenplatzes (auf dem Kupferstich gekennzeichnet mit „b“). Das ehemalige jüdische Tanzhaus, dessen

3 Vgl. Michael Wehrmann: Die Rechtsstellung der Rothenburger Judenschaft im Mittelalter (1180–1520). Eine rechtsgeschichtliche Untersuchung. Würzburg 1977, S. 137f; Hilde Merz: Die mittelalterliche jüdische Gemeinde in Rothenburg o.d.T. In: Hilde Merz (Hg.) u. a.: Judaika im Reichsstadtmuseum: Zur Geschichte der mittelalterlichen jüdischen Gemeinde in Rothenburg ob der Tauber. Rabbi Meir ben Baruch von Rothenburg zum Gedenken an seinen 700. Todestag (= Schriftenreihe des Reichsstadtmuseums Rothenburg o. d. Tauber 3). Rothenburg o.d.T. 1993, S. 9–11.

4 Vgl. Heinrich Wilhelm Bensen: Untersuchungen über die ehemalige Reichsstadt Rotenburg oder die Geschichte einer deutschen Gemeinde aus urkundlichen Quellen. Nürnberg 1837, S. 524; Harry Breßlau: Zur Geschichte der Juden in Rothenburg an der Tauber. In: Zeitschrift für die Geschichte der Juden in Deutschland 4 (1890), S. 1–17, hier S. 7 u. 12; Merz u. a. (wie Anm. 3), S. 279; Karl Borchardt: Die geistlichen Institutionen in der Reichsstadt Rothenburg ob der Tauber und dem zugehörigen Landgebiet von den Anfängen bis zur Reformation. Neustadt a. d. Aisch 1988, S. 76.

Standort der heutigen Nr. 10 entsprach, ist beim Bombardement der Stadt Rothenburg am 31. März 1945 zerstört worden.[5]

1404 hatte der Rat der Stadt Rothenburg die Synagoge und das jüdische Tanzhaus für 2.000 fl an den Ratsherrn Peter Creglinger d. Ä. mit der Auflage verkauft, „darauß eine Capellen erbauen zu laßen“.[6] Der jüdischen Gemeinde wurde dafür vom Rat im Stadtnorden eine neue, kleinere Synagoge errichtet.[7] Es war geplant, innerhalb von zwei Jahren die Synagoge am Kapellenplatz – „das alte Gebäu“ – in eine Marienkapelle umzuwandeln, der Altarraum sollte als „eine runte form mit Fenster gebauet“ und „inwendig gewölbet werden“. Ferner war ein Türmchen mit zwei Glocken vorgesehen.[8] Jedoch die Weihe durch den Würzburger Fürstbischof Johann von Egloffstein (1400–1411) erfolgte erst am 25. Oktober 1411.[9] Das Tanzhaus erhielt damals seine neue Bestimmung als Seelhaus. Peter Creglinger d. Ä., der einen Teil dieser Einrichtungen finanzierte und damit für sein Seelenheil Vorsorge traf, starb noch im Jahre 1404.

Die jüdische Gemeinde nutzte wohl, unterbrochen durch den Pogrom von 1298, bis 1349 ausschließlich die Synagoge am Kapellenplatz. Die Deutung des in den Archivalien verwendeten Begriffs „antiqua scuola“ (alte Schule), der 1346 erstmals auf ein jüdisches Gotteshaus in Rothenburg verweist, wird allerdings kontrovers diskutiert.[10] So besteht die Vermutung, dass es damals bereits eine zweite Synagoge gab.[11] Dass jedoch in der „anti-

---

5 Beim Wiederaufbau blieb nur der historische Keller des Hauses erhalten. Vgl. Hanns-Jürgen Berger, Tobias Lauterbach: Rothenburg ob der Tauber – Der Wiederaufbau nach dem Zweiten Weltkrieg. Eine städtebaulich-denkmalpflegerische Analyse. Bd. 2. Rothenburg o.d.T. 2009, S. 276f; Gudrun Müller: Einrichtungen zur Gesundheitspflege im Rothenburg von einst. In: Der Bergfried 6 (1954), Nr. 4, April, S. 25–28, hier S. 28.

6 Stadtarchiv (StadtA) Rothenburg, A 1424 (Kirchen und Kapellen), fol. 72v. Vgl. Borchardt (wie Anm. 4), S. 76; Bensen (wie Anm. 4), S. 524. Thomas Schreiner vom Stadtarchiv Rothenburg sei für seine freundliche Unterstützung gedankt.

7 StadtA Rothenburg, A 1424 (Kirchen und Kapellen), fol. 74v: „[…] fidelium proprys sumptibus novam Synagogam in alio loco opidi construentium“. Zur zweiten mittelalterlichen Synagoge s. u.

8 Alle Zitate und Angaben nach: StadtA Rothenburg, A 1424 (Kirchen und Kapellen), fol. 72v u. 73r.

9 StadtA Rothenburg, A 1424 (Kirchen und Kapellen), fol. 74r (Nr. 7 Ablass): „[…] anniversario dedicationis, quae ce[on]sekratur Dominica ante festum Simonis et Judae […] 8. Kl. Novembr. ao 1411 (25. November 1411)“. Vgl. Borchardt (wie Anm. 4), S. 77; Anton Ress: Stadt Rothenburg o.d.T. Kirchliche Bauten (= Die Kunstdenkmäler von Mittelfranken 8. Die Kunstdenkmäler von Bayern 5,8). München 1959, S. 529; Wehrmann (wie Anm. 3), S. 153.

10 StadtA Rothenburg, B 14 (Stadtgerichtsbuch). Vgl. Ludwig Schnurrer: Regesten der längeren, urkundenähnlichen Einträge in den Rothenburger Stadtgerichtsbüchern 1302–1350. Rothenburg ob der Tauber 2001, Nr. 1482 vom 10. Mai 1346.

11 Vgl. Zvi Avneri: Art. Rothenburg. In: Zvi Avneri (Hg.): Germania Judaica II. Von 1238 bis zur Mitte des 14. Jahrhunderts. Bd. II/2. Tübingen 1968, S. 708; Merz (Hg.) u. a. (wie Anm. 3), S. 280. So werden z. B. für Prag in einer Quelle von 1315 Häuser

Abb. 3: Rothenburg, Kapellenplatz im Juli 2009 von Westen – einst jüdisches Wohnviertel und Standort der Synagoge vom 12./13. Jahrhundert bis 1404 (Foto: Cornelia Berger-Dittscheid)

qua scuola", wie dieselbe Quelle bezeugt, 1346 der Jude Lemblin wohnte, verweist auf aktiven jüdischen Gemeindebesitz. Die für das 17. und 18. Jahrhundert in Wort und Bild sicher überlieferte Nutzung von Dachkammern über der Synagoge als Wohnraum war auch im Mittelalter gängige Praxis; dies lassen Responsen des Rabbi Meir ben Baruch von Rothenburg[12] und des Rabbi Moses ben Maimon („Maimonides" 1235/38–1204)[13] erken-

„versus antiquam synagogam judeorum" erwähnt, damit die dortige Altschul meinend. Vgl. Simon Paulus: Die Architektur der Synagoge im Mittelalter. Überlieferung und Bestand (= Schriften der Bet Tfila – Forschungsstelle für jüdische Architektur in Europa 4. Hg. von Aliza Cohen-Mushlin, Harmen H. Thies). Petersberg 2007, S. 438. Claudia Steffes-Maus äußerte in diesem Zusammenhang mündlich, dass damals die zweite Synagoge am jüdischen Friedhof bereits gestanden haben könnte. Ihrer Ansicht nach könnte man den Inhalt der Quelle von 1406/07 im Stadtarchiv Rothenburg A 1268 (Steuer- und Ausgabenbuch 1400), fol. 98r (s.u.) durchaus auch auf Ausgaben für den Umbau der Synagoge vom Kapellenplatz in eine Marienkapelle beziehen. Allerdings ist die in dem Dokument genannte Zusammenstellung der Ausgaben überschrieben mit „Anno sexto an die Juden Schull". Diese Formulierung hätte man vermutlich nicht für den Umbau der Synagoge in eine christliche Kapelle gewählt.

12 Rabbi Meir schrieb z. B. „Eine Dachkammer über der Synagoge ist erlaubt, man sollte jedoch größte Vorsicht walten lassen und dort keine profanen, niederen oder unanständigen Taten vollbringen." Zit. nach Paulus (wie Anm. 11), S. 47.

13 Maimonides betonte auf die Frage nach einer profanen Nutzung des Synagogenobergeschosses, dass der Platz direkt über dem Toraschrein freigelassen werden solle. Dort dürfe nicht geschlafen oder gearbeitet werden. Den übrigen Raum könne man frei nutzen. Vgl. Paulus (wie Anm. 11), S. 47.

Abb. 4: Johann Ludwig Schäfer, Ansicht der ehemaligen Synagoge als Marienkapelle auf dem Milchmarkt (Kapellenplatz) in Rothenburg, von Südwesten, 1745 (Quelle: Stadtarchiv Rothenburg, B 669, zu S. 410)

nen. Folglich bedeutet die Unterbringung des Lemblin in der Synagoge nicht unbedingt eine Profanisierung des Gebäudes und der Begriff „antiqua scuola" kann deshalb durchaus als eine Anspielung auf das hohe Alter[14] der zumindest bis 1349 genutzten Synagoge angesehen werden.

Das Äußere des 1804/05 abgebrochenen[15] ehemaligen Synagogengebäudes ist in der späteren Nutzung als „Marienkapelle am Milchmarkt" in drei Ansichten aus dem 18. Jahrhundert überliefert. Die Darstellungen ergänzen sich insofern, als sie das Bauwerk aus verschiedenen Perspektiven mit Übereinstimmungen in wesentlichen baulichen Elementen zeigen. Folglich kann das Äußere der Synagoge relativ sicher rekonstruiert werden. Der bereits erwähnte Kupferstich von Johann Friedrich Schmidt (1762) präsentiert den Sakralbau von Westen in seiner dominierenden Lage auf dem Kapellen-

[14] Vgl. Paulus (wie Anm. 11), S. 182.

[15] Vgl. Ress (wie Anm. 9), S. 531f; Paulus (wie Anm. 11), S. 183.

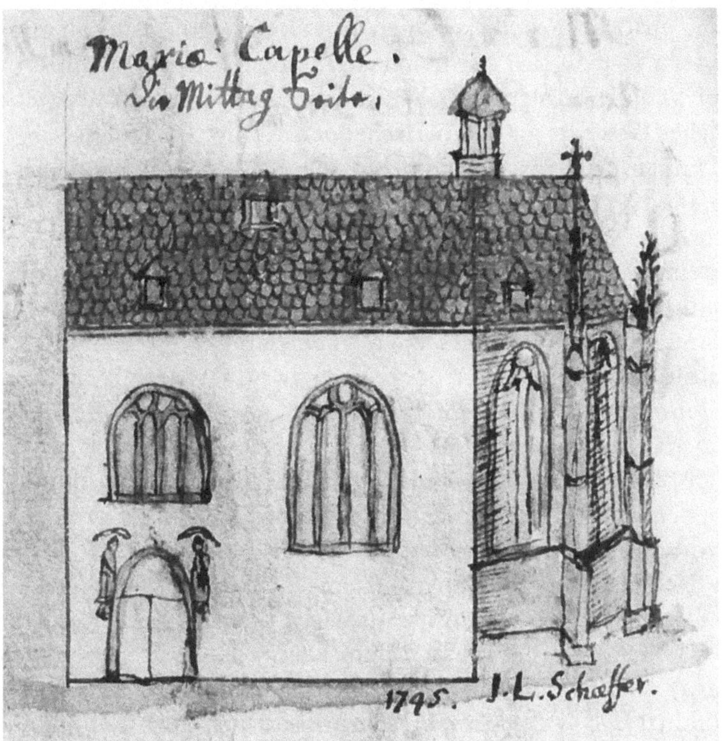

Abb. 5: Johann Ludwig Schäfer, Ansicht der ehemaligen Synagoge als Marienkapelle auf dem Milchmarkt (Kapellenplatz) in Rothenburg, von Süden, 1745 (Quelle: Stadtarchiv Rothenburg, B 669, zu S. 410)

platz.[16] Zwei kolorierte Ansichten von 1745 aus der Rothenburger Chronik des Johann Ludwig Schäfer geben das Gebäude von Süden und von Südwesten wieder.[17]

Die ehemalige Synagoge war nicht genau geostet, sondern vermutlich aus topographischen Gründen nach Nordosten orientiert. Auffällig ist die zentrale, freistehende Position auf einem öffentlichen Platz, waren die jüdischen Gotteshäuser im Mittelalter doch meistens abseits vom öffentlichen Raum gelegen. Gleichermaßen lässt ihre die Profanbebauung überragende Höhe, die die rituelle Vorschrift des Talmud erfüllt, vermuten, dass sich in der Umgebung der Synagoge hauptsächlich von Juden bewohnte Häuser

16 Die Tafel von Johann Friedrich Schmidt stammt aus dem Stichwerk: Prospecte der Reichs Stadt Rothenburg. Rothenburg 1762.

17 StadtA Rothenburg, B 669, Johann Ludwig Schäfer: Beschreibung oder kurz gefaßte Chronic der Kayserl. freyen Reichs-Stadt Rotenburg ob der Tauber aus unterschiedlichen Büchern zusammengetragen, in gewisse Capitel eingetheilet, und mit Figuren versehen von Johann Ludwig Schäfer. Kropstadt 1729, nachträglich (1745) zu S. 410 eingelegtes Blatt (recto u. verso).

befanden.[18] Möglicherweise war die Ansiedlung von Juden während des 13. Jahrhunderts in dem sich zur freien Reichsstadt entwickelnden Rothenburg (1274) planmäßig erfolgt, zumal diese als zahlende „Kammerknechte" ein einträgliches Geschäft für den herrschenden König bedeuteten.[19]

Der Umbau der Synagoge vom Kapellenplatz in ein christliches Gotteshaus ab 1404 war am Außenbau des 18. Jahrhunderts deutlich erkennbar. Die wichtigste bauliche Veränderung betraf die Schaffung eines Altarraums in Form einer eingezogenen Apsis über polygonalem Grundriss. Ein kleiner Glockenturm mit Spitzhelm bekrönte den neu geschaffenen Chor. Die zierlichen Strebepfeiler mit aufgesetzten Fialen und die großen Maßwerkfenster, die die Wände über der Sockelzone fast in ganzer Höhe und Breite einnahmen, verweisen auf die Entstehung der Apsis zu Beginn des 15. Jahrhunderts. Das Portal an der Südseite war von Heiligenfiguren auf Konsolen flankiert.[20] Bauliche Veränderungen des 16. bis 18. Jahrhunderts sind auch an der westlichen Schmalseite abzulesen. Dazu gehören vermutlich die querovalen Okuli und der mit einem Kielbogen bekrönte seitlich angeordnete Nebeneingang.[21] Entfernt man in Gedanken die neuzeitlichen Umgestaltungen, so wird der mittelalterliche synagogale Kern sichtbar – ein einfacher hoher Kubus mit Satteldach. Das Fehlen von Strebepfeilern am „Langhaus" verweist auf eine Flachdecke oder ein nach unten offenes Dach. Der Grundriss der Synagoge nahm eine Fläche von etwa 100 qm ein – eine Grundfläche, die angesichts der Gemeindezahl von etwa 470 Personen fast etwas klein erscheint.[22] Der Bau war verputzt und wies an den Kanten eine regelmäßige Eckquaderung auf. Möglicherweise befand sich an der ansonsten schlichten Westfassade anstelle der querovalen Okuli eine runde Öff-

---

18 Vgl. Paulus (wie Anm. 11), S. 542f.

19 Der erste urkundlich bezeugte Jude von Rothenburg war Samuel Biscop, der 1180 vom Grafen Eckard in Würzburg ein bebautes Grundstück erwarb. In der Verpfändungsurkunde vom November 1251 wird die Stellung der Juden von Rothenburg als Kammerknechte von König Konrad IV. (1237–1254) herausgestrichen. Siehe dazu den Beitrag von Claudia Steffes-Maus in diesem Band. Vgl. Berger-Dittscheid (wie Anm. 2), S. 542 mit weiterführender Literatur.

20 Möglicherweise waren hier zwei der vier Titelheiligen Bartholomäus, Georg, Katharina und Barbara der in erster Linie an Maria geweihten Kapelle dargestellt. Zu den Titelheiligen siehe StadtA Rothenburg, A 1424 (Kirchen und Kapellen), fol. 74v (Nr. 7).

21 Bei den Ovalfenstern handelte es sich vermutlich um barocke Ergänzungen. Zum Schicksal und den baulichen Veränderungen der Marienkapelle am Milchmarkt schreibt Schäfer im Jahre 1729: „[...] Anno 1525 ist diese Capell bey der bauren Aufruhr von etlichen Bürgern in Grund verwüstet worden; wurde aber nach der Zeit wieder gebaut und anno 1580 die welsche Hauben von Zinn gemacht, so aber im Krieg wiederum ganz verdorben, und anno 1650 mit Ziegeln bedeckt. Anno 1712 ist diese Kirche wiederum von innen und aussen repariret und renoviret worden [...]." Zit. nach StadtA Rothenburg, B 669, Schäfer (wie Anm. 17), S. 409. Vgl. Ress (wie Anm. 9), S. 532.

22 Vgl. Paulus (wie Anm. 11), S. 182–185.

nung in Korrespondenz zum mutmaßlichen Misrachfenster der Ostwand. Im Unterschied zum christlichen Sakralbau besaßen Synagogen oft hoch ansetzende kleine Lanzettfenster. Möglicherweise spiegelte dabei der Außenbau die Innenwandgliederung, die häufig aus einer hohen Sockelzone mit breitem Gesims für Kerzen und der darüber ansetzenden Fensterzone bestand.[23] Auch die für mittelalterliche Synagogen typischen niedrigen Anbauten für Vorhalle und Frauensynagoge (vgl. Altneuschul in Prag) bewirkten eine Höherlegung der Fenster.

Die Darstellungen des 18. Jahrhunderts zeigen an der Rothenburger Marienkapelle vom Kapellenplatz keine Anbauten mehr. Jedoch sind auf dem

Abb. 6: Johann Friedrich Schmidt, Rothenburg, Ansicht der ehemaligen Synagoge als Marienkapelle (Detail zu Abb. 2), südliche Längswand mit Öffnungen für Balkenköpfe (?), Kupferstich 1762 (Foto: Cornelia Berger-Dittscheid)

---

23 Paulus stellt die Vermutung auf, dass sich in den niedrigen Fenstern der introvertierte Charakter des jüdischen Gotteshauses geäußert haben könnte, welches innerhalb der feindseligen christlichen Umgebung nicht habe auffallen dürfen. Vgl. Paulus (wie Anm. 11), S. 545.

Kupferstich von 1762 unter den Fenstern der Längsseite drei kleine nebeneinander liegende Öffnungen zu erkennen. Von ihrer Anordnung her könnten es Mauerlöcher für die Balkenköpfe eines Pultdaches gewesen sein, das entweder eine Vorhalle oder eine Frauenempore überdeckte. So ist bereits für das 14. Jahrhundert (1348) in Rothenburg die „Jüdin Schulmeistrin" bezeugt.[24] Es ist zu vermuten, dass sich der Haupteingang der Synagoge wie beim späteren Kapellenbau ebenfalls an der Südseite befand. Die Innenraumgestaltung der Kapelle bzw. des jüdischen Gotteshauses ist nicht überliefert.

Eine Vorstellung vom Aussehen früher mittelalterlicher Synagogenarchitektur wird durch die erhaltenen Ruinen der Synagoge von Speyer und durch die Ausgrabung der ersten Regensburger Synagoge vermittelt. Die Bauuntersuchungen und Forschungsergebnisse sind für diese im 12. Jahrhundert erbauten Synagogen gut dokumentiert und haben außerdem Eingang in virtuelle Rekonstruktionen gefunden.

Abb. 7: Speyer, Ruine der Synagoge von Osten. Weihe des romanischen Baus 1104, Frauensynagoge des 13. Jahrhunderts, August 2011 (Foto: Joachim Hahn)

Für die Speyrer Synagoge, das Gotteshaus im oberen Stadtviertel der bedeutenden SCHUM-Gemeinde,[25] sind das Weihedatum 1104 und die Wiederherstellung mit Anbau einer Frauensynagoge im 13. Jahrhundert nach ei-

24 StadtA Rothenburg, B 14 (Stadtgerichtsbuch). Zit. nach Schnurrer (wie Anm. 10), Nr. 1548 vom 30. Juni 1348.

25 Das Akronym SchUM steht für die jüdischen Gemeinden der drei rheinischen Städte Speyer (Schpira), Worms (Warmaisa) und Mainz (Magenza). Anfangs gab es zwei verschiedene jüdische Gemeinden in Speyer, die jeweils in verschiedenen Stadtteilen siedelten. Vgl. Paulus (wie Anm. 11), S. 86f.

nem durch die christliche Bevölkerung verursachten Brand überliefert. Der Bau wurde bis 1534 als Synagoge genutzt, geriet dann in Privatbesitz und fiel der Vergessenheit anheim. In den Jahren zwischen 1999 und 2001 erfolgten die Freilegung des vorhandenen Mauerwerks und eine bauarchäologische Untersuchung. Wie der Rothenburger lag auch der Speyrer Synagoge der einfache Saaltypus mit flachem oberem Raumabschluss zugrunde. Der Baukörper war relativ hoch mit sparsamer Durchfensterung. Aus der Ostwand kragte eine flache Toranische, darüber war ein kleiner Misrach-Okulus eingelassen. Die Mauern des stattlichen Baus mit einer Länge von 17,40 m und einer Breite von 10,60 m gehören zu den ältesten erhaltenen Resten einer Synagoge in Europa.[26]

Zwischen 1995 und 1998 brachten archäologische Ausgrabungen auf dem heutigen Neupfarrplatz in Regensburg westlich der evangelischen Neupfarrkirche die Fundamente von zwei zeitlich aufeinander folgenden Synagogenbauten zu Tage. Aufgrund der Mauerwerkstechnik und der Bauskulptur kann der ältere Bau ins späte 11. Jahrhundert datiert werden, der gotische Erweiterungsbau entstand im ersten Viertel des 13. Jahrhunderts. Wie die Synagogen in Speyer und Rothenburg (Kapellenplatz) war die romanische Synagoge von Regensburg ein einfacher Saalbau mit Satteldach und flacher Decke, dessen voluminöser Baukörper sich allerdings über trapezförmigem Grundriss mit einer Grundfläche von etwa 124 qm erhob. Sie war wie üblich nach Osten ausgerichtet, der Haupteingang befand sich an der südlichen Längsseite. Die Rekonstruktion der ersten Regensburger Synagoge erfolgte in Analogie zur Speyrer, denn vom aufgehenden Mauerwerk hat sich hier bis auf die Fragmente eines Biforiums und eines Portalpfostens nichts mehr erhalten.[27] Während in Speyer wie auch in Worms (1212/13) die Frauen eine eigene steinerne Synagoge erhielten, war diese in Rothenburg allem Anschein nach nur ein untergeordneter Anbau an den Kernbau. Indessen werden im aschkenasischen Synagogenbau erst für das 13. Jahr-

26 Vgl. Richard Krautheimer: Mittelalterliche Synagogen. Berlin 1927, S. 145–150; Pia Heberer: Art. Speyer. In: Stefan Fischbach, Ingrid Westerhoff (hg. vom Landesamt für Denkmalpflege Rheinland-Pfalz mit dem Staatlichen Konservatoramt des Saarlandes und dem Synagogue Memorial, Jerusalem): „Und dies ist die Pforte des Himmels“. Mainz 2005, S. 349–351; Paulus (wie Anm. 11), S. 85–96.

27 Vgl. Silvia Codreanu-Windauer, Stefan Ebeling: Die mittelalterliche Synagoge Regensburgs. In: Susanne Böning-Weis, Karlheinz Hemmeter, York Langenstein (Hgg.): Monumental. Festschrift für Michael Petzet (= Arbeitshefte des Bayerischen Landesamtes für Denkmalpflege 100). München 1998, S. 459; Silvia Codreanu-Windauer, Heinrich Wanderwitz: Das Regensburger Judenviertel: Geschichte und Archäologie. In: Peter Schmid (Hg.): Geschichte der Stadt Regensburg. Bd. 1. Regensburg 2000, S. 619–624; Barbara Eberhardt, Cornelia Berger-Dittscheid: Art. Regensburg. In: Wolfgang Kraus, Berndt Hamm, Meier Schwarz (Hgg.): Mehr als Steine ... Synagogen-Gedenkband Bayern. Bd. 1. Lindenberg im Allgäu 2007, S. 261–285, hier S. 261f.

Abb. 8: Regensburg, romanische Synagoge des 12. Jahrhunderts, Historisches Museum der Stadt Regensburg, Rekonstruktion von Stefan Ebeling (Foto: Hans-Christoph Dittscheid)

hundert Frauensynagogen fassbar[28] – etwa gleichzeitig mit der Forderung der rabbinischen Quellen nach Geschlechtertrennung in den Synagogen.[29] Die Ausführungen zeigen, dass eine Erbauung der ersten Rothenburger Synagoge bereits im 12. Jahrhundert durchaus denkbar wäre, das Baudatum letztlich aber quellenmäßig nicht nachweisbar ist. Klarheit darüber könnte vor allem durch Grabungen am ehemaligen Standort auf dem heutigen Kapellenplatz gewonnen werden.

---

28 Die früheste Frauensynagoge in Deutschland ist 1212/13 für Worms überliefert. Vgl. Kathrin Keßler: Ritus und Raum der Synagoge. Liturgische und religionsgesetzliche Voraussetzungen für den Synagogenbau in Mitteleuropa (= Schriften der Bet Tfila – Forschungsstelle für jüdische Architektur in Europa 2, hg. von Aliza Cohen-Mushlin, Harmen H. Thies). Petersberg 2007, S. 56.

29 Zur Trennung der Geschlechter in den jüdischen Gotteshäusern vgl. Keßler (wie Anm. 28), S. 55–58.

Synagoge am jüdischen Friedhof (Schrannenplatz)

Nach dem Pestpogrom 1349 werden erst wieder ab 1374 jüdische Familienväter als Bürger in Rothenburg aktenkundig.[30] Ob diese erneut die Synagoge vom Kapellenplatz nutzen durften oder auf einen privaten Betsaal ausweichen mussten, ist den Quellen nicht zu entnehmen. Die Synagoge befand sich damals im Besitz der Stadt Rothenburg, denn König Karl IV. (ab 1355 Kaiser) hatte am 30. September 1353 „der Juden synagogen, den kirchoff und alle iren heuser und hoffstat daselbst zu rotenburg mit allen rechten" an die Reichsstadt übertragen.[31] Da sie verstärkt die Willkür und Habsucht der Stadt und der christlichen Bürger erleiden musste, war die Lebensgrundlage der jüdischen Bevölkerung auf ein Minimum reduziert. Deshalb erreichte die Gemeinde nicht annähernd die hohen Zahlen wie vor 1298; es werden jedoch 1383 immerhin 33 jüdische Steuerzahler gemeldet. Diese wohnten in der „judengazze", die am nördlichen Stadtrand über der abgebrochenen Stadtmauer nicht weit vom damaligen jüdischen Friedhof angelegt worden war.[32] Die dort bis heute erhaltenen Häuser aus dem 14. und 15. Jahrhundert bilden ein vollständiges mittelalterliches Ensemble von einzigartiger kulturhistorischer und städtebaulicher Bedeutung. Die ältesten Häuser aus dem späten 14. Jahrhundert flankieren die Nordseite der leicht nach Osten ansteigenden Straße.

In deutlich kleineren Dimensionen als den Vorgängerbau ließ die Stadt Rothenburg auf ihre Kosten 1406/07 für insgesamt 772 Pfund Heller die neue Synagoge errichten.[33] Sie lag nördlich der Judengasse nahe beim jüdischen Friedhof, der bereits 1266 bezeugt und mit dem Areal des heutigen Schrannenplatzes identisch ist.[34]

---

30 Siehe dazu den Beitrag von Claudia Steffes-Maus in diesem Band.

31 Staatsarchiv Nürnberg (StAN), Reichsstadt Rothenburg, Urkunden vor 1400, Münchner Abgabe, Nr. 358; StadtA Rothenburg, A 840/I (sog. Judenbuch I: Abschrift), fol. 2. Vgl. Ludwig Schnurrer: Die Urkunden der Reichsstadt Rothenburg 1182–1400. 1. Teilbd. 1182–1379, 2. Teilbd. 1380–1400 (= Veröffentlichungen der Gesellschaft für fränkische Geschichte III, Fränkische Urkundenbücher und Regestenwerke 6). Neustadt a. d. Aisch 1999, hier Teilbd. 1, Nr. 940; Wehrmann (wie Anm. 3), S. 141; Avneri (wie Anm. 11), S. 708; Berger-Dittscheid (wie Anm. 2), S. 546. Siehe dazu ausführlich den Beitrag von Claudia Steffes-Maus in diesem Band.

32 Vgl. Wehrmann (wie Anm. 3), S. 142f (Anm. 3); Berger-Dittscheid (wie Anm. 2), S. 547.

33 StadtA Rothenburg, A 1268 (Steuer- und Ausgabenbuch), fol. 98. Vgl. Borchardt (wie Anm. 4), S. 76f. Die Zahlungen für den Bau der „Judenschule" erfolgten zwischen dem 29. August 1406 („Suntag nach Bartolomiy") und dem 26. März 1407 („oster abent") in neun Raten.

34 Durch die Stadterweiterung, die während der zweiten Hälfte des 14. Jahrhunderts auch von den jüdischen Bürgern Rothenburgs mitfinanziert wurde, kam der vorher außerhalb der ersten staufischen Stadtmauer gelegene jüdische Friedhof nun inner-

Abb. 9: Rothenburg, Judengasse, Ende des 14. bis Mitte des 15. Jahrhunderts erbaut, Juli 2009 (Foto: Cornelia Berger-Dittscheid)

Es war jedoch nicht nur die für die kleinere Gemeinde zu geräumige Synagoge, die eine Verlegung des jüdischen Gotteshauses an die Peripherie der Stadt bewirkt hat. Offensichtlich begehrten die Stadtväter den alten Synagogenstandort – in seiner zentralen Lage immerhin ein städtebauliches „Filetstück" von Rothenburg – ein Standort, der den Juden damals nicht mehr zugestanden wurde. Dies wird aus der Bulle von Papst Johannes XXIII. (Gegenpapst 1410–1415) ersichtlich, in welcher dem Rat der Stadt am 11. Juni 1412 noch nachträglich der päpstliche Segen für die Umwandlung der Synagoge vom Kapellenplatz in eine Marienkapelle erteilt wurde:

> „[…] è Synagoga Judaeorum Beatae Mariae Virginis Capellam in potiori et eminentiori loci civitatis sitam ex hac unica causa transformantia quod dum Rector Eccl. Parochialis sacrum Eucharistiam infirmis et languentibus ad domus per opidum portando ante dictam Synagogam […]."[35]

halb des neuen Mauerrings zu liegen. Er wurde nach der Vertreibung 1519/20 nach und nach zerstört und eingeebnet. Abgesehen von den 47 wieder entdeckten Grabsteinen – der älteste stammt von 1266 – und dem fast verblassten Schriftzug „Judenkirchhof" an einem Gebäude an der Westseite des Platzes hat sich von der jüdischen Begräbnisstätte des Mittelalters nichts erhalten. Vgl. Berger-Dittscheid (wie Anm. 2), S. 544 u. 555.

35 StadtA Rothenburg, A 1424 (Kirchen und Kapellen), fol. 74v (Nr. 9).

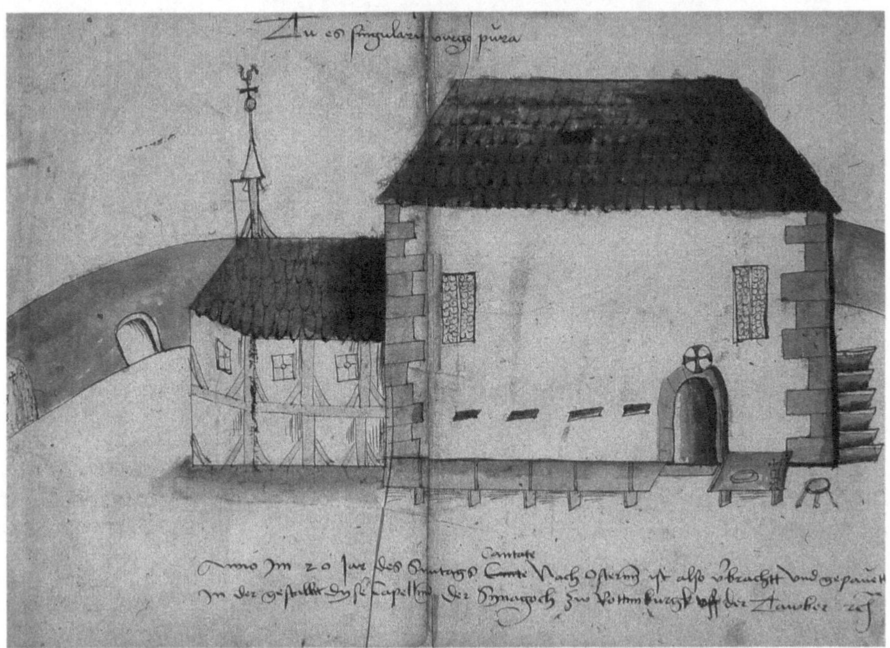

Abb. 10: Michael Eysenhart, Synagoge am jüdischen Friedhof (heute Schrannenplatz) als Kapelle „Zur reinen Maria", 1520 (Quelle: Staatsbibliothek München, Handschriftenabteilung, Cgm 7870, fol. 104v–105r)

Michael Eysenhart fertigte im Jahre 1520, dem Jahr der Umwandlung in die Kapelle „Zur reinen Maria", für seine Chronik der Stadt Rothenburg eine farbig lavierte Federzeichnung der ehemaligen Synagoge vom Judenkirchhof („Anno im 20 Jar des Suntags Cantate Nach Osteren ist also verbrachtt vnd gepauett in der gestallt dyße Capellen der Synagoch zu Rottenburgk vff der Tauber etc.").[36] Für die Nutzung als christliche Kapelle erhielt der Bau einen niedrigen Fachwerkchor mit einem kleinen Dachreiter für eine Glocke und einen weißen Anstrich. Eine Treppe an der westlichen Schmalseite könnte auf den nachträglichen Einbau einer Empore hinweisen. Der genaue Standort des allseits freistehenden Gebäudes ist unbekannt. Doch zeichnete Eysenhart im Hintergrund eine Mauer mit einem rundbogigen Durchgang; möglicherweise befand sich die Synagoge vor der Stadtmauer des 14. Jahrhunderts. Der Kernbau der Synagoge ist trotz der neuzeitlichen Veränderungen gut zu erkennen als schlichter Baukörper mit niedrigem Walmdach. Die Zeichnung zeigt wohl die Nordseite mit dem Haupteingang. Links des rundbogigen Eingangs fallen in der Wand vier schmale horizontale Öff-

[36] Bayerische Staatsbibliothek München, Handschriftenabteilung, Cgm 7870, fol. 104v. Vgl. Merz (wie Anm. 3), S. 22.

nungen auf, die in einer Reihe nebeneinander angeordnet sind. Hierbei handelt es sich um Sehschlitze und damit untrügliche Indizien für die Existenz einer Frauensynagoge.[37] Diese bestand vermutlich aus einem kleinen Anbau in Holzkonstruktion, der beim Umbau in die Marienkapelle entfernt wurde.[38] Auch für diesen Bau ist das Aussehen des Innenraums nicht überliefert. Die fehlenden Strebepfeiler und die seitlich angeordneten Fenster lassen allerdings auch hier auf eine Flachdecke schließen. Bis zur Vertreibung aus Rothenburg im Jahre 1520 feierte die jüdische Gemeinde ihre Gottesdienste in dieser Synagoge.[39]

Synagogen als Marienkirchen oder Marienkapellen

Beide mittelalterlichen Synagogen von Rothenburg erfuhren eine Umformung in christliche Kapellen, beide mit der Widmung an Maria. In einer einzigen Stadt erlitten im Abstand von etwa 100 Jahren gleich zwei jüdische Gotteshäuser dasselbe Schicksal. Dieser in Deutschland vor allem im Mittelalter und in der frühen Neuzeit geläufige Umgang mit Synagogenbauten[40] ist bereits für die Frühzeit des Christentums überliefert und diente von Anfang an dem Ziel, den Sieg der christlichen Religion über das Judentum nach außen hin sichtbar zu machen.[41] Die Weihe an die Gottesmutter erfolgte dabei entweder in dem ehemaligen für christliche Zwecke umgebauten jüdischen Gotteshaus oder in einer über den zerstörten Synagogenmauern neu aufgerichteten Kirche oder Kapelle. Dabei war die Weihe an Maria nicht zufällig, sondern hatte stets programmatischen Charakter.[42]

Die Umwidmung der ersten Rothenburger Synagoge an Maria (1404/1411) war allerdings nicht im Zuge einer Vertreibung der Juden aus der Stadt er-

37 Derartige Seh- oder Hörschlitze haben sich beispielsweise an der Synagoge von Speyer (1104) erhalten.

38 Die vor der Wand unter den Sehschlitzen aufgestellten Holzgestelle werden entweder als Betbänke oder als niedrige Tische zum Abstellen von Devotionalien interpretiert.

39 Vgl. Wehrmann (wie Anm. 3), S. 152; Hans-Jürgen Wunschel: Art. Rothenburg. In: Arye Maimon, Mordechai Breuer, Yacov Guggenheim (Hgg.): Germania Judaica III. 1350–1519. 3 Teilbände. Tübingen 1987–2003, hier Teilbd. III/2, S. 1252–1276, hier S. 1252f; Borchardt (wie Anm. 4), S. 76f; Paulus (wie Anm. 11), S. 185f.

40 Vgl. Wolfgang Glüber: „Die Judengaßen thet man zerstören/der hymelkunigin zu eren." Synagogenzerstörung und Marienkirchenbau. In: Johannes Heil, Rainer Kampling (Hgg.): Maria – Tochter Sion? Mariologie, Marienfrömmigkeit und Judenfeindschaft. Paderborn, München, Wien, Zürich 2001, S. 163–186, hier S. 182–185.

41 Vgl. Paulus (wie Anm. 11), S. 549. Die Errichtung von Marienkapellen oder Marienkirchen anstelle von Synagogen beginnt mit den Pestpogromen (ab 1349). Vgl. Glüber (wie Anm. 40), S. 164.

42 Vgl. Johannes Heil, Rainer Kampling (Hgg.): Maria – Tochter Sion? Mariologie, Marienfrömmigkeit und Judenfeindschaft. Paderborn, München, Wien, Zürich 2001.

folgt,[43] sondern stand im Zusammenhang mit der Umsiedlung der jüdischen Gemeinde und ihres religiösen Mittelpunktes in den Stadtnorden. So wird in der bereits erwähnten Bulle von Papst Johannes XXIII. verlautbar, dass die Juden sich über keinerlei Gewalttätigkeiten beklagt hätten („[...] et ne ipsi Judaei super injuria vel violentia conqueri queant, [...]").[44] Diese offizielle Erklärung bedeutet allerdings noch lange nicht, dass die Räumung des Innenstadtviertels gewaltfrei von Statten ging, schließlich setzte die Stadt damals auch die so genannten Judenschuldentilgungen mit erpresserischer Gefangennahme durch (1385–1414).[45] Der Umstand, dass sich die am baulich attraktiven Kapellenplatz gelegene Synagoge und die daran angrenzenden Häuser damals nicht mehr in jüdischem Besitz befanden,[46] vereinfachte in jedem Fall die Umsiedlung der jüdischen Bevölkerung. Ausgestattet mit der päpstlichen Autorisierung, die nach der Weihe der Marienkapelle auf Bitten des Stadtrats ausgestellt wurde, waren für die Bürger und den Stadtrat keine Kirchenstrafen zu befürchten und da sie eine neue Synagoge im Stadtnorden erhalten hatten, konnten die Juden auch keine Ansprüche mehr auf das Gebäude geltend machen, zumal „einmal geweihte Kirchen den Juden nicht zurückgegeben werden können".[47] Befremdlich aber nicht ungewöhnlich für die judenfeindliche Einstellung der Amtskirche erscheint die Bemerkung des Papstes, dass durch die Eucharistie die „Unflätigkeit", die die Juden in der Synagoge begangen hätten, gewissermaßen „zerschmettert" würde („Cum Multitudine civis [...] ad reverentiam Eucharistiae saepius oporteret, propter Spurcities per Judeos in Synagogas factas devotionem ali qualiter diminui Civium [...]").[48]

Das Schicksal der Synagoge vom Judenfriedhof stand jedoch unter einem anderen Vorzeichen. Hier besteht ein enger Zusammenhang zwischen der Umwidmung in ein christliches Gotteshaus und der Vertreibung der Juden aus Rothenburg im Jahre 1520 – Ereignisse, über die bereits die Zeitgenossen ausführlich und recht unbefangen Bericht erstatteten.[49] Es sollen nur

43 Die Juden waren bereits 1349 während der Pestpogrome ermordet worden. In der Zwischenzeit hatten sich jedoch in Rothenburg wieder jüdische Bürger angesiedelt.

44 StadtA Rothenburg, A 1424 (Kirchen u. Kapellen), fol. 74v.

45 Siehe den Beitrag von Claudia Steffes-Maus in diesem Band. Vgl. Berger-Dittscheid (wie Anm. 2), S. 546.

46 Es ist bezeugt, dass die Synagoge im Osten nicht weit vom Haus des Bürgermeisters Hans Toppler stand. StadtA Rothenburg, A 1424 (Kirchen u. Kapellen), fol. 72v (Nr. 2).

47 Zit. nach Paulus (wie Anm. 11), S. 34.

48 StadtA Rothenburg, A 1424 (Kirchen u. Kapellen), fol. 74v (Nr. 9).

49 Die Judenvertreibung 1519/20 von Rothenburg stand am Ende einer allgemeinen Pogrom- und Vertreibungswelle am Übergang zur Neuzeit, die andere Städte schon früher erfasst hatte, darunter die Reichsstädte Nürnberg (1498/99), Ulm (1499), Nördlingen (1505), Regensburg (1519) und Weißenburg (1519).

die für die Baugeschichte wichtigsten Fakten resümiert werden:[50] Der Prediger von St. Jakob Dr. Johannes Teuschlein hatte mit seinen Hetzpredigten die Judenfeindschaft unter der Bevölkerung angestachelt und letztlich die Judenvertreibung eingeleitet. Die Juden mussten Rothenburg bis zum 2. Februar 1520, dem Datum von Lichtmeß oder „Purificatio Mariae",[51] auf eigenen Wunsch, wie es hieß, verlassen. Noch vor diesem Zeitpunkt ließ Teuschlein die Synagoge aufbrechen, plündern und darin ein Marienbild – eine Darstellung von Maria mit Kind – aufstellen. Teuschlein erfand wunderbare Heilungsgeschichten, die das Marienbild bewirkt haben soll, und ließ diese angeblichen Wunder vor Ort auf eine Tafel schreiben. Um eine erneute Nutzung als Synagoge bei etwaiger Rückkehr der Juden nach Rothenburg endgültig zu verhindern, beantragte der Prediger deren Abriss und einen Neubau. Dies wurde ihm jedoch nicht gestattet. So musste Teuschlein sich mit einem „Flickwerk", wie er es verärgert nannte, begnügen. Die zur christlichen Wallfahrtskapelle umgebaute Synagoge wurde am 10. April 1520 auf den Namen „Zur Reinen Maria" neu geweiht.

Vorbildlich für das Vorgehen gegen die jüdischen Bürger in Rothenburg war für Johannes Teuschlein die ein Jahr zuvor – am 21. Februar 1519 – in Regensburg ebenfalls erfolgreich umgesetzte Judenvertreibung, die hier der Domprediger Balthasar Hubmaier mit seinen fanatischen Hetzpredigten initiiert hatte. Die Synagoge und das jüdische Ghetto in Regensburg wurden dem Erdboden gleich gemacht und über dem jüdischen Gotteshaus die hölzerne Wallfahrtskapelle zur „Schönen Maria" errichtet. Ein Wunder soll sich während der Abrissarbeiten an der Synagoge ereignet haben: Der Steinmetz Jakob Kern war vom Gerüst gestürzt und wurde für tot gehalten. Seine Rettung vor dem Tod schrieb man dem Wirken der Jungfrau Maria zu. Ihr zu Ehren wurde deshalb ein Marienbild in der am 25. März 1519 geweihten Holzkapelle aufgestellt. Vor der Kapelle stand auf einer Säule die Figur der Maria als Himmelskönigin mit dem Jesuskind. Zur Kapelle der „Schönen Maria" entwickelte sich eine Wallfahrt, die gigantische Ausmaße mit teilweise exzessartigen Auswüchsen annahm. Der Kupferstich von Michael Ostendorfer (um 1519) zeigt das Wallfahrtstreiben vor der Kapelle,

---

50 Zum Folgenden siehe den ausführlichen Beitrag von Dr. Ludwig Schnurrer in diesem Band. Vgl. Breßlau (wie Anm. 4); Borchardt (wie Anm. 4), S. 78–91; Merz (wie Anm. 3), S. 22; Ludwig Schnurrer: Die Wallfahrt zur Reinen Maria in Rothenburg (1520–1525). In: Ludwig Schnurrer (Hg.): Rothenburg im Mittelalter. Studien zur Geschichte einer fränkischen Reichsstadt. Rothenburg o.d.T. 1997, S. 401–454; Berger-Dittscheid (wie Anm. 2), S. 548f.

51 An diesem Tag, 40 Tage nach Christi Geburt, wird die Darbringung Jesu im Tempel gefeiert: Nach jüdischer Vorschrift war eine Frau nach der Geburt eines Jungen 40 Tage und nach der Geburt eines Mädchens 80 Tage unrein. Das Lukasevangelium (Lk 2,22–24) berichtet, dass Maria und Josef an diesem Tag ihren Sohn Jesus in den Tempel brachten und dem Priester als Reinigungsopfer „ein Paar Turteltauben oder zwei junge Tauben" übergaben.

die Menschenmassen und die sich verzückt vor der Mariensäule am Boden wälzenden Wallfahrer; im Hintergrund sind die Ruinen der zerstörten Judenstadt dargestellt.[52]

Verschiedene Medien – Predigten, Passions- und Fastnachtsspiele, Chroniken und Flugschriften – sorgten für die rasche Verbreitung der spektakulären Ereignisse von Regensburg. In der Berichterstattung überwogen dabei der Triumph und die Genugtuung über die gelungene Judenvertreibung. Dass dieser Gedanke auch der berühmten Synagogenradierung Albrecht Altdorfers zu Grunde liegt und diese keineswegs ausschließlich das Interesse des Künstlers an einem in der mittelalterlichen Architekturgeschichte seltenen zweischiffigen Innenraum dokumentiert, beweist die kleine Tafel, die dem Blatt oben beigefügt ist. Die darauf befindliche lateinische Inschrift lautet in Übersetzung: „Im Jahr 1519 ist die jüdische Synagoge zu Regensburg nach Gottes gerechtem Ratschluss von Grund auf zerstört worden."[53] Damit wird der Abbruch der Synagoge in die Perspektive des Historischen gerückt und der Hinweis darauf, dass dies Gottes Wille war, wird zu einer nachträglichen Rechtfertigung der Tat. Der Miniaturist Narziß Renner aus Augsburg hat die Botschaft von Altdorfers Radierungen, die sich als Flugschrift in Windeseile verbreiteten, sehr wohl verstanden. Er gestaltete für den Buchhalter der Fugger Matthäus Schwarz 1521 ein Gebetbuch. Darin befindet sich eine ganzseitige Miniatur, deren architektonischer Rahmen eine Kopie von Altdorfers Synagogenvorhalle darstellt.[54] Mitten in der Vorhalle sitzt auf einem altarähnlichen Sockel der geschundene Christus, der sich vor seiner Kreuzigung ausruht – eine Darstellung des damals beliebten Andachtsmotivs von „Christus in der Rast", das im Bild von dem sich in

---

52 Vgl. Peter Herde: Gestaltung und Krisis des christlich-jüdischen Verhältnisses in Regensburg am Ende des Mittelalters. In: Zeitschrift für bayerische Landesgeschichte 22 (1959), S. 359–395; Raphael Straus (Hg.): Urkunden und Aktenstücke zur Geschichte der Juden in Regensburg 1453–1738. München 1960, S. 385–393; Wilhelm Volkert: Die spätmittelalterliche Judengemeinde in Regensburg. In: Albrecht Altdorfer und seine Zeit (= Schriftenreihe der Universität Regensburg 5). Regensburg 1981, S. 123–149, hier S. 139–141; Andreas Angerstorfer: Von der Judensiedlung zum Ghetto in der mittelalterlichen Reichsstadt Regensburg. In: Manfred Treml, Josef Kirmeier, Evamaria Brockhoff (Hgg.): Geschichte und Kultur der Juden in Bayern. Aufsätze (= Veröffentlichungen zur bayerischen Kultur und Geschichte 17). München 1988, 161–172, hier S. 165–168; Siegfried Wittmer: Jüdisches Leben in Regensburg. Vom frühen Mittelalter bis 1519. Regensburg 2001, S. 127–150; Peter Herde: Art. Regensburg. In: Germania Judaica III (wie Anm. 39), Teilbd. III/2, S. 1178–1230, hier S. 1201f; Berger-Dittscheid (wie Anm. 2), S. 264.

53 „ANNO DNI D XIX IVDAICA RATISPONA SYNAGOGA IVSTO DEI IVDICIO FUNDIT[V]S EST EVERSA".

54 Deckfarben auf Pergament, 113 x 82 mm. Berlin, Kupferstichkabinett, Hs 78 B 10, fol. 16v. Vgl. Ulrich Merkl: Buchmalerei in Bayern in der ersten Hälfte des 16. Jahrhunderts. Spätblüte und Endzeit einer Gattung Regensburg 1999, S. 333 (Kat. Nr. 35), Abb. 247.

Abb. 11: Albrecht Altdorfer: Regenburger Synagoge, Innenraum von Westen, Radierung 1519 (Quelle: Museen der Stadt Regensburg, Historisches Museum/Bayerische Landesstiftung)

Abb. 12: Michael Ostendorfer: Kapelle „Zur schönen Maria", Kupferstich 1519 (Quelle: Museen der Stadt Regensburg, Historisches Museum)

Abb. 13: Albrecht Altdorfer: Regenburger Synagoge, Vorhalle von Westen, Radierung 1519 (Bildarchiv Preußischer Kulturbesitz Berlin)

Abb. 14: Narziß Renner: „Christus in der Rast“ in der Regensburger Synagogenvorhalle, Gebetbuch für Matthäus Schwarz, Augsburg 1521 (Bildarchiv Preußischer Kulturbesitz Berlin)

Stifterpose präsentierenden Auftraggeber des Büchleins angebetet wird. Doch damit ist die Deutung des Bildes nicht erschöpft. Eine mit einem Schwert bewaffnete männliche Gestalt mit eindeutig jüdischen Attributen wie dem spitz zulaufenden roten Hut und dem gelben Mantel mit pseudohebräischen Schriftzeichen verlässt gerade die Vorhalle und betritt die Synagoge. Der Darstellung liegt ganz offensichtlich die diffamierende Anschuldigung gegen die Juden als Christusmörder zugrunde. Die Positionierung der Andachtssituation in die zu diesem Zeitpunkt bereits seit zwei Jahren zerstörte Vorhalle der Regensburger Synagoge nimmt auf die dortigen zurückliegenden Ereignisse Bezug und bringt die unterstellte Schuld der Juden am Tod Christi drastisch zum Ausdruck.[55]

Des damals weit verbreiteten Informationsmediums Flugschrift bedienten sich auch die Volkslieddichter, z. B. der Handwerker Hieronymus Ell mit dem „Lied in Tolner melodei die Ausschaffung der Juden von Regenspurg bezaichnendt".[56] Die Verse „Die synagog war bald zerstört / die schön Maria darinn geert / ein Capell pawt man an die stat [...]" stellen Synagoge und Maria einander antithetisch gegenüber, dabei übernimmt Maria die Rolle der siegreichen Ecclesia.[57] Auch die Rothenburger Judenvertreibung und die Umwandlung der dortigen Synagoge in eine Marienkapelle haben ihren Niederschlag im Volkslied gefunden. Der Nürnberger Reimschmied und Meistersinger Cuntz Has verfasste 1520 „Ein hüpsch lied von der vertreybung der Juden zu Rotenburg an Thawber, unnd von irer Synagog" in Hertzog Ernsts Melodey.[58] Garniert ist die mehrblättrige judenfeindliche Flugschrift mit dem Bild, das einen Juden hinter einem Tisch mit einem Geldhaufen zeigt. Cuntz Has preist in seinem Lied die Reinheit der Maria und thematisiert das [Herze-]Leid, das ihr als Mutter Jesu durch die Juden zugefügt worden sei. Die Vertreibung der „Gottesmörder" sei nach seinen Worten Maria als Wiedergutmachungsgeschenk angeboten worden. Als Gegenleistung konnte man auf ihre Fürsprache am Lebensende hoffen. Maria wird als der Juden „veint" bezeichnet, damit die Bilder der feindlichen Schwestern Ecclesia und Synagoga heraufbeschwörend, die ab dem 12. Jahrhundert neben die selteneren, eher die heilsgeschichtliche Verbin-

---

55 Vgl. Cornelia Berger-Dittscheid, Hans-Christoph Dittscheid: „Adversus Judaeos" – Jüdische Kultur im Spiegel christlicher Kunst und politischer Ideologien in Regensburg. In: Sabine Koller (Hg.): Ein Tag im jüdischen Regensburg mit Joseph Opatoshu und Marc Chagall. Passau 2009, S. 55–77.

56 Vgl. Rochus von Liliencron: Die historischen Volkslieder der Deutschen vom 13. bis 16. Jahrhundert. Bd. 3. Leipzig 1867, S. 316–339.

57 Vgl. ebd., S. 337.

58 Ebd., S. 355–358. Vgl. Glüber (wie Anm. 40), S. 178–181.

dung des Gegensatzpaares betonenden Darstellungen traten.[59] Dabei scheinen in Regensburg Altdorfers menschenleere Synagoge und Ostendorfers überbordendes Wallfahrtstreiben diesen Gegensatz in typologischer Manier zu thematisieren. Die Regensburger Synagogenzerstörung war dabei allerdings, genauso wie die Rothenburger Umwandlung in eine Marienkapelle, nicht mehr nur der Ausdruck eines Disputs zwischen den Religionen, sondern drückte den unwiderruflichen Sieg der Gottesmutter und damit der Ecclesia, über die Juden und ihre Synagoge aus.

Die Wallfahrtsbegeisterung um die Kapelle zur „Reinen Maria“ in Rothenburg verebbte allerdings genauso schnell wieder, wie sie aufgekommen war. Dies war wohl der Reformation und dem bald darauf ausbrechenden Bauernkrieg geschuldet. So hatte sich auch Johannes Teuschlein der Reformation angeschlossen und Maria war für ihn 1524 nur noch „ein Grasmaydlein“. Der Prediger wurde am 1. Juli 1525 auf dem Rothenburger Marktplatz hingerichtet, allerdings nicht wegen seiner reformatorischen Tätigkeit, sondern wegen eines anderen Vergehens. Die kleine „Synagogenkapelle“ am ehemaligen jüdischen Friedhof riss man 1560/61 ab und verwendete die Steine zum Bau einer neuen Friedhofskapelle.[60]

Die Synagoge des 19. Jahrhunderts in der Herrngasse 21

Erst 355 Jahre nach der frühneuzeitlichen Ausweisung zogen wieder Juden nach Rothenburg und gründeten dort im November 1875 die Israelitische Kultusgemeinde.[61] Ihre Gottesdienste feierten sie zunächst in einem privaten Betsaal. In demselben Haus wurde eine Mikwe eingerichtet.[62] Die Kultusgemeinde erwarb jedoch bald das stattliche Anwesen Herrnmarkt Nr. 40 (heute Herrngasse 21 / Ecke Heringsbronnengäßchen) gegenüber der Franziskanerkirche. Dabei handelt es sich um ein Gebäude mit einem mittelalterlichen Kern, das im 17. Jahrhundert grundlegend restauriert worden war.[63] Die Kultusgemeinde baute es 1888 zu einem Mehrzweckgebäude um. Sie richtete darin die Synagoge, eine Mikwe, eine Religionsschule, ein Beratungszimmer

59 Vgl. Glüber (wie Anm. 40), S. 181.

60 Vgl. Borchardt (wie Anm. 4), S. 95f; Merz (wie Anm. 3), S. 24; Ress (wie Anm. 9), S. 532f.

61 Staatsarchiv Nürnberg, Reg. v. Mfr., KdI, Abg. 1968, Tit. Judens. Nr. 22.

62 Vgl. Art. Rothenburg. In: Der Israelit 17 (1876). Nr. 16 vom 19. April (Erste Beilage), S. 350. Dr. Oliver Gußmann nimmt an, dass sich Betsaal und Mikwe im so genannten Wittgensteinhaus in der Herrngasse 15 befunden haben. An der Fassade erinnert eine Tafel an den Aufenthalt Kaiser Friedrichs III. (1452–1493) in Rothenburg.

63 Vgl. Michael Petzet (Hg.): Denkmäler jüdischer Kultur in Bayern (= Arbeitshefte des Bayerischen Landesamtes für Denkmalpflege 43). München 1994, S. 119. Das Hinterhaus ist dendrochronologisch auf 1559 datiert.

Abb. 15: Rothenburg, Anwesen Herrnmarkt Nr. 40, ehemaliges jüdisches Gemeindehaus mit Synagoge, vor 1938 (Foto: privat)

und Wohnungen für die Gemeindebediensteten ein. Am 23. Januar 1888 genehmigte der Stadtrat die Umbaupläne des Bauzeichners Georg Bartelmeß.[64]

Die ehemalige Nutzung des L-förmigen Anwesens als Wohn- und Wirtschaftsgebäude ist noch heute deutlich erkennbar. Das Haupt- und Wohngebäude ist giebelständig zur Herrngasse erbaut, die östliche Längsseite wird

64 StadtA Rothenburg, NA 166.3 mit Planserie bestehend aus drei Blättern: „Einrichtung eines Betsaales, Versetzung der Hausthüre, Einsetzung von 2 Fenstern und Verlegung der Aufgangstreppe, für die israelitische Cultusgemeinde, in Hs. Nro 40 am Herrnmarkt dahier".

vom Heringsbronnengäßchen flankiert. Der verputzte dreigeschossige Steinbau besitzt ein hohes Satteldach. Während die Fenster an der Giebelseite regelmäßig angeordnet sind, verrät die unregelmäßige Verteilung der Öffnungen an der östlichen Längsseite die bewegte Baugeschichte des Hauses. Südlich schließt sich an den Hauptbau ein niedriger zweigeschossiger Bauteil mit einer Toreinfahrt an. In dem Raum links neben der Toreinfahrt war die Warmwassermikwe eingerichtet. Durch die Einfahrt gelangt man in einen kleinen Innenhof. An diesen grenzt das mehrgeschossige Hinterhaus – ursprünglich Stall und Scheune. Der Innenhof wird an drei Seiten von einer Fachwerkgalerie eingenommen, die die Räume im Obergeschoss erschließt.

Für den Einbau des Betsaals musste das Erdgeschoss des Hauptbaus vollkommen umgebaut werden. Die Haustür an der östlichen Längsseite und der Flur wurden von der Hausmitte an die Seite verlegt und die ursprüngliche Türöffnung zugemauert. Dahinter erhielt der Toraschrein seinen Platz und entsprach so der geforderten Orientierung nach Osten. Im Haus wurden sämtliche Zwischenwände aus Fachwerk entfernt; stattdessen trugen zwei mächtige steinerne Rundpfeiler mit mittelalterlichen Kopfkapitellen (Spolien) den kräftigen Holzunterzug, der den Betraum von Norden nach Süden durchzog. Der Treppenaufgang, der sich ursprünglich mitten im Hauptbau befunden hatte,[65] wurde in den Innenhof im Süden verlegt. Von dem neu geschaffenen Haupteingang aus gelangten die Gottesdienstbesucher in eine schmale Vorhalle, die von Ost nach West in ganzer Tiefe des Hauses verlief. Von dort betraten Männer und Frauen durch gesonderte Türen ihre jeweiligen Bereiche innerhalb des Betsaals. Sie waren durch eine Holzwand mit Sichtschutzgitter voneinander getrennt. Wie der Grundriss und auch der Querschnitt zeigen, waren die Raumverhältnisse außerordentlich beengt. An der Ostwand war die Heilige Lade aufgerichtet, es folgte die Bima, die nur aus einem großen zum Schrein ausgerichteten Pult bestand. Der geringe Abstand zwischen Schrein und Bima von nur 50 cm war der Enge des Raumes geschuldet, denn die Mitglieder der Kultusgemeinde hingen der Orthodoxie an und hätten die Bima sicher lieber in Raummitte gesehen. Rechts und links dieser sehr schlichten Einrichtungsgegenstände aus Holz waren die Bankreihen für insgesamt etwa 24 Knaben angeordnet. Nach Westen erstreckten sich in zwei Reihen fünf Subsellien für etwa 40 Männer. Im rückwärtigen Teil des Raums hatten etwa 40 Frauen Platz. Es heißt, dass die Sitzplätze mit roten Polstern ausgestattet waren.

Die Anzahl der Plätze entspricht den überlieferten Zahlen der jüdischen Gemeinde: 1891 lebten in Rothenburg 18 jüdische Familien, die sich etwa aus 90 bis 100 Personen zusammensetzten; für das Jahr 1910 sind 100 jüdi-

---

65 Im Keller sind die erhaltenen Treppenstufen zum Erdgeschoss noch erhalten, die Treppenöffnung im Erdgeschossfußboden wurde beim Umbau geschlossen.

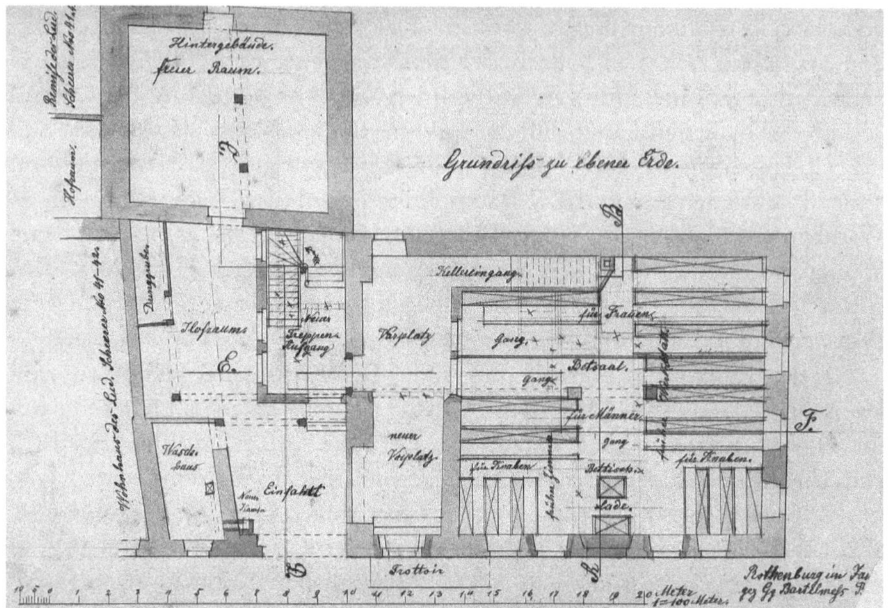

Abb. 16: Umbauplan (Grundriss) für die Einrichtung eines Betsaals im Erdgeschoss des Anwesens Herrnmarkt Nr. 40, Georg Bartelmeß 1899 (Quelle: Stadtarchiv Rothenburg, NA 166.3)

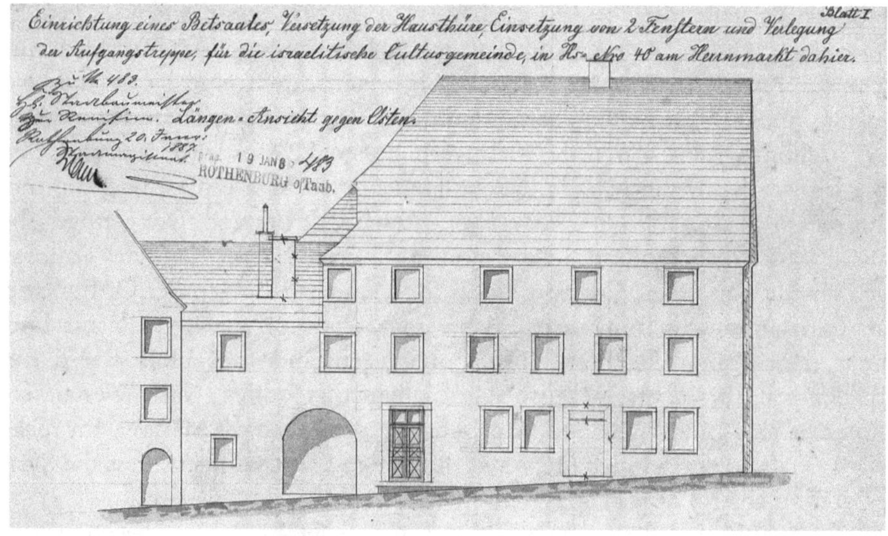

Abb. 17: Umbauplan für die Einrichtung eines Gemeindehauses der Israelitischen Kultusgemeinde im Anwesen Herrnmarkt Nr. 40, Georg Bartelmeß 1899, Ostaufriss vom Heringsbronnengässchen (Quelle: Stadtarchiv Rothenburg, NA 166.3)

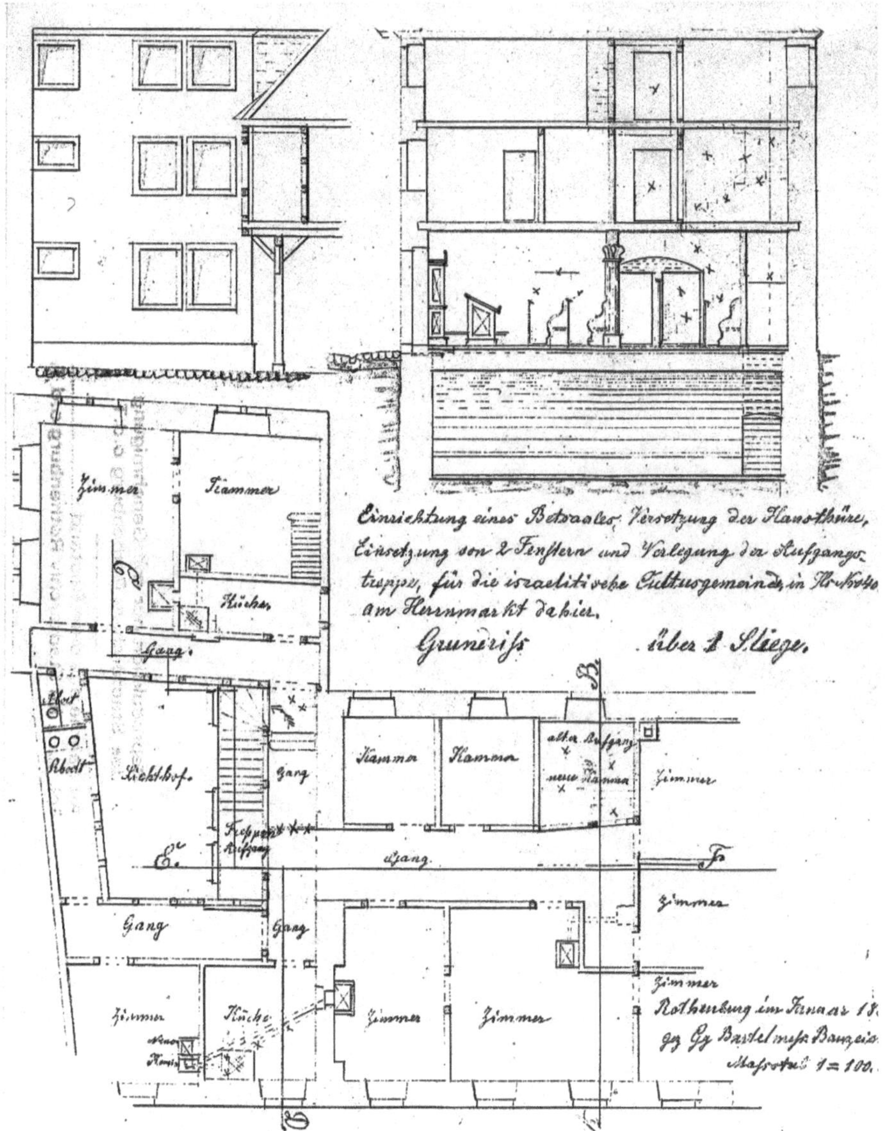

Abb. 18: Umbauplan für die Einrichtung eines Gemeindehauses der Israelitischen Kultusgemeinde im Anwesen Herrnmarkt Nr. 40, Georg Bartelmeß 1899, Obergeschossgrundriss und Querschnitt durch das Haupthaus mit Betsaal (Quelle: Stadtarchiv Rothenburg, NA 166.3)

Abb. 19: Rothenburg, ehemaliges Gemeindehaus der Israelitischen Kultusgemeinde (Herrngasse 21) nach Südwesten im Juli 2009 (Foto: Cornelia Berger-Dittscheid)

sche Einwohner überliefert.[66] 50 Jahre war das Anwesen Herrnmarkt Nr. 40 der religiöse Mittelpunkt der Israelitischen Kultusgemeinde. Nachdem man die letzten jüdischen Einwohner am 22. Oktober 1938 aus der Stadt getrieben hatte, wurde das Gebäude für 4.380 Reichsmark verkauft und als Wohn- und Geschäftshaus genutzt.[67] Der Betsaal dient seitdem als Verkaufsraum für wechselnde Geschäfte. Es entstand ein neuer Eingangsbereich an der Ecke Herrngasse / Heringsbronnengäßchen. In dem 1999/2000 umfassend renovierten Anwesen befinden sich heute das Hotel-Restaurant

66 Vgl. Berger-Dittscheid (wie Anm. 2), S. 556.
67 Staatsarchiv Nürnberg, Reg. v. Mfr., K. d. I., Abg. 1978, Nr. 434.

Abb. 20: Rothenburg, Herrngasse 21, Innenraum des ehemaligen Betsaals als Modegeschäft im Juli 2009 (Foto: Cornelia Berger-Dittscheid)

„Klosterstüble“ und ein Modegeschäft. Anlässlich des 70. Jahrestages der Reichspogromnacht im November 2008 wurde eine Gedenktafel an der Ostwand des ehemaligen Betsaals angebracht. Diese informiert in aller Kürze in deutscher und englischer Sprache über die wichtigsten Stationen der Israelitischen Kultusgemeinde zwischen 1875 und 1938.

Vertraute Handelspartner – geächtete Handelspartner

Jüdische Viehhändler in Rothenburg o.d.T. und Umgebung 1919–1939

Stefanie Fischer

Im Jahr 1926 lebten von insgesamt 24 jüdischen Familien in Rothenburg 14 vom Viehhandel.[1] Der hohe Anteil von Viehhändlern unter den Rothenburger jüdischen Familien steht repräsentativ für die tiefe Verankerung des fränkischen Judentums in dieser Wirtschaftsbranche. Tatsächlich zählt der Viehhandel zu den ältesten Tätigkeiten, die Juden vermutlich seit ihrer Ansiedlung in Aschkenas und bis zu ihrer Vertreibung während des Nationalsozialismus ausübten.[2] Obwohl verlässliche Zahlen fehlen, wird gemeinhin davon ausgegangen, dass Juden in keinem anderen Tätigkeitsfeld so stark vertreten waren wie im Viehhandel.[3] Ihr Anteil lag in Mittelfranken im Jahr

1 Oliver Gußmann: Einladung zu einem Rundgang. Jüdisches Rothenburg ob der Tauber 2003, S. 26f.

2 Wie Rainer Barzen überzeugend darlegte, existierten jüdische Landgemeinden schon vor den Vertreibungen der Juden aus den Reichsstädten im Spätmittelalter. Deshalb ist davon auszugehen, dass Juden schon seit Beginn ihrer Ansiedlung in Aschkenas den Viehhandelsberuf ausübten und nicht erst – wie bislang in der Forschung angenommen – nach der Vertreibung der Juden aus den Reichsstädten im Spätmittelalter: Rainer Barzen: Ländliche jüdische Siedlungen und Niederlassungen im Hoch- und Spätmittelalter. Typologie, Struktur und Vernetzung. Unveröffentlichter Vortrag, gehalten auf der Tagung „Jüdisches Leben auf dem Lande vom Mittelalter bis ins 20. Jahrhundert", 02.07.2010, Frankfurt am Main. Ebenso: Claudia Steffes-Maus: Tagungsbericht „Jüdisches Leben auf dem Lande vom Mittelalter bis ins 20. Jahrhundert", 02.07.2010, Frankfurt am Main. In: H-Soz-u-Kult, 18.09.2010, http://hsozkult.geschichte.hu-berlin.de/tagungsberichte/id= 3276 [03.02.2012].

3 Auch wenn es keine genauen Zahlen gibt, so liegen unterschiedliche Schätzungen vor. Der Vorsitzende des Bunds der Viehhändler in Deutschland, der jüdische Kaufmann Hermann Daniel, ging im Jahr 1917 davon aus, dass etwa 60 Prozent aller Viehhandelsgeschäfte im Deutschen Reich von Juden betrieben wurden: Monika Richarz: Viehhandel und Landjuden im 19. Jahrhundert. Eine symbiotische Wirtschaftsbeziehung in Südwestdeutschland. In: Julius Schoeps (Hg.): Menora. Jahrbuch für deutsch-jüdische Geschichte. München 1990, S. 66–88, hier S. 73. – Kaufmann und Kohlmann hingegen argumentieren, dass der Anteil der jüdischen Händler unter den Viehhändlern im Deutschen Reich vor 1933 ein Fünftel betrug. Eine Quelle aus dem Jahr 1936 besagt, dass 14 Prozent aller Viehhändler im Deutschen Reich Juden waren. Dazu muss allerdings bemerkt werden, dass aufgrund der Verfolgung zu diesem Zeitpunkt schon viele jüdische Viehhandelsgeschäfte geschlossen waren. In: Robert Uri Kaufmann, Carsten Kohlmann: Vorwort. In: Dies. (Hgg.): Jüdische Viehhändler zwischen Schwarzwald und Schwäbischer Alb. Vorträge der Tagung der

1925 mit ca. 37 Prozent im Viehhandel viel höher als in anderen „typisch jüdischen Berufen“, beispielsweise betrug der Anteil von Juden in Bayern unter den Rechtsanwälten „nur“ 13 Prozent und unter den Ärzten „nur“ vier Prozent.[4]

Die tiefe Verankerung von Juden in diesem Wirtschaftsektor geht auf die diskriminierenden Siedlungs- und Tätigkeitsbeschränkungen zurück, die ihnen bis Ende des 19. Jahrhunderts den Erwerb von Boden verwehrten. Auf dem Land blieb ihnen daher lediglich der Handel mit Agrarprodukten (wie Getreide, Hopfen und Wein) und Vieh. Zu dem Viehhandel zählte mehrheitlich der Rindviehhandel mit Kühen, Kälbern, Ochsen und Stieren, aber auch der Handel mit Pferden und Kleinvieh (wie Schafen, Ziegen und Hühnern). Mit Schweinen, die nach den jüdischen Speisegesetzen als unrein gelten, handelten jüdische Händler hingegen nur selten.[5] Traditionell wurde der (Rind-)Viehhandel mit dem Schächten, dem Verkauf von Leder oder Häuten und dem Güterhandel verbunden, daher zählen auch klein- oder nebenerwerbstätige Händler zu den Viehhändlern.

Obwohl fast die Hälfte der Rothenburger Juden vor 1933 den Viehhandel und mit ihm verbunden entweder das Metzgerhandwerk oder den Güterhandel ausübte, scheint das Leben und Wirken der jüdischen Viehhändler in Rothenburg wie auch andernorts mit ihrer Verdrängung während des Nationalsozialismus fast völlig aus dem Gedächtnis entrückt zu sein.[6] Dies spiegelt einen gewissen pejorativen Blick auf die deutsch-jüdische Geschichte wider, der die Rolle des akademischen, säkularisierten Judentums besonders hervorhebt, zu denen etwa jüdische Rechtsanwälte gehören, während dabei Juden, die in voremanzipatorischen Berufen, wie dem Viehhandel, verblieben waren, kaum beachtet werden.[7] Die geringe Anzahl an wissen-

---

Arbeitsgemeinschaft Jüdische Gedenkstätten am Oberen Neckar am 3. Oktober 2006 in Horb-Rexingen. Horb-Rexingen 2008, S. 7–8, hier S. 7.

4 Stefanie Fischer: Ökonomisches Vertrauen und antisemitische Gewalt: Jüdische Viehhändler in Mittelfranken 1919–1939. Phil. Diss. TU Berlin 2011, S. 27; Falk Wiesemann: Einleitung. Zur Geschichte der jüdischen Gemeinden seit 1813. In: Baruch Z. Ophir, Falk Wiesemann (Hgg.): Die jüdischen Gemeinden in Bayern 1918–1945. Geschichte und Zerstörung. München 1979, S. 13–29, hier S. 18; Reinhard Weber: Das Schicksal der jüdischen Rechtsanwälte in Bayern nach 1933. München 2006. Leider liegen für Bayern keine Vergleichszahlen über den Anteil von Juden im Hopfen- und Getreidehandel vor.

5 In dem von mir ausgewerteten Quellenmaterial konnte nur ein jüdischer Viehhändler gefunden werden, der gelegentlich mit Schweinen handelte: Leopold Landenberger an das LEA, New York, 24.05.1955. In: Staatsarchiv Nürnberg (StAN), BEG 24047; K-2796.

6 Stefanie Fischer: „Der hat irgendwie an Christen net den Hals abdreht“. Erinnerungen an jüdische Viehhändler. In: Alt-Gunzenhausen 2008, S. 226–246.

7 Monika Richarz: Ländliches Judentum als Problem der Forschung. In: Reinhard Rürup, Monika Richarz (Hgg.): Jüdisches Leben auf dem Lande. Studien zur deutsch-jüdischen Geschichte. Tübingen 1997, S. 1–8, hier S. 1f.; Ulrich Baumann: Zerstörte

schaftlichen Studien, die sich mit dieser Berufsgruppe beschäftigen, ist nur ein Indikator für diese Tendenz.[8]

Die vorliegende Detailstudie will diesem Ungleichverhältnis mit einem Blick auf die Sozial- und Wirtschaftgeschichte der jüdischen Viehhändler im Rothenburg der Zwischenkriegszeit ein stückweit entgegenwirken. Dabei bleibt vorab festzuhalten, dass die Sozialgeschichte der jüdischen Viehhändler in Rothenburg keine Besonderheiten aufweist, sondern exemplarisch für die Geschichte der jüdischen Viehhändler in Südwestdeutschland steht. Dagegen unterscheidet sich die Geschichte ihrer Verfolgung graduell in Ausmaß und Schärfe von der in anderen ähnlich strukturierten Orten. Ein Grund dafür ist die tiefe Verankerung des Antisemitismus in der kleinstädtischen und kleinbürgerlichen Kultur Rothenburgs, der die jüdischen Vieh-

---

Nachbarschaften. Christen und Juden in badischen Landgemeinden 1862–1940. Hamburg 2000, S. 22. Bevor sich die deutsche Geschichtswissenschaft mit den Landjuden auseinandersetzte, wandten sich jüdische (Exil-)Historiker wie Hermann Schwab bereits in den 1950er Jahren der Geschichte des deutschen Landjudentums zu: Hermann Schwab: Jewish Rural Communities in Germany. London 1956. Diese Arbeiten blieben häufig vom Schmerz über den Verlust der früheren Heimat geprägt. – Als Erster verfolgte Werner Cahnmann einen methodisch tiefergehenden Ansatz in einer soziologischen Untersuchung des Landjudentums, in der er sich mit dieser randständigen Gruppe aus unterschiedlichen Perspektiven auseinandersetzte: Werner Jacob Cahnman: Village and Small town Jews in Germany. A typological study. In: Leo-Baeck Year-Book 19 (1974), S. 107–130. – Während sich die Arbeiten jüdischer (Exil-)Historiker primär mit innerjüdischen Themen befassten, stand bei den Arbeiten nichtjüdischer Historiker das Zusammenleben von Juden und Christen und dessen Auseinanderbrechen unter der nationalsozialistischen Gewaltherrschaft im Mittelpunkt. Unter den deutschen Arbeiten blieb die Pionierstudie des Europäischen Ethnologen Utz Jeggle zu Judendörfern in Württemberg lange Zeit eine große Ausnahme, die erst mit dem umfassenden Sammelband von Reinhard Rürup und Monika Richarz zu „Juden auf dem Land“ einen ebenbürtigen Nachfolger fand (Rürup/Richarz [wie oben in dieser Anm. 7] und Utz Jeggle: Judendörfer in Württemberg. Tübingen 1999). Seither sind mehrere kleinere und größere Arbeiten zur Geschichte der Landjuden erschienen, unter denen die Studie von Ulrich Baumann zum Zusammenleben von Juden und Christen in badischen Landgemeinden heraus sticht, in der er die soziale Institution „Nachbarschaft“ auf deren zahlreichen Ambivalenzen hin untersucht: Ulrich Baumann: Zerstörte Nachbarschaften. Christen und Juden in badischen Landgemeinden 1862–1940. Hamburg 2000. – Im Rahmen dieser Arbeiten wurden desgleichen – wenn auch nicht spezifisch – jüdische Viehhändler behandelt, in Arbeiten zu größeren, urbaneren jüdischen Gemeinden fanden sie bislang kaum Beachtung.

8 Die Pionierstudie von Richarz (Viehhandel, wie Anm. 3) beschäftigt sich ausschließlich mit jüdischen Viehhändlern im 19. Jahrhundert. Einen guten historischen Überblick über diese Berufsgruppe bieten verschiedene Arbeiten von Kaufmann: Robert Uri Kaufmann: Jüdische Viehhändler in Württembergisch Franken. In: Gerhard Taddey (Hg.): „... geschützt, geduldet, gleichberechtigt“. Die Juden im baden-württembergischen Franken vom 17. Jahrhundert bis zum Ende des Kaiserreichs (1918). Ostfildern 2005, S. 77–86; Robert Uri Kaufmann: Zum Viehhandel der Juden in Deutschland und der Schweiz – bisherige Ergebnisse und offene Fragen. In: Kaufmann/Kohlmann (wie Anm. 3), S. 17–41.

händler schon sehr früh in ihrem Wirtschaften behinderte und sich negativ auf das facettenreiche Viehhändler-Bauer-Beziehungsgeflecht auswirkte.[9]

Methodisches Vorgehen

Insgesamt bietet sich Mittelfranken und damit auch Rothenburg für eine derartige Detailstudie aufgrund der Sozialstruktur seiner jüdischen Bevölkerung besonders gut an. Dort existierte noch im Jahr 1933 eine der größten jüdischen Gemeinden im Deutschen Reich. Allgemein lag der Anteil der jüdischen Bevölkerung in dem nordbayerischen Regierungsbezirk mit 1,37 Prozent weit über dem Reichsdurchschnitt von 0,9 Prozent, in Rothenburg machte er jedoch nur 0,5 Prozent der Bevölkerung aus und lag damit unter dem Reichsdurchschnitt (der protestantische Bevölkerungsanteil lag bei 87,5 Prozent und der katholische bei 11,7 Prozent, weitere 0,3 Prozent fielen unter „Sonstige").[10] Das bayerische Judentum wies aufgrund des bayerischen Judenedikts von 1813 insgesamt interessante Merkmale in seiner Siedlungs- und Berufsstruktur für diese Detailstudie auf. Die Beschränkung der Mobilität der bayerischen Juden durch das Judenedikt, das die Anzahl von Juden pro Ort auf den Status Quo des Jahres 1813 konservierte, behinderte sie in ihrer freien Entwicklung und damit auch in der gleichmäßigen Teilnahme an der voranschreitenden Urbanisierung der Bevölkerung.[11] Dies schlug sich markant in der Siedlungsstruktur der jüdischen Bevölkerung nieder. Während im Jahr 1840 88 Prozent in Dörfern und Kleinstädten gewohnt hatten, lebten im Jahr 1910 nach der Aufhebung des Judenedikts bereits 78 Prozent der bayerischen Juden in den größeren Städten. Auch war aufgrund des verlangsamten Emanzipationsprozesses der bayerischen Juden noch zu Beginn des 20. Jahrhunderts ein großer Anteil in voremanzipatorischen Berufen, wie dem Vieh- oder Hopfenhandel, tätig.

Quellenmäßig stützt sich meine Arbeit auf soziodemographische Angaben von 354 jüdischen Frauen und Männern (Jg. 1860–1926), die systematisch in einer Datenbank erfasst wurden und in der sich auch die Angaben von 15 jüdischen Rothenburgern aus dem Viehhandelsgewerbe befinden. Entstanden ist diese Datenbank im Rahmen meines Dissertationsprojekts über jüdische Viehhändler in Mittelfranken, für das ich soziodemographische Angaben von jüdischen Viehhändlern größtenteils aus den Akten des Wiedergutmachungsprozesses gewann. Dennoch sind diese Daten aufgrund

---

9 Siehe auch der Beitrag von Daniel Bauer in diesem Band.

10 Ophir/Wiesemann, Jüdische Gemeinden (wie Anm. 4), S. 220.

11 Claudia Ried: Jüdisches Leben auf dem Land im Wandel. Zu den Auswirkungen des bayerischen Judenedikts von 1813 auf schwäbische Landjudengemeinden. In: Michael Brenner, Sabine Ullmann (Hgg.): Die Juden in Schwaben. München 2012, S. 155–174.

ihrer Bedeutung für die Antragsteller im Entschädigungsverfahren nicht unproblematisch.[12] In diesem Verfahren standen sie als ehemalige Verfolgte des NS-Regimes einer deutschen Behörde gegenüber, von der es nicht selten galt, einen möglichst hohen Entschädigungsbetrag zugesprochen zu bekommen. Daher mussten Aussagen, die die Höhe der Entschädigungssumme beeinflussen konnten (wie etwa zur Höhe des früheren Einkommens), kritisch hinterfragt werden. Angaben zu den Wohnorten vor der Verfolgung beziehungsweise zum Alter zählen jedoch zu den Daten, die für die Höhe der Entschädigung völlig irrelevant waren und daher nicht unter dem Verdacht stehen, zur Beeinflussung der Entschädigungszahlung verändert worden zu sein. Darüber hinaus wurden die Daten - soweit möglich - mit anderen Primärquellen abgeglichen, wie Auszügen aus dem Geburts- und Sterberegister bzw. der Meldekartei oder auch mit Finanzamtsakten, so dass eventuelle Unstimmigkeiten aufgedeckt werden konnten.

Sozialhistorische Untersuchung der jüdischen Viehhändlerfamilien

Mit dem Wegfall der Siedlungsbeschränkungen setzte allgemein unter der jüdischen Bevölkerung ein ungemein starker Urbanisierungsprozess ein, an dem gleichfalls jüdische Viehhändlerfamilien teilnahmen.[13] Viele, die in kleinen Landgemeinden geboren waren, zogen um 1900 in die nächstgelegene Kleinstadt um. Beispielsweise war die Familie Mann, die seit mehreren Generationen in Ermetzhofen, einem kleinen Dorf in der Nähe von Rothenburg wohnhaft gewesen war, im Jahr 1900 nach Rothenburg übergesiedelt. Eine wesentliche Voraussetzung dafür war die rechtliche Gleichstellung im Jahr 1871 gewesen und die Anbindung Rothenburgs an das Eisenbahnnetz im Jahr 1873 - beides setzte die Mobilität in die nächstgrößere Stadt in die Gänge. Wie bei der Familie Mann bewegte sich häufig das soziale und geschäftliche Netzwerk zeitlich versetzt, aber doch miteinander in die Städte. Nachdem die Brüder Josef und Theodor Mann im Mai 1899 ihren Wohnort von dem kleinen Dorf Ermetzhofen in die 17 Kilometer entfernte

---

12 Quellenkritische Anmerkungen zur Quellengattung der Entschädigungsakten liefert: Frank M. Bischoff, Hans-Jürgen Höötmann: Wiedergutmachung. Erschließung von Entschädigungsakten im Staatsarchiv Münster. In: Der Archivar 51 (1998), S. 425–438; Stefan Brüdermann, Anikó Szabó: Tiefenerschließung von Entschädigungsakten. In: Archivnachrichten Niedersachsen (1998) H. 2, S. 35–38; Bernhard Grau: Entschädigungs- und Rückerstattungsakten als neue Quelle der Zeitgeschichtsforschung am Beispiel Bayerns. In: zeitenblicke 3 (2004) Nr. 2 [13.09.2004], URL: http://www.zeitenblicke.historicum.net/2004/02/grau/index.html [02.02.2012].

13 Fischer, Ökonomisches Vertrauen (wie Anm. 4), S. 28-38; Stefanie Fischer: Zwischen Stadt und Land? Jüdische Viehhändler in Mittelfranken (1919–1939). In: Aschkenas. Zeitschrift für Geschichte und Kultur der Juden (2012) H. 1 [im Druck].

Kreisstadt Rothenburg verlegt hatten, kamen bis zum Jahr 1908 drei weitere Familienmitglieder mit ihren Ehepartnern und Kindern nach Rothenburg hinterher.[14] Mit dem Wegzug aus den Dörfern in die Kleinstädte folgten Neubauten beziehungsweise der Ankauf entsprechender Häuser, die den gewandelten Geschäftsbedürfnissen entsprachen.[15] Häuserchroniken verweisen zudem darauf, dass es keine Kontinuität jüdischer oder nichtjüdischer Hausbesitzer gab, sondern die Wahl des Hauses sich nach der Nützlichkeit für die Ausübung des Berufes richtete.[16] Der Geschäftsausbau schloss sich oft der Übergabe an die nächste Generation an, die sich zumeist mit der Eheschließung des erstgeborenen Sohnes vollzog. Gleichzeitig konnte damit die Erweiterung des Viehhandelsgeschäfts um das des Güterhandels einhergehen, wie es auch bei der Familie Mann der Fall war. Nachdem Theodor und Josef Mann das väterliche Viehhandelsgeschäft im Jahr 1899 übernommen hatten, ergänzten sie es um den Güterhandel.[17] Die sich aus dieser Kooperation ergebenden Synergieeffekte sorgten für Umsatzsteigerungen, die ihnen Flexibilität bei der Vergabe von Krediten an Bauern gaben und sich in besseren Preisen niederschlugen.

Ebenso ist mit dem Umzug in die nächst größere Stadt ein Wandel in der Wahl der Wohnlage innerhalb eines Ortes festzustellen, dabei spielte die schnelle Erreichbarkeit des Bahnhofs (also dem Verladeort zum städtischen Viehmarkt) eine größere Rolle als etwa die räumliche Nähe zum kleinstädtischen Viehmarkt, der für den überregionalen Viehhandel in den 1920er Jahren keine Bedeutung mehr hatte. Im Zuge der fortschreitenden Industrialisierung und der damit einhergehenden Urbanisierung hatte sich der Handelsraum weg von den dezentralen, kleinstädtischen Viehmärkten und hin zu den wichtigsten städtischen Verkehrsknotenpunkten nach, München, Frankfurt am Main und Berlin verlagert. Diese Entwicklung hatte zu einem Rückgang und damit auch zu einem Bedeutungsverlust der dezentralen Märkte für den Viehabsatz geführt, die daraufhin abgeschafft wurden.[18] Zeitgleich konnten Händler, die ein Auto besaßen, Bauern gezielt anfahren, um Vieh anzukaufen beziehungsweise zu verkaufen. Anschließend konnten sie das aufgekaufte Vieh von den Bauerndörfern direkt per

14 Angaben aus dem von Oliver Gußmann erstellten Verzeichnisses jüdischer Familien, die 1933 bis 1938 in Rothenburg wohnten. Unveröffentlicht, um 2009.

15 Auskunft Stadtbauamt Rothenburg, 28.03.2011.

16 Siglinde Buchner: Ellinger Hausbesitzer zwischen 1536 und 1820. In: Ellinger Hefte 7 (1998), S. 9; Karl Kroder, Birgit Kroder-Gumann: Schnaittacher Häuserchronik. „seit unfürdenklichen Zeiten …“. Nürnberg 2002.

17 StAN, HRA 1459.

18 Stefanie Fischer: Clashing Gears. Jewish Cattle Traders. Farmers and Nazis in Conflict. 1926–35. In: Thomas Kühne, Tom Lawson (Hgg.): The Holocaust and Local History. London 2011, S. 13–34, hier S. 19ff.

Eisenbahn auf die überregionalen Märkte verschicken.[19] Durch die Nutzbarmachung neuer technischer Errungenschaften woben die Viehhändler den lokalen Viehhandel in ein überregionales Netz ein und übten als Kaufleute eine Modernisierungsfunktion für die gesamte Provinz aus, von der die ländliche Bevölkerung profitierte. Diese äußeren, infrastrukturellen Grundvoraussetzungen trugen wesentlich zum Erfolg der Viehhandelsgeschäfte bei.

Die Ansiedlung in der Nähe des Bahnhofs brachte auch den Vorteil mit sich, dass das Vieh nicht mehr quer durch die engen Gassen eines Ortes getrieben werden musste, sondern direkt am Bahnhof verladen werden konnte. Jüdische Textilhändler dagegen siedelten weiterhin in der Innenstadt, in der Nähe ihrer Läden. Damit kann hier also eine Aufweichung des traditionellen jüdischen „Landghettos" beobachtet werden.[20] Ähnlich wie die Familie Mann aus Rothenburg war ein Gros der jüdischen Viehhändlerfamilien mit dem Wegfall der Siedlungsbeschränkungen aus ihren alten, ländlichen Siedlungsstrukturen ausgebrochen. Damit geht dennoch nicht die Loslösung von einer religiös-orthodoxen Lebensweise einher, beispielsweise konnte unter den untersuchten Viehhändlerfamilien keine gefunden werden, die sich an einem Ort – ohne Anschluss an eine jüdische Gemeinde – niederließ.[21]

Auch innerhalb der Viehhändlerfamilien ist eine Verbürgerlichung und damit eine Angleichung an die Mehrheitsgesellschaft festzustellen. Während die Mehrzahl der von mir untersuchten Viehhändlerfamilien auf eine innerfamiliäre Tradition zurückgehen und auch noch in den 1920er Jahren vom Vater an den Sohn weiter gegeben werden, heiratete die Mehrzahl der Viehhändlertöchter der nach 1900 geborenen Generation keinen Viehhändler mehr.[22] Wie sehr den Familien an der (über)standesmäßigen Verheiratung ihrer Töchter lag, verdeutlicht ein Blick auf ihre Heiratsmitgift. Beispielsweise hatte die Familie Mann aus Rothenburg für ihre Tochter Dinah Grete bei verschiedenen Banken Wertpapiere in Wert von mindestens 18.000 Reichsmark als Heiratsgut hinterlegt.[23] Die Höhe des Betrages lässt vermuten, dass Dinah Grete Mann mindestens in eine mittelständische, wenn nicht gar höhere Familie einheiraten sollte. Damit begannen sich die

---

19 Stadtrat Scheinfeld an das BA Scheinfeld, Scheinfeld, 22.05.1933. In: StAN, LRA Scheinfeld, Abg. 1977, Nr. 1592.

20 Siehe auch: Jacob Toury: Der Eintritt der Juden ins deutsche Bürgertum. In: Hans Liebeschütz, Arnold Paucker (Hgg.): Das Judentum in der Deutschen Umwelt 1800–1850. Studien zur Frühgeschichte der Emanzipation. Tübingen 1977, S. 227–241.

21 Fischer, Ökonomisches Vertrauen (wie Anm. 4), S. 36f.

22 Ebd., S. 76.

23 Eidesstattliche Erklärung der Babette Baumann (Haushälterin bei der Familie Theodor Mann von 1901 bis 1938), Rothenburg, 01.02.1957. In: StAN, EG 121828; K-2720, S. 44.

traditionsreichen Viehhändlerfamilien am Vorabend des Holocaust aus einer innerjüdischen Entwicklung heraus aufzulösen. Auf der Seite der Töchter ist also eine soziale Mobilität, eine Hinwendung zu anderen Berufen, und damit der Ausbruch aus dem Viehhändlermilieu zu beobachten, aber nicht aus dem jüdischen. Obwohl sie in vielerlei Hinsicht in Berührung mit der nichtjüdischen Welt kamen, konnte auch bei dieser Generation keine interkonfessionelle Eheschließung nachgewiesen werden.

Viehhandelsbeziehungen – Vertrauensbeziehungen?

Der Anschluss an das Eisenbahnnetz, die Ansiedlung in Klein- und Mittelstädten sind zentrale Charakteristika der mittelständischen Viehhandelsbetriebe, unter denen viele jüdische Betriebe zu finden waren. Neben den mittelständischen Viehhandelsbetrieben gab es auch Viehhändler, die in kleinen Dörfern wie Ermetzhofen verblieben waren oder gar in die Großstadt Nürnberg umgezogen waren, wo sie den Großhandel mit Schlachtvieh betrieben. Sie stellen aber im Vergleich zu den mittelständischen Viehhändlern eine kleinere Gruppe dar. Gerade die mittelständischen Viehhandelsbetriebe hatten für die Bauern eine äußerst zentrale Funktion inne. Sie siedelten nicht nur an strategisch wichtigen Orten, sondern verfügten auch über das nötige Eigenkapital, um Bauern mit dem dringend benötigten Rindvieh zu versorgen. Noch in der Zwischenkriegszeit klassifizierte sich die Dorfgemeinschaft in Mittelfranken selbst nach dem Viehbestand und unterschied zwischen dem einfachen „Gütler“ und dem „reichen Roßbauern“, „der demonstrativ mit dem Vierspänner [durch den Ort] fuhr“.[24] Der Besitz von Rindvieh war für Bauern existentiell, solange die Bestellung der Felder im Deutschen Reich fast ausschließlich durch tierische Arbeitskraft erfolgte.[25] Im Vergleich zu den einfachen „Gütlern“, den Kuhbauern, gab es nur wenige Rossbauern, deren Anteil unter den Kleinbauern im Jahr 1925 weniger

24 Manfred Kittel: Provinz zwischen Reich und Republik. Politische Mentalitäten in Deutschland und Frankreich 1918–1933/36. München 2000, S. 337. Einen kurzen Überblick über jüdische Pferdehändler im 19. Jahrhundert gibt Monika Richarz: Emancipation and Continuity. German Jews in the Rural Economy. In: Werner Eugen-Emil Mosse, Arnold Paucker, Reinhard Rürup, Robert Weltsch (Hgg.): Revolution and evolution 1848 in German-Jewish history. Robert Weltsch on his 90. Birthday in grateful Appreciation. Tübingen 1981, S. 95–116, hier S. 107ff.

25 Noch im Jahr 1925 waren reichsweit nur insgesamt 4.500 Kraftschlepper und 1.700 Lastkraftwagen in landwirtschaftlichen Betrieben im Einsatz, also in lediglich 0,08 Prozent aller Betriebe. Diese verteilten sich wiederum hauptsächlich auf großbäuerliche Betriebe, die mehr als 100 Hektar Nutzfläche bewirtschafteten und sich in den ostpreußischen Gebieten befanden: Statistisches Reichsamt: Statistik des Deutschen Reichs. Landwirtschaftliche Betriebszählung. Personal, Viehstand, Maschinenverwendung. Berlin 1978 (Neudruck der Ausgabe 1929), S. 17.

als ein Prozent betrug, was wiederum die Relevanz der Rindviehhändler für die Bauern unterstreicht.[26]

Die hohe Bedeutung des Rindviehs für die Landwirtschaft und die Abhängigkeit vieler Klein- und Mittelbauern, die die Mehrheit in Mittelfranken stellten, lässt bereits das Konfliktpotential aufscheinen, welches sich zwischen den Viehhändlern und den Bauern ergab. Zusätzlich aufgeladen wurde das Viehhändler-Bauern-Beziehungsgeflecht durch die Bargeldnot der Kleinbauern, die sie sehr abhängig von willigen Kreditgebern machte. Zur Finanzierung von Vieh boten Viehhändler ihnen daher sehr flexible Zahlungsmodelle an, beispielsweise blieb bei der Viehleihe das Vieh formell im Besitz des Händlers, der Bauer sorgte aber für den Unterhalt und konnte es dafür zur Feldarbeit einsetzen. Beim Verkauf des Viehs teilten sich Händler und Bauer – je nach Vertragsform – oft den Erlös.[27] Neben der klassischen Tätigkeit als Viehan- und -verkäufer betätigten sich insbesondere mittelständische Viehhändler auch im Güterhandel. Die Verbindung dieser beiden sensiblen Geschäftsbereiche barg ein hohes Konfliktpotential in sich: Einerseits fungierten sie für die Bauern beim Viehkauf als „gnädige" Kreditgeber, andererseits gerieten sie in die Rolle des „unerbittlichen" Geldeintreibers, wenn die Bauern später ihre Schulden nicht zurückbezahlen konnten. Offene Viehschulden wandelten sich dann in langfristige Schulden um, die wiederum zur Versteigerung des Hofes führen konnten. Jüdische Vieh- und Güterhändler, die in diesen Situationen rechtmäßig ihre Schulden eintrieben, fungierten in den Augen der Bauern als Vollstrecker eines „grausamen Kapitalismus", der sie in das Elend riss. Solche Situationen stellten das zuvor aufgebaute Vertrauen auf eine harte Probe, das zusätzlich durch Vorurteile in die Zugehörigkeit des Geschäfts- und auch Konfliktpartners zu einer anderen religiösen/ethnischen und sozialen Gruppe aufgeladen wurde. Dennoch steht die Zugehörigkeit des Geschäftspartners zu einer anderen religiösen/ethnischen Gruppe der Vertrauensbildung in Wirtschaftsbeziehungen nicht prinzipiell im Wege, wie die Soziologin Lynne Zucker überzeugend dargelegt hat.[28] Insbesondere im Viehhandel diente Vertrauen in den Geschäftspartner als Bindeglied für die mangelnde verlässliche Information über den Handelsgegenstand, der als Lebendware keine Garantie auf Einlö-

---

26 Da sich nur die wenigsten Kleinbauern (um ein Prozent) ein Pferd leisten konnten, spannte die Mehrheit noch Spannvieh (Kühe oder Arbeitsochsen) vor den Pflug: Statistisches Reichsamt 1978 (Neudruck der Ausgabe 1929), S. 18f.; siehe auch: Friedrich-Wilhelm Henning: Landwirtschaft und ländliche Gesellschaft. 1750–1976. Paderborn 1985, S. 189.

27 Richarz, Viehhandel (wie Anm. 3), S. 81; Kaufmann, Zum Viehhandel (wie Anm. 8), S. 17–41, hier S. 31.

28 Lynne Zucker: Production of Trust. Institutional Sources of Economic Structure. 1840–1920. In: Research in Organizational Behavior (1986) H. 8, S. 53–111.

sung des Handelsversprechens bot.[29] Beispielsweise konnte bei Kaufabschluss niemand gewährleisten, ob die Kuh die versprochene Menge Milch tatsächlich liefern würde und wichtige Daten wie das Gewicht über das Handelsgut Vieh zudem nicht schriftlich fixiert wurden.[30] Die Bedeutung von Vertrauen in diesem Handelssektor wird obendrein durch den Verzicht einer schriftlichen Fixierung des Handelsversprechens untermauert, da der Viehhandel traditionell als Handschlaggeschäft geführt wurde. Der Viehhandel war also wie kaum ein anderes Geschäft Vertrauenssache.[31] Letztendlich bestimmte damit die Art der sozialen Beziehungen der Händler zu ihren Kunden, die durch die Person des Viehhändlers hergestellt wurden, maßgeblich den Wert und damit auch den Erfolg eines Viehhandelsgeschäfts.

Vertrauensbildung im freien Viehhandel

Vertrauen konnte im Viehhandel auf sehr unterschiedliche Weise gebildet werden. Um eine vertrauensvolle Atmosphäre herzustellen und um damit einen Handel in die Gänge zu bringen, war Händlern eine Reihe an Vertrauen erweckenden Gesten und Symbolen von besonders großer Bedeutung. Das äußere Erscheinungsbild der Händler, das sie als ehrbare Kaufleute ausgab, diente ebenso zur Vertrauensherstellung wie die Handelszeremonie des Viehabtastens. Als entscheidende vertrauensbildende Geste im Viehhandel galt, wie in der Forschung und der mündlichen Überlieferung immer wieder betont wird, der Handschlag zwischen dem Kunden und dem Händler zur Besiegelung eines Geschäfts.[32]

---

29 Erst in der Nachkriegszeit wurde eine Kennzeichnungspflicht für Handelsvieh eingeführt. Heute werden im Bereich der Europäischen Union Tiere mit Kunststoffohrmarken gekennzeichnet, die die wichtigsten Informationen (wie Gewicht, Alter und Herkunft) über das Vieh beinhalten: Spiessl-Mayr E., Zähner M.: Elektronische Kennzeichnung von Nutztieren. In: Agrarforschung 12 (2005) H. 2, S. 79–83.

30 Nur auf den großen Viehmärkten wurden Viehwaagen zur Bestimmung des Gewichts eingesetzt, beim Stallhandel musste das Gewicht des Viehs geschätzt werden.

31 Robert Uri Kaufmann: Die Behejmeshändler. Oder der Alltag der jüdischen Viehhändler in Zentraleuropa vor und nach der rechtlichen Gleichstellung und dem Ausbau des Eisenbahnnetzes. In: Geschichtswerkstatt 15 (1988), S. 7–18, hier S. 11.

32 Auch Kaufmann geht in seiner alltagsgeschichtlichen Abhandlung zu jüdischen Viehhändlern auf die Bedeutung des Handschlags im Viehhandelsgeschäft ein: Kaufmann, Zum Viehhandel (wie Anm. 8), bes. S. 22; Martin Ulmer: Bedeutung und Ende des jüdischen Viehhandels. In: Geschichtswerkstatt Tübingen (Hg.): Zerstörte Hoffnungen. Wege der Tübinger Juden. Stuttgart 1995, S. 215–233, hier S. 224, Helmut Gabeli: „Die Männer der Gemeinde – fast alle Viehhändler". Jüdische Viehhändler im Raum Haigerloch. In: Kaufmann/Kohlmann (wie Anm. 3), S. 70–106, hier S. 78.

Doch bevor es zu dem besagten Handschlag zwischen dem Viehhändler und dem Bauern kam, musste erst eine vertrauensvolle Atmosphäre hergestellt werden. Dies geschah, indem der Händler zu Beginn des Handelsgesprächs das anvisierte Stück Vieh lobte und ihm dabei über den Rist und den Rücken strich, den Kopf und die Beine abklopfte.[33] Durch das Berühren des Viehs verschuf sich der Händler zunächst einen Eindruck über den Zustand und Wert des Viehs. Darüber hinaus vermittelte er durch das sorgsame Berühren und Abtasten dem Bauern, dass er das Vieh gut behandeln würde und der Bauer dem Händler schlussendlich seine mühevoll aufgezogene Ware anvertrauen könne.

Dem vertrauensvollen Abtasten des Viehs konnte ein dreißig- bis vierzigminütiges Gespräch über Gott und die Welt folgen.[34] Dadurch signalisierte der Händler dem Bauern, dass es ihm bei dem Kontakt um mehr als den bloßen Kauf von Vieh ging. Außerdem konnten dadurch die Meinungen und Vorlieben des anderen in Erfahrung gebracht und somit ein Eindruck über den Handelspartner gewonnen werden. Vertrat der Händler in dem Gespräch die Ansichten des Bauern oder schenkte er ihm einfach ein offenes Ohr für seine wirtschaftliche oder persönliche Situation, half dies dem Händler, die Sympathie des Kunden zu erwerben. War man sich über den einen oder anderen Dorftratsch einig, so konnte man auch leicht handelseinig werden.

Fasste der Bauer schlussendlich Vertrauen in den Händler und signalisierte er ihm Interesse an einem Handel, so begann die eigentliche Preisverhandlung. Dabei schlug der Händler mit seiner rechten Hand solange in die Innenfläche der rechten Hand des Bauern ein, bis der Bauer letztendlich kräftig zudrückte und damit das Geschäft besiegelte.[35] Das „Feilschen" um den besten Preis konnte dabei mehrere Minuten andauern, während derer

---

33 Diese Art von Handelsablauf wurde in mehreren Zeitzeugengesprächen bestätigt: Zeitzeugeninterview, geführt von Stefanie Fischer mit Friedrich M., Gunzenhausen 10.04.2008; Zeitzeugeninterview, geführt von Stefanie Fischer mit Kurt B. und Oliver G., Mönchsroth 13.03.2008; Mönchsroth 13.03.2008 und Zeitzeugeninterview, geführt von Stefanie Fischer mit Yizachar Bermann, Ellingen 19.08.2009. – Ebenso: Werner Teuber: Jüdische Viehhändler in Ostfriesland und im nördlichen Emsland 1871–1942. Eine vergleichende Studie zu einer jüdischen Berufsgruppe in zwei wirtschaftlich und konfessionell unterschiedlichen Regionen. Cloppenburg 1995, S. 75.

34 Diese Art des Handelsablaufs bestätigten mehrere Zeitzeugen: Zeitzeugeninterview geführt von Stefanie Fischer mit Friedrich M., Gunzenhausen 10.04.2008; Zeitzeugeninterview geführt von Stefanie Fischer mit Kurt B. und Oliver G., Mönchsroth 13.03.2008; Zeitzeugeninterview geführt von Stefanie Fischer mit Yizachar Bermann, Ellingen 19.08.2009; Zeitzeugeninterview geführt von Stefanie Fischer mit Bill Bermann, Ellingen 19.08.2009. – Ebenso: Teuber (wie Anm. 33), S. 75; Ulmer (wie Anm. 32), S. 224.

35 Zeitzeugeninterview geführt von Stefanie Fischer mit Kurt B. und Oliver G., Mönchsroth 13.03.2008. Siehe auch: Elfie Labsch-Benz: Die jüdische Gemeinde Nonnenweier. Jüdisches Leben und Brauchtum in einer badischen Landgemeinde zu Beginn des 20. Jahrhunderts. Straßburg 1980, insbesondere S. 66f.

sich die Hände der Handelspartner die ganze Zeit über berührten. Der dabei hergestellte Körperkontakt konnte ein Gefühl von Geborgenheit und Sicherheit erzeugen, was wiederum für die Herstellung von Vertrauen zentral ist. Der Käufer schloss schlussendlich den Handel mit einem Handschlag ab. Schriftliche Fixierung fand das durch Handschlag abgeschlossene Geschäft lediglich durch den Eintrag des Namens des Kunden, des Tiers und des Preises in eine Art Merkbuch, also eine einfache Art kaufmännischer Buchführung, die dem Finanzamt eine Überprüfung ermöglichte.[36]

Obwohl behördlicherseits immer wieder die schriftliche Fixierung des Handels gefordert und zeitweise auch vorgeschrieben wurde, blieb das Ritual der mündlichen Absprache, auf das beide Seiten vertrauten, dennoch bis ins 20. Jahrhundert hinein eine weit verbreitete Handelspraxis, wie selbst der Sohn eines christlichen Schweinehändlers bestätigt.[37] Er erinnert sich noch lebendig an die Bedeutung des Handschlags für den Viehhandel, wenn er den Kaufabschluss in seinen Memoiren beschreibt: „Es war eine lockere und bunte Atmosphäre, bei der es aber vom Ergebnis her sehr ernst und korrekt zuging. Das Wort und der Handschlag galten so viel wie im anderen Geschäftsleben eine Kaufvertragsunterschrift."[38] In diesem Handelsversprechen und in der Geste des Handschlags – gerade durch den Verzicht auf eine schriftliche Fixierung des Kaufgeschäfts – drückte sich das Vertrauen in den Handelspartner aus.

Entgegengebrachtes Vertrauen wird als ein informeller, interaktiver Prozess gesehen, der an eine moralische Verbindlichkeit gebunden ist, während eine Formalisierung eines Handelsgeschäfts, wie durch Verträge, als eine Störung der Vertrauensbeziehungen, ja gar als Beleidigung empfunden werden kann.[39] Die Praxis des Handschlags als Form des Kaufabschlusses erkannten selbst die Behörden als rechtsgültig an, wie das folgende Beispiel veranschaulicht. Als der Rothenburger Viehhändler Samson Wurzinger im Namen seines Bruders und Pferdehändlers Sigmund Wurzinger im Jahr 1923 einen Pferdehandel per Handschlag abschloss, wurde er dafür verklagt, da Viehhändlern die gleichzeitige Ausübung des Pferdehandels gesetzlich verboten war.[40] Samson Wurzinger erkannte seine Straftat als solche nicht an, er verteidigte sich damit, dass der Pferdehandel nicht schriftlich fixiert worden war, sondern nur per Handschlag zustande gekommen sei. Doch

---

36 Gabeli (wie Anm. 32), S. 79.

37 Fritz Müller: Der letzte Sau-Müller. Gunzenhausen (Selbstverlag) 2007; Georg Hörl: Rechtsstreitigkeiten im Viehhandel. Untersuchungen von Fällen aus den Jahren 1949–1976. München 1981, Teuber (wie Anm. 33), S. 76.

38 Müller (wie Anm. 37), S. 7.

39 Zucker (wie Anm. 28), S. 53–111, hier S. 56.

40 Mitteilung des Landesamts für Viehverkehr Nr. 37302, 22.07.1921, erwähnt in einer Aktennotiz des Stadtrats Rothenburg, Betreff: Ausübung des Pferdehandels neben dem Viehhandel, 29.07.1921. In: Stadtarchiv Rothenburg, Box 976.

der Wachtmeister von Rothenburg, Otto Deissenberger, wies Wurzingers Argument mit der Begründung zurück: „Es ist eine bekannte Tatsache, dass der Abschluss eines Kaufes durch Handschlag bestätigt ist und beide Teile dadurch an die Kaufbedingungen gebunden sind.“[41]

Die vertragliche Fixierung eines Handelsgeschäfts konnte sich auch vor den Behörden nicht durchsetzen, die Formalisierung dessen wurde gar als geschäftshemmend angesehen. Nach Aufhebung der Zwangswirtschaft im Mai 1922 schaffte das Landesamt für Viehverkehr die Schlussscheinpflicht, also die schriftliche Fixierung eines Handels, wieder ab. Das Amt legte nun in einem Rundschreiben fest: „Für Viehgeschäfte gelten somit künftig, wie vor Einführung der Zwangswirtschaft, nur die allgemeinen gesetzlichen Bestimmungen und die besonderen Gepflogenheiten (Draufgeld und Handschlag).“[42] Der Handschlag galt demnach auch vor dem Gesetzgeber als gültiger Handelsabschluss, er zählte im Viehhandel wie in anderen Geschäftsbereichen als Vertrag. Ein mündlicher Vertrag, der auf Vertrauen basierte. Eine vertragliche Fixierung dessen galt in diesem Handelssektor als Mangel an Vertrauen und somit als geschäftsschädigend.[43]

Neben den vertrauenerweckenden Handelspraktiken gab es auch eine Reihe von vertrauensstörenden, dazu zählte zum Beispiel das „Dummrechnen“ eines Bauern oder etwa das Hörnerspitzen, bei der die Kälberringe der Kuh entfernt wurden, um sie optisch „jünger“ erscheinen zu lassen. Ganz besonders galt die Viehhändlersprache als vertrauensstörende Handelspraktik, die wie keine andere für Missverständnisse und Störungen in den Handelsbeziehungen zwischen Viehhändlern und Bauern gesorgt haben soll. Sprachhistorisch gehört die Viehhändlersprache zum Jüdischdeutschen, das wiederum ein Überbleibsel des Westjiddischen ist. Sie besteht aus hebräischen, jiddischen und deutschen Elementen und gilt zudem als die einzige Händlersprache[44], die noch im 20. Jahrhundert gesprochen wurde. Auch wenn die Viehhändlersprache überregional verbreitet war, war sie regional stark von den jeweiligen Dialekten geprägt, was auf den eher regionalen

---

41 Schreiben der Schutzmannschaft Rothenburg an den Stadtrat Rothenburg, Betreff: unerlaubter Pferdehandel, 17.02.1923. In: Stadtarchiv Rothenburg, Box 976.

42 Zitiert aus dem Rundschreiben V 18 des Landesamts für Viehverkehr, München, 11.05.1922. In: Bayerisches Hauptstaatsarchiv München (Bay HStA), Sammlung Varia 378.

43 Ulmer (wie Anm. 32), S. 224.

44 Kaufmann diskutiert, ob es sich bei der Viehhändlersprache um eine Händler- oder Geheimsprache handelt, und kommt dabei zu keinem festen Entschluss, da noch grundlegende linguistische Untersuchungen dazu fehlen: Robert Uri Kaufmann: Jüdische und christliche Viehhändler in der Schweiz 1780–1930. Zürich 1988, S. 98-100; Teuber und Gabeli hingegen sind der Meinung, dass es sich bei der Viehhändlersprache um keine Geheimsprache handle, sondern um eine Händlersprache: Teuber (wie Anm. 33), S. 79; Gabeli (wie Anm. 32), S. 79.

Charakter des Viehhandels verweist.[45] Im Untersuchungsraum existierte darüber hinaus eine besondere Form des Jüdischdeutschen, nämlich das Lachoudische, das sich aus hebräischen und rotwelschen Elementen zusammensetzte.[46] Das Vokabular der Viehhändlersprache besteht aus einer begrenzten Anzahl an Wörtern, Redewendungen oder Sprichwörtern, die für die Ausübung des Viehhandels relevant sind, aber für den Einsatz im Alltag nicht ausreichen.

Insbesondere auf Märkten diente sie den Viehhändlern als ein wichtiges Handelsinstrumentarium zur Preisabsprache, um sich vor großen Preisverlusten zu schützen. Damit konnten Händler untereinander Informationen, wie zum Beispiel über die Qualität einer Kuh, austauschen, die für die Einschätzung der Ware und somit deren Wert entscheidend waren.[47] War zum Beispiel ein Handel im Gange und der Bauer nicht bereit, den geforderten Preis zu zahlen, so konnte der eine Händler dem anderen mittels der Viehhändlersprache kommunizieren, welchen Preis er mit den Bauern gerade verhandelte. Dadurch konnte er beispielsweise verhindern, dass der Bauer zu einem anderen Händler ging und dem berichtete, er böte ihm einen teureren Preis als der vorherige Händler. Jüdische und nichtjüdische Händler verstanden und benutzten gleichermaßen die Viehhändlersprache.[48]

Gerade dieses exkludierende Moment konnte auf Seiten der Bauern für Argwohn sorgen. Dass Bauern dieser Handelspraxis aber nicht ohnmächtig gegenüberstanden, belegt die Existenz von mehreren Wörterbüchern, die Bauern zur Verständigung in der Viehhändlersprache dienten. Ein Beispiel hierfür ist der „Hebräisch-deutsche Dolmetscher", der mindestens seit dem 18. Jahrhundert in Gunzenhausen für Bauern herausgegeben wurde.[49] Wie

---

45 Werner Weinberg: Die Reste des Jüdischdeutschen. Stuttgart 1973, S. 20f.

46 Franz J. Beranek: Die fränkische Landschaft des Jiddischen. In: Lothar Bauer, Ernst Schwarz (Hgg.): Festschrift Ernst Schwarz. Kallmünz/Opf. 1961, S. 267–303; Edith Nierhaus-Knaus: Geheimsprache in Franken – das Schillingsfürster Jenisch. Rothenburg o.d.T. 1990; Helmut Weinacht: Jiddisches im Ostfränkischen. Darstellung einer Forschungsproblematik. In: Andreas Weiss (Hg.): Dialekte im Wandel. Tagung zur Bayerisch-Österreichischen Dialektologie. Göppingen 1992, S. 170–186; Othmar Meisinger: Lothekolisch. Ein Beitrag zur Kenntnis der fränk. Händlersprache. In: Zeitschrift für Hochdeutsche Mundarten III (1992), S. 121–127; Alfred Klepsch: Das Lachoudische. Eine jiddische Sondersprache in Franken. In: Klaus Siewert (Hg.): Rotwelsch-Dialekte. Symposion, Münster, 10. bis 12. März 1995. Wiesbaden 1996, S. 81–93; Carsten Kohlmann: „Die Viehbörse Süddeutschlands" – Jüdische Pferde- und Viehhändler im Raum Horb. In: Kaufmann/Kohlmann (wie Anm. 3), S. 42–69, hier S. 59.

47 Ebd., S. 15–19, Gabeli (wie Anm. 32), S. 79.

48 Paul Spiegel: Wieder zu Hause? Erinnerungen. Berlin 2001, S. 12, Müller (wie Anm. 37), S. 5.

49 Das einzig auffindbare Exemplar ist ohne Jahresangabe: Hebräisch-deutscher Dolmetscher. Sammlung der gebräuchlichsten Handelsausdrücke der israel. Handelsleute auf Viehmärkten und im Privatverkehr. 11. Aufl. Gunzenhausen o. J. – In anderen

groß die Nachfrage nach diesem kleinen Heftchen war, zeigt, dass das einzige ausfindig gemachte Exemplar bereits in der elften Auflage vorlag. Angeblich sei die Viehhändlersprache sogar die einzige Sprache gewesen, die Bauern bereit waren zu lernen,[50] wie der Sprachwissenschaftler Werner Weinberg bekräftigt.

Doch auch Bauern bedienten sich derartiger betrügerischer Handelspraktiken, beispielsweise um dem Käufer das tatsächliche Alter der Kuh zu verheimlichen.[51] Unter Bauern war es gleichfalls üblich, das Schlachtvieh vor dem Verkauf mit Wasser zu tränken, um möglichst viel Gewicht auf die Schlachtwaage zu bringen. Deswegen galt es für Viehhändler, früh auf die Höfe zu kommen, um das noch unpräparierte Stück Vieh zu sehen.[52] Eine Portion Misstrauen gehörte also auf beiden Seiten beim Viehhandel dazu. Wenn jedoch die Geschäftspartner mit diesen Praktiken vertraut waren, musste der Einsatz solcher nicht notgedrungen zu einer Störung der Vertrauensbeziehungen führen, sondern konnte durch die soziale Erfahrung des Miteinanderhandelns ausgeglichen werden.

Damit waren beide, Viehhändler und Bauer, gleichermaßen für die Herstellung und Aufrechterhaltung der Vertrauensbeziehung verantwortlich. Selbst die gemeinhin als vertrauensstörend dargestellten Handelspraktiken, wie das Hörnerspitzen oder die Viehhändlersprache, die angeblich dazu eingesetzt wurde, um Bauern zu betrügen, wirkten nicht exkludierend, sondern vielmehr inkludierend, indem sie jeden, der am Viehhandel teilnahm und damit auch die Sprache beherrschte, in die Vertrauensgemeinschaft Viehhandel einbezog. Auch wenn Vorurteile in die Zugehörigkeit des anderen zu einer anderen sozialen und auch religiösen/ethnischen Gruppe der Herstellung von Vertrauen zunächst im Wege stehen konnten, so konnten diese durch die positive soziale Erfahrung des Miteinanderhandelns durchaus überwunden werden. In dem Viehhändler-Bauern-Beziehungsgeflecht

Regionen wurden ähnliche Wörterbücher für Bauern herausgegeben, beispielsweise: Die geheime Geschäftssprache der Juden. Ein Hand- und Hilfsbuch für alle, welche mit Juden in Geschäftsverbindung stehen und der hebräischen Sprache (der sog. Marktsprache) unkundig sind. Neustadt a. d. Aisch 1897; J. Wolff: Die Geheimsprache der Handelsleute oder Dolmetscher und Wörterbuch zur Entzifferung aller beim Handel und Wandel vorkommenden jüdischen und jargonischen Wörter und Redensarten. Leipzig 1885; Teuber verweist darauf, dass das „Wörterbuch der jüdischen Geschäfts- und Umgangssprache" noch bis 1995 vom „Deutschen Vieh- und Fleischhandelsverband e.V." mit Sitz in Bonn herausgegeben wurde: Teuber (wie Anm. 33), S. 77.

50 Richarz, Emancipation (wie Anm. 24), S. 115.

51 Zeugenaussage des Fritz Weinberg, langjähriger Viehknecht der Viehhandelsfirma Mann beim Bezirksamt Rothenburg, 10.07.1935, Industrie- und Handelskammer Nürnberg-A an die Regierung von Ober- und Mittelfranken, 27.11.1935, beide in: StAN, Rep. 270, Regierung, K.d.I, Abg. 1978, Nr. 3418.

52 Kaufmann, Behejmeshändler (wie Anm. 31), S. 7–18, hier S. 11; ebenso: Fischer, Ökonomisches Vertrauen (wie Anm. 4), S. 101–108.

begegneten sich Viehhändler und Bauern als akzeptierte, wenn auch nicht immer als gleiche Handelspartner.

Antisemitisches Misstrauen vs. ökonomisches Vertrauen

Augenscheinlich wird die Tragfähigkeit von Vertrauen in den Handelsbeziehungen in Anbetracht wirtschaftlicher Krisenzeiten. Zwar hatten jüdische Viehhändler schon in der Zeit zwischen der Bayerischen Räterepublik und dem Hitlerputsch im Jahr 1923 unter der antisemitisch aufgeheizten Atmosphäre gelitten, als es bereits zu tätlichen Übergriffen auf einzelne jüdische Viehhändler von nationalsozialistischen Bauern gekommen war, doch allgemein wirkte sich erst die Weltwirtschaftskrise dramatisch auf die Viehhändler-Bauern-Beziehungen aus. Ab dieser Zeit sind vermehrt antisemitische Übergriffe auf die jüdische Bevölkerung im Allgemeinen und auf jüdische Viehhändler im Besonderen zu verzeichnen.

Von da an kam es vor allem in den NSDAP-Hochburgen Ansbach, Gunzenhausen und Nürnberg immer wieder auf offener Straße oder in Gasthäusern zu Übergriffen und zu Beleidigungen von einzelnen Juden. Beispielsweise warf in Rothenburg der SA-Führer Wilhelm Stegmann um 1932 ohne erkennbaren Anlass einen älteren jüdischen Viehhändler in eine Jauchegrube und schlug ihm anschließend mit einer Lederpeitsche über den Kopf. Auf eine Beschwerde der jüdischen Gemeinde hin antwortete der SA-Standartenführer Michl Fleischmann in einem offenem Brief an die Bayerische Landesregierung, „daß noch keinem Juden bis jetzt (!) etwas passiert" sei „und daß sie noch (!) alle wohlernährt sich ihres Lebens erfreuen"[53]. Das Leben wurde für Juden schon früh unerträglich. Die hohe Abwanderungszahl von 15,3 Prozent der jüdischen Bevölkerung zwischen 1925 und 1933 legt zudem nahe, dass vermutlich nicht nur wirtschaftliche Motive einen äußeren Anreiz zur Abwanderung gaben.[54] Zwar fehlen verlässliche Belege, die nähere Auskunft über die Wegzugsmotive geben könnten. Dennoch legt ein Schreiben des C.V.-Landesverbandes Bayern von März 1932 nahe, dass die ständige Präsenz von antisemitischen Angriffen ein starkes Bedrohungsgefühl erzeugte. Der Vorsitzende des Landesverbands beklagte gegenüber dem bayerischen Staatsministerium des Innern: „Die jüdischen Einwohner sind durch diese Vorfälle derart bedroht, dass sie sich kaum mehr auf der Straße zeigen können; sie werden wirtschaftlich boykottiert und gesell-

[53] Rainer Hambrecht: Der Aufstieg der NSDAP in Mittel- und Oberfranken 1925–1933. Nürnberg 1976, S. 252f.

[54] Eckhart Dietzfelbinger: Antisemitismus im 20. Jahrhundert. In: Andrea M. Kluxen, Julia Hecht (Hgg.): Antijudaismus und Antisemitismus in Franken (= Franconia Judaica 4). Ansbach 2008, S. 141–155, hier S. 146.

schaftlich vollständig isoliert."[55] Damit ging eine Hetze gegen jüdische Viehhändler einher, welche von der antisemitischen Propaganda wie kaum eine andere Berufsgruppe für das Elend der Bauern verantwortlich gemacht wurde. Die hohe Anzahl von jüdischen Geschäftsmännern im Viehhandel diente den Nationalsozialisten als geeignete Angriffsfläche, um ihnen zu unterstellen, sie würden ihre Stellung im Viehhandel zur Manipulation der Preise ausnutzen und sich dadurch an der Notlage der Bauern bereichern. Damit knüpften die Nationalsozialisten ihre Hetze auf dem Land geschickt an tradierte antijüdische und völkische Stereotype an und postulierten auf diese Weise einen Kausalzusammenhang zwischen der Weltwirtschaftskrise und der ökonomischen Stellung der jüdischen Händler.[56] Die Nationalsozialisten kreierten ein Schreckensbild vom „geldgierigen jüdischen Viehhändler", das dem des „internationalen Finanzjudentums" im nicht-bäuerlichen Milieu glich. So begann sich auch das Vertrauensverhältnis zwischen einzelnen jüdischen Viehhändlern und Bauern bereits vor 1933 aufzulösen. Doch noch griff der Rechtstaat, noch konnten sich die betroffenen Juden dagegen wehren, indem sie bei der Polizei Anzeige erstatteten.

Zerstörung der Vertrauensbeziehungen unter nationalsozialistischer Gewaltherrschaft

Auch wenn es bereits vor 1933 vereinzelt Übergriffe auf jüdische Viehhändler und ihre Familien gegeben hatte, verschärfte sich mit der Machtübernahme der Nationalsozialisten im Januar 1933 die Lage der jüdischen Bevölkerung dramatisch. Damit schien die Gewalt gegen die jüdische Bevölkerung in den fränkischen Kleinstädten und Dörfern förmlich zu explodieren. Die Nationalsozialisten etablierten ihre Macht mit offener Gewalt auf der Straße, sie manifestierte sich im öffentlichen (wie auf der Straße) wie im nichtöffentlichen (wie in privaten Wohnungen und Gefängnissen) Raum. Von diesem Zeitpunkt an war die jüdische Bevölkerung vor Angriffen gegen sich und ihr Eigentum nicht mehr sicher; den Nationalsozialisten galt sie als vogelfrei.[57]

55 Zit. n. Axel Drecoll: Der Fiskus als Verfolger. Die steuerliche Diskriminierung der Juden in Bayern. 1933–1941/42. München 2009, S. 267; siehe auch: BayHStA, Minn 73725.

56 Dietrich Weiß: Aus der Geschichte der jüdischen Gemeinde von Feuchtwangen 1274–1938. In: Arbeitsgemeinschaft für Heimatgeschichte (Hg.): Feuchtwanger Heimatgeschichte. Feuchtwangen 1991, S. 9–107, hier S. 45; Christina von Braun: Antisemitische Stereotype und Sexualphantasien. In: Jüdisches Museum der Stadt Wien (Hg.): Die Macht der Bilder. Antisemitische Vorurteile und Mythen. Wien 1995, S. 180–191, hier S. 183; Manfred Kittel: Provinz zwischen Reich und Republik. Politische Mentalitäten in Deutschland und Frankreich 1918–1933/36. München 2000, S. 248f.

57 Michael Wildt: Violence against Jews in Germany 1933–1939. In: David Bankier (Hg.): Probing the depths of German antisemitism. German society and the persecu-

Nach der zweiten Reichstagswahl im März 1933 überzogen die Nationalsozialisten das ganze Land mit einer Terrorwelle, die den neuen Machthabern zur Konsolidierung ihrer Macht auf allen Ebenen und zur Markierung ihrer selbst gewählten Gegner, wie Kommunisten, Sozialdemokraten und Juden, diente.[58] Juden, die in Berufen tätig waren, die als „verjudet" galten, wie etwa die Jurisprudenz oder Teile des Einzelhandels, waren von derartigen Gewaltaktionen besonders stark betroffen. Während im städtischen Umfeld jüdische Rechtsanwälte im Zentrum dieser Gewaltaktionen standen, waren es im ländlichen Bereich die jüdischen Viehhändler.[59] Einzelne SA-Führer oder NS-Ortsgruppenleiter veranstalteten „spontane" Terroraktionen gegen jüdische Viehhändler und deren Familien.[60] Diese Terroraktionen richteten sich zum einen gegen Juden als Menschen und intendierten zum anderen, die Vertrauensbeziehungen zwischen jüdischen Händlern und ihren Kunden durch die Herstellung von sozialer Distanz endgültig zu zerstören. Eine wesentliche Voraussetzung für die Durchführung dieser Terroraktionen bildete der Machtwechsel auf kommunaler Ebene, der unmittelbar nach der Machtübernahme der Nationalsozialisten am 30. Januar 1933 durch die Absetzung der Oberbürgermeister und die Einsetzung von NS-Kadern als neue Gemeindeoberhäupter vollzogen wurde.[61]

Dieser Machtwechsel bot einzelnen NS-Ortsgruppenleitern in Mittelfranken die günstige Gelegenheit, durch außerordentlich brutale antisemitische Aktionen um die Gunst von Gauleiter Julius Streicher zu buhlen. Diese Gewaltaktionen konnten auf die Verfolgten derart verheerende Auswirkungen haben, dass sie schon unmittelbar nach der Machtübernahme ihre Geschäfte aufgeben mussten, wie es beispielsweise einem Teil der Familie Mann erging. Nur wenige Tage nach Erlass des Ermächtigungsgesetzes am 23. März 1933 verhafteten lokale SA-Männer die beiden Geschäftsinhaber

tion of the Jews. 1933–1941. New York 2000, S. 181–212, hier S. 183; Michael Wildt: Volksgemeinschaft als Selbstermächtigung. Gewalt gegen Juden in der deutschen Provinz 1919 bis 1939. Hamburg 2007, S. 115–137.

58 Zu den Gewaltaktionen gegen jüdische Rechtsanwälte: Reinhard Weber: Das Schicksal der jüdischen Rechtsanwälte in Bayern nach 1933. München 2006; Wildt, Volksgemeinschaft (wie Anm. 57), S. 109f.

59 Bei der Darstellung der ersten Jahre der Verfolgung vernachlässigte die Forschung bislang das Schicksal der Landjuden fast vollständig, als prominente Beispiele dafür dienen: Peter Longerich: Politik der Vernichtung. Eine Gesamtdarstellung der nationalsozialistischen Judenverfolgung. München 1998, S. 23–64; Saul Friedländer, Orna Kenan: Nazi Germany and the Jews, 1933–1945. New York 2009, S. 3–31.

60 Siehe auch: Christhard Hoffmann: Verfolgung und Alltagsleben der Landjuden im nationalsozialistischen Deutschland. In: Rürup/Richarz (wie Anm. 7), S. 373–398, hier S. 376f.; Menahem Kaufman: The Daily Life of the Village and Country Jews in Hessen from Hitler's Ascent to Power to November 1938. In: Yad Vashem Studies 22 (1992), S. 147–198, 147–198, hier S. 158.

61 Wolf Gruner: Öffentliche Wohlfahrt und Judenverfolgung. Wechselwirkungen lokaler und zentraler Politik im NS-Staat (1933–1942). München 2002, S. 46.

und Brüder Josef und Theodor Mann sowie deren Söhne. Während die Männer der Familie fast vier Wochen lang im Gefängnis des örtlichen Amtsgerichts festgehalten wurden, belagerte die SA das Wohn- und Geschäftshaus, in dem sich noch die Ehefrau, Klara Mann, und ihre Tochter, Dinah Grete Mann befanden, über einen Zeitraum von mehreren Wochen. Nach drei Wochen nahm sich Klara Mann am 17. April 1933 das Leben, nur wenige Tage bevor ihr Ehemann, Josef Mann, aus der Haft entlassen wurde. Dieser erlitt kurz darauf einen psychischen Zusammenbruch, weswegen er in die Nervenheilanstalt nach Ansbach eingeliefert wurde.[62] Aufgrund dieser Gewaltaktion befand sich nun auch das Geschäft in einer großen Krise, bereits am 22. April 1933 mussten daher die Zahlungen an die Schuldner der Firma eingestellt werden. Am 10. Juni 1933 verfügte das Amtsgericht Rothenburg, ein gerichtliches Vergleichsverfahren zur Abwendung des Konkurses zu eröffnen. Den Gläubigern wurde ein Vorschlag unterbreitet, der ihnen hundertprozentige Befriedigung zusicherte. Die Firma aber konnte sich von diesem Schlag nicht mehr erholen, da sie als jüdisches Geschäft fortan massiv diffamiert und boykottiert wurde.[63]

Die frühen antijüdischen Ausschreitungen in Rothenburg verdienen über den Einzelfall hinweg Beachtung. Die Gewalt gegen die ortsansässigen Juden flachte dort nicht wie andernorts wieder ab. Nach einem Bericht des Gendarmerie-Wachtmeisters Heckel aus Rothenburg brachte der SS-Sturmhauptführer Karl Kitzinger seinen Eifer bei der Verfolgung der lokalen jüdischen Bevölkerung besonders zum Ausdruck, indem er mittels initiierter Strafanzeigen die Bevölkerung gegen jüdische Viehhändler aufzustacheln versuchte, um sie dann unter dem Vorwand, sie vor dem „Volkszorn zu schützen“, in den darauf folgenden Wochen und Monaten in „Schutzhaft“ zu nehmen.[64]

62 Rechtsanwalt (RA) Dr. Raff an das LEA, 03.01.1956. In: StAN, EG 121828; K–2720; Halbmonatsbericht des Regierungspräsidenten von Ober- und Mittelfranken, 07.04.1933. In: Martin Broszat/Elke Fröhlich/Falk Wiesemann (Hgg.): Bayern in der NS-Zeit. Soziale Lage und politisches Verhalten der Bevölkerung im Spiegel vertraulicher Berichte. München 1977, S. 434; Ophir/Wiesemann, Jüdische Gemeinden (wie Anm. 4), S. 221; Falk Wiesemann: Juden auf dem Lande. Die wirtschaftliche Ausgrenzung der jüdischen Viehhändler in Bayern. In: Jürgen Reulecke, Detlev Peukert (Hgg.): Die Reihen fast geschlossen. Beiträge zur Geschichte des Alltags unterm Nationalsozialismus. Wuppertal 1981, S. 381–396, hier S. 382.

63 Theodor Mann an den Bürgermeister der Stadt Rothenburg, 02.11.1936. In: StAN, Rep. 270, Regierung, K.d.I, Abg. 1978, Nr. 3420; RA Dr. Raff an das LEA, 03.01.1956, eidesstattliche Versicherung des Justizrats Dr. Bayer an das LEA, 12.10.1954, beide in: StAN, EG 121828; K–2720.

64 Gendarmeriestation Rothenburg an die Regierung von Ober- und Mittelfranken, 18.07.1936. In: StAN, Rep. 270, Regierung, K.d.I, Abg. 1978, Nr. 3420.

Eine weitere Diffamierungsmaßnahme der Stadt Rothenburg war im Jahr 1934 die Verlegung des Viehmarkts auf den Judenfriedhof.[65] Mit Aktionen wie diesen sollten Juden aus dem Viehhandel verdrängt werden. Allerdings standen den neuen NS-Machthabern bei der Forcierung ihrer rassistischen Ziele die wirtschaftlichen Interessen der Bauern zunächst entgegen. Aus sämtlichen Teilen des Reichs sind Quellen überliefert, aus denen hervorgeht, dass viele Bauern trotz der massiven antisemitischen Hetze, die jüdische Viehhändler als gnadenlose Bauernschlächter darstellte, zunächst an ihren vertrauten Handelspartnern festhielten.[66] Obwohl Bauern Gefahr liefen, in „Schutzhaft" genommen zu werden oder im *Stürmer* denunziert zu werden, wenn sie weiterhin mit jüdischen Viehhändlern handelten, brachen viele Bauern die Beziehungen zu ihren vertrauten Handelspartnern nicht einfach ab. Einen Eindruck über das Ausmaß der von den Nationalsozialisten verpönten Viehgeschäfte zwischen jüdischen Viehhändlern und nichtjüdischen Bauern gibt die Auflistung von Namen von Bauern in der antisemitischen Wochenzeitschrift *Der Stürmer*. Dort wurden wöchentlich unter der Rubrik „Kleine Nachrichten" die Namen von Bauern, die noch mit Juden handelten abgedruckt, zusammen mit der Nennung ihres Wohnorts.[67] Bezirksämter übten durch die Veröffentlichung der Namen jüdischer Viehhändler, welchen die Gewerbelegitimationskarte entzogen worden war, in der lokalen Presse zusätzlichen Druck auf die Bauern aus, indem sie darin warnend erklärten, dass Geschäfte, welche mit diesen Händlern abgeschlossen werden, als nichtig gelten.[68]

Die alleinige Tatsache, dass Bauern die Handelsbeziehungen zu den jüdischen Viehhändlern nicht einfach abbrachen, sagen jedoch noch nichts über die Beteiligung der ländlichen Bevölkerung an der Vertreibung der jüdischen Nachbarn aus. Wie eng Mittäterschaft, Denunziantentum und ökonomisches Vertrauen miteinander verschränkt sein konnten, hebt der Bericht des Gendarmerie-Kommissär Sägebarth aus dem kleinen Ort Geslau

65 Viehmarktordnung, erlassen am 05.05.1934 vom Stadtrat der Stadt Rothenburg ob der Tauber. In: Staatsarchiv Nürnberg, Rep. 270, IV, Regierung, K.d.I, Abg. 1968, Titel IX, Nr. 380.

66 Wiesemann, Juden auf dem Lande (wie Anm. 62); Beatrix Herlemann: „Der Bauer klebt am Hergebrachten". Bäuerliche Verhaltensweisen unterm Nationalsozialismus auf dem Gebiet des heutigen Landes Niedersachsen. Hannover 1993, S. 172–222; Daniela Münkel: Nationalsozialistische Agrarpolitik und Bauernalltag. Frankfurt a. Main 1994, S. 351–360.

67 Karl Schmidt bringt einen solchen Fall zu seiner Entlastung in einem Spruchkammerverfahren vor: Verteidigungsschreiben an die Spruchkammer des Internierungslagers Regensburg, Unterwurmbach, 10.12.1947. In: StAN, Spruchkammer (Sprk) Gun-Land, K–30. – Siehe auch: Kaufman, Daily Life (wie Anm. 60), S. 147–198, S. 163.

68 Staatsministerium für Wirtschaft, Abt. Landwirtschaft an den Schlachtviehverwertungsverband, Bayern, München, 23.04.1936. In: Bay HStA, ML 3350.

in der Nähe von Rothenburg eindrücklich hervor.[69] Darin erklärt er, dass Bauern Geschäfte mit dem jüdischen Viehhändler Benno Gutmann mieden, um sich selbst vor öffentlichen Anprangerungen im *Stürmer* zu schützen und nicht, weil sie ihm als Person misstrauten.[70] Doch beteiligten sich gleichzeitig auch viele Bauern an den antijüdischen Aktionen, wie der Gendarmerie-Kommissär weiter feststellte. In seinem Bericht notierte er, dass Gutmann auf seinen Geschäftstouren in den Bauerndörfern viel Spott zu ertragen habe, „was er sich alles ohne Widerrede gefallen läßt". Gutmann ginge dann „stillschweigens", wenn Bauern ihm erklärten, sie dürften nicht mehr mit Juden handeln, weil sie sonst fürchteten, dass ihr Name im *Stürmer* veröffentlicht würde, dann „läßt [e]r diese Bauern längere Zeit aus, kommt dann aber doch wieder einmal".[71] Da jedoch neben Gutmann anscheinend kein nichtjüdischer Viehhändler in dem abgelegenen Bauerndorf seine Dienste anbot, verkauften die Bauern, wenn die Gefahr einer Denunziation wieder abflachte, erneut an Gutmann. Und so machte er doch immer wieder das ein oder andere Geschäft.[72] Die Bauern unterließen also den Handel mit dem jüdischen Händler, wenn sie selbst Restriktionen zu befürchten hatten, nämlich im *Stürmer* als „Judenknechte" gebrandmarkt zu werden, und suchten dennoch den Kontakt zu Gutmann, um ihr Vieh loszuwerden. Diese Bauern handelten somit aus Selbstschutz und wirtschaftlichem Eigeninteresse, und beteiligten sich dadurch an Demütigungen und Kränkungen des jüdischen Viehhändlers. Die Denunziationen erzeugten darüber hinaus eine Atmosphäre des Misstrauens unter der ländlichen Bevölkerung, die von ihnen selbst hergestellt wurde. Denn die im *Stürmer* als „Judenknechte" gebrandmarkten Bauern gingen auf die Denunziation von anderen Bauern zurück.[73] Dies zeigt, dass sich viele Bauern bereitwillig an dem System der Denunziationen beteiligten, wenn sie sich schon nicht finanziell daran bereicherten, dann wenigstens innerlich durch die öffentliche

---

69 Siehe auch Ian Kershaw: Antisemitismus und Volksmeinung. Reaktionen auf die Judenverfolgung. In: Martin Broszat, Elke Fröhlich (Hgg.): Bayern in der NS-Zeit. Herrschaft und Gesellschaft im Konflikt. München, Wien 1979, S. 281–348, hier S. 296.

70 Gendarmerie-Station Geslau an das BA Ansbach, 15.09.1935. In: StAN, LRA Ansbach Rep. 212/1, Abg. 1961, Nr. 4274.

71 Ebd.

72 Ebd.

73 Darauf verweis unter anderem ein Fall aus dem BA Gunzenhausen. Dort hatte sich im Juli 1937 der Gastwirt Karl Bergmann aus Frickenfelden bei der Gendarmerie-Hauptstation in Gunzenhausen über eine Anklage im *Stürmer* beschwert, in dem ihm seine Geschäftstätigkeit mit dem Viehhändler Hugo Walz im Jahr 1935 vorgeworfen wurde. Er unterstellte dem August Krug aus Frickenfelden, ihn aus Geschäftsneid im *Stürmer* denunziert zu haben: Gendarmerie-Hauptstation Gunzenhausen an das BA Gunzenhausen, 24.07.1937. In: StAN, LRA Gun, Abg. 1961, Nr. 658.

Bloßstellung eines anderen Bauern beziehungsweise die des jüdischen Viehhändlers. Letztendlich wird dadurch deutlich, dass die durch Parteiaktivismus forcierte Boykottpolitik der jüdischen Händler erst in der Kooperation mit der nichtjüdischen Bevölkerung ihre durchschlagende Wirkung entfaltete.[74]

Diese Denunziationsfälle verweisen darüber hinaus auf den immensen Druck, den die Nationalsozialisten mit ihrer Androhung von Repressalien auf die noch bestehenden Handelsbeziehungen ausübten und sie legen nahe, wie weit sich das Misstrauen unter der ländlichen Bevölkerung schon ausgebreitet hatte. Eine besonders eindrückliche Quelle über das Ausmaß des Denunziantentums unter der ländlichen Bevölkerung und des Drucks von Seiten öffentlicher Instanzen auf das Viehhändler-Bauern-Beziehungsgeflecht ist eine überlieferte Kartei aus Rothenburg, die in Wiesenbach auf dem Dachboden der Familie Keitel gefunden wurde.[75] Einer mündlichen Überlieferung zufolge hatten amerikanische Truppen diese Karteikarten aus Rothenburg im Haus der Familie Keitel nach 1945 im württembergischen Wiesenbach bei ihrem Abzug hinterlassen. Ungeklärt ist, wer diese Kartei angelegt hat beziehungsweise, ob die Kartei ursprünglich mehr Karteikarten umfasste als die überlieferten. Die Tatsache jedoch, dass 25 von insgesamt 56 Fällen von Bauern handelt, die trotz der vehementen Boykottpolitik Vieh beziehungsweise Pferde von jüdischen Händlern ge- oder verkauft hatten, lässt die Brisanz des Themas für die NS-Machthaber erkennen. Neben den Namen der Bauern und deren Wohnorte sind auch die Namen der jüdischen Geschäftspartner verzeichnet, die größtenteils aus Rothenburg und Umgebung stammten. Auch wenn der Urheber der Kartei nicht genannt wird, so sind doch in ungefähr der Hälfte der Fälle die Namen der Denunziaten verzeichnet, zu denen Ortsbauernführer, die Kreisleitung und die Gendarmerie zählen, die eine öffentliche Instanz, wie das Bezirksamt, als Verwalter der Kartei nahelegen. Zu den Denunzianten zählen neben den öffentlichen Stellen auch zwei Privatpersonen. Einer davon ist der „arische" Viehverteiler, Leonhard Assel aus Rothenburg, der den Wilhelm Gerlinger aus Rothenburg dafür anklagte, dass er noch im September 1937 ein Pferd an den jüdischen Konkurrenten [Sigmund] Wurzinger verkauft hatte. Nur ein Jahr später übernahm Leonhard Assel den Viehhandelsbetrieb der Familie Mann weit unter seinem tatsächlichen Wert. Er hatte sich demnach auf sehr unterschiedliche Weise an dem Denunziationssystem der Nationalsozialisten und der rechtlichen Ausgrenzung seiner jüdischen Viehhandelskollegen beteiligt und sich letztendlich daran bereichert.

---

74 Siehe auch: Robert Gellately: The Gestapo and German society. Enforcing racial policy 1933–1945. Oxford 1990, S. 186ff.

75 Mein Dank gilt Herrn Hartwig Behr, Bad Mergentheim, in dessen Händen diese Kartei liegt und der mich freundlicherweise eine Kopie dieser Kartei übergab.

Jüdische Viehhändler und Bauern reagierten auf den massiven Druck, der von verschiedenen Seiten auf sie ausgeübt wurde, indem sie ihre Geschäftstätigkeit vom Tag in die Nacht verlagerten und von der Öffentlichkeit in den Stall beziehungsweise in den Wald. Mehrere Quellen belegen derartige heimliche Viehgeschäfte.[76] Zudem benutzten Bauern im Entnazifizierungsverfahren nach 1945 solche Viehtransaktionen, um sich vor der Spruchkammer als „Judenfreunde" auszugeben. Beispielsweise prahlte Ludwig Hüttinger im Jahr 1947 vor der Spruchkammer Gunzenhausen, dass er trotz seiner Parteimitgliedschaft im Jahr 1937 noch eine Kuh von Markt Berolzheim nachts zu dem Viehhändler Bermann in das dreizehn Kilometer entfernte Ellingen getrieben habe.[77]

Nicht nur nichtjüdische Viehhändler zogen einen Vorteil aus der Verfolgungssituation ihrer jüdischen Konkurrenten, sondern auch viele Bauern, indem sie ihre Schulden aus Vieh- und Grundstücksgeschäften nicht mehr an ihre Gläubiger zurückbezahlten. Das Eintreiben von Schulden war zudem für die Händler mit mannigfaltigen Risiken verbunden. Notfalls griffen Bauern selbst zum Mittel der Gewalt, um die Verfolgten von der Rückforderung ihrer Schulden abzuhalten.[78] Viehhändler liefen beispielsweise Gefahr, unter der Androhung von Prügeln vom Bauern vom Hof gejagt zu werden.[79] Um derartige Angriffe zu umgehen, halfen nichtjüdische Angestellte, Rechtsanwälte und in einem Fall sogar ein Bauer jüdischen Viehhändlern beim Eintreiben ihrer Forderungen. Dass dies aber ein äußerst risikoreiches Unternehmen war, belegt ein Fall aus Markt Berolzheim. Dort hatte ein nichtjüdischer Bauer für einen bereits emigrierten jüdischen Viehhändler in dessen Namen Außenstände eingetrieben, und wurde daraufhin just wegen „Drei-

---

76 Aus dem Antrag auf Entschädigung für Schaden im wirtschaftlichen und gewerblichen Fortkommen. In: StAN, BEG 77461; K-018, RA Dr. Leo Beck an das Landesentschädigungsamt, 08.12.1961. In: StAN, BEG 61371; K-302.

77 Georg Meyer an die Sprk. Gunzenhausen, 03.01.1947 und eidesstattliche Erklärung von Ludwig Hüttinger für Georg Meyer an die Sprk. Gunzenhausen, ohne Datum [um 1947]. In: StAN, Sprk. Gun-Land, M-43. Auch Kaufmann verweist auf diese Art von heimlich getätigten Kuhgeschäften in Hessen: Zum Viehhandel (wie Anm. 8), S. 40.

78 Ein solcher Fall wird erwähnt in dem Schreiben von RA Dr. Bayer an das LEA, 12.09.1957. In: StAN, BEG 77459; A-16. In Hessen wurden Viehhändler aufgrund einer Anzeige eines Bauern, der seine Schulden stunden lassen wollte, in ein Konzentrationslager eingeliefert: Kim Wünschmann: Jüdische Häftlinge im KZ-Osthofen. Das frühe Konzentrationslager als Terrorinstrument der nationalsozialistischen Judenpolitik. In: Landeszentrale für Politische Bildung Rheinland-Pfalz (Hg.): Vor 75 Jahren: „Am Anfang stand die Gewalt ...". Mainz 2008, S. 18–31, hier S. 25f.

79 Zeugenvernehmung vor dem Amtsgericht der Luzia Röder (ehemaliges Hausmädchen bei der Viehhändlerfamilie Eugenie und Herman Levite). Dinkelsbühl, 10.03.1964. In: StAN, BEG 49839, A-185 und RA Dr. Heinz Levor an Louis Feldmann, 17.12.1936, Louis Feldmann an RA Dr. Heinz Levor, Buenos Aires, Argentinien, 31.01.1937. In: StAN, Nachlass RA Herz, Nr. 242, sowie: Ophir/Wiesemann, Jüdische Gemeinden (wie Anm. 4), S. 197.

stigkeit“ für mehrere Tage in Polizeihaft genommen.[80] Der nichtjüdische Rechtsanwalt von Theodor Mann, Dr. Bayer aus Ansbach, wurde im Jahr 1937 für seine Tätigkeit sogar namentlich dafür im *Stürmer* angeklagt.[81]

Erschwerend kam hinzu, dass Bauern, die ihre Schulden nicht mehr beglichen, kein Strafverfahren fürchten mussten, wie gleichfalls Rechtsanwalt Dr. Bayer bestätigte: „Allgemein wurde Propaganda dafür gemacht, dass die Landwirte keine Schulden mehr an Juden [zurück]bezahlen sollten, da diese Schulden gestrichen würden.“[82] Auch wenn die allgemeine Stimmung auf dem Land dagegen stand, ließen sich jüdische Viehhändler nicht davon abhalten, die Bauern zur Begleichung ihrer Schulden aufzufordern, wie die Kreisbauernschaft Weißenburg/Bay. noch im Mai 1939 meldet: „Juden, welche noch Forderungen bei verschiedenen Bauern haben, werden jetzt aufdringlich und gehen teilweise mit Zwangsmaßnahmen vor.“[83]

Durchsetzung des Berufsverbots und endgültige Verdrängung

Jüdischen Viehhändlern war – anders als jüdischen Beamten oder Rechtsanwälten – noch bis Juni 1938 offiziell die Ausübung ihrer Tätigkeit erlaubt. Die Abwesenheit eines offiziellen Berufsverbots diente lokalen Entscheidungsträgern zum Missbrauch ihrer Verfügungsgewalt, indem sie mit oft fadenscheinigen Begründungen jüdischen Viehhändlern in ihrem Bezirk die Ausstellung einer Handelserlaubnis verweigerten. Beispielsweise unterstellten lokale Entscheidungsträger jüdischen Viehhändlern, sie würden ihre Geschäftstätigkeit für „staatsfeindliche Zwecke“ missbrauchen und dadurch die Versorgung der „Volksgemeinschaft“ mit Nutz- und Schlachtvieh gefährden. Aufgrund dessen entzogen Beamte der Bezirksverwaltung Rothenburg dem jüdischen Viehhändler Moritz Lehmann die Handelserlaubnis, der bei einem örtlichen SA-Sportfest am 31. Dezember 1935 gesagt haben soll: „Wenn man von arisch das ‚i‘ wegläßt, dann bleibt noch ‚Arsch‘ übrig.“ Solange der Rassismus noch nicht gesetzlich verankert war, konnten jüdische Viehhändler dagegen Klage einreichen. Moritz Lehmann beschwerte sich über die darauf erfolgte Verweigerung einer Handelserlaubnis vom Bezirksamt bei der Bezirksregierung, die seine Beschwerde jedoch zurückwies.[84]

---

80 Ebd., S. 197.

81 „Kleine Nachrichten“. In: *Der Stürmer* (26/1937).

82 Eidesstattliche Versicherung des Justizrats Dr. Bayer, Ansbach, 12.10.1954 an das LEA. In: StAN, EG 121828; K–2720; Hoffmann (wie Anm. 59), S. 377.

83 NSDAP-Kreisleitung Eichstätt, Monatsbericht 1935. In: StAN, Rep. 503, NS-Mischbestand, Kreisleitung Eichstätt, Nr. 7.

84 Unterakte Moritz Lehmann und darin insbesondere: Bescheid der Regierung von Ober- und Mittelfranken über die Verwerfung der Beschwerde von Moritz Lehmann, 06.08.1937. In: StAN, Rep. 270, Regierung, K.d.I, Abg. 1978, Nr. 3420.

Reichsweit wurde Juden die Ausübung des Viehhandels im Juni 1938 verboten, zu diesem Zeitpunkt lebten in Mittelfranken kaum noch Juden außerhalb von Nürnberg oder Fürth.[85] Unter den letzten verbliebenen Landjuden stellten jüdische Viehhändler oft die größte Gruppe dar. Insbesondere die jüngere Generation hatte sich bereits in den ersten Jahren des NS-Regimes vom Land in die Anonymität der nächstgelegenen Großstadt oder ins Ausland geflüchtet. Beispielsweise kehrten Theodor Manns Kinder kurz nach dem Angriff auf ihre Familie im März/April 1933 Rothenburg den Rücken und suchten in Berlin und München Schutz vor dem SA-Terror, um von dort aus ihre Emigration nach England und Frankreich in die Wege zu leiten.[86] Den noch verbliebenen Landjuden wurde im Jahr 1938 ihr letztes Eigentum geraubt und sie wurden aus ihren Wohnorten verwiesen. In Mittelfranken gaben die Ausschreitungen im Spätsommer 1938 schon einen traurigen Vorgeschmack auf das, was sich reichsweit im November des Jahres abspielen sollte.

Einen Auftakt dafür stellte die Anordnung von „Frankenführer" Julius Streicher im August 1938 dar, die Nürnberger Hauptsynagoge abtragen zu lassen.[87] Diese Aktion fand bald darauf in mehreren ländlichen Gemeinden eifrige Nachahmer. In Windsheim und Rothenburg wurden die verbliebenen jüdischen Familien zwischen September und Oktober 1938 ihres restlichen Eigentums beraubt und des Ortes verwiesen.[88] Wie sich im Einzelnen eine derartige Enteignung abspielen konnte, das lässt sich anhand der Zeugenaussagen von zwei nichtjüdischen Hausmädchen rekonstruieren, die während dieser Zeit noch bei der Familie Mann in der Adam Hörber-Straße in Rothenburg tätig waren. Nach deren Aussage spielte sich in der Nacht vom 29. zum 30. Oktober 1938 vor dem Haus der Familie Mann erneut ein antisemitischer Gewaltakt ab. Nach der Schilderung des Hausmädchens versammelte sich in dieser Nacht eine Ansammlung von Menschen vor dem Haus der Familie Mann und schrie: „Judensau, geh raus! Macht auf, ihr Bolschewisten, der Bauch gehört euch aufgeschlitzt!" Daraufhin rief nach dem Bericht des Hausmädchens einer der Brüder Mann die Polizei um Hilfe. Doch bot die Staatsgewalt Juden schon lange keinen Schutz mehr vor derartigen Übergriffen, sondern beteiligte sich gar daran, indem sie die jüdischen Männer beim Eintreffen in der Polizeistation in „Schutzhaft" nahm. Gegen halb zwei Uhr nachts seien die beiden Männer völlig verstört in ihr Haus zurückgekehrt und verloren darüber, wie sie behandelt worden waren,

85 Die Gesamtabwanderungsquote lag für Mittelfranken – inklusive der Städte Nürnberg und Fürth – bei 64 Prozent: Wiesemann, Einleitung (wie Anm. 4), S. 24.

86 Eidesstattliche Versicherung Babette Baumann an das LEA, 18.09.1956, Dinah G. Delpeint an die LEA, Paris, 20.09.1965, beide in: StAN, EG 46.576; K–237.

87 Ophir/Wiesemann, Jüdische Gemeinden (wie Anm. 4), S. 211.

88 Ebd., S. 221. Ähnliches ist auch aus Windsbach überliefert: ebd., S. 241.

kein Wort. Daraus schloss das Hausmädchen, dass sie dort wohl misshandelt worden waren. Das andere Hausmädchen, Babette Baumann, bezeugte, dass die Haustreppe und die Fenster in dieser Nacht beschmiert wurden. Wenig später in der gleichen Nacht seien die örtlichen NSDAP-Funktionäre Steinacker, Haberkern, Denzer und Hitte gekommen und hatten Josef Mann unter der Androhung sonst in das Konzentrationslager Dachau zu kommen, gezwungen, das Haus an den „arischen Viehverteiler" Leonhard Assel zu verkaufen. Gegen Morgen wurde der „Verkauf" notariell besiegelt. Anschließend mussten die Brüder Josef und Theodor Mann Rothenburg verlassen. Von dort flüchteten die beiden betagten Männer nach München. Da sie für die Auswanderung bereits zu alt waren, konnten sie dem Grauen nicht mehr entfliehen. Von ihrem letzten Wohnort in München wurden sie am 24. Juni 1942 nach Theresienstadt und von dort im September 1942 in einem Viehwaggon weiter in das Vernichtungslager Treblinka verschleppt, wo sich ihre Spuren verlieren.[89]

Schlussbemerkung

Ähnlich wie die Brüder Theodor und Josef Mann waren viele Viehhändler und ihre Frauen bereits zu alt, um noch ins Ausland zu entkommen. Anderen gelang die Flucht in die Vereinigten Staaten von Amerika oder nach Palästina, wo sie sich wieder in der Vieh- und Milchwirtschaft betätigten.[90] Zurück in Deutschland wurde der Viehhandel weiter von „arischen" Viehverteilern, wie Leonhard Assel in Rothenburg, betrieben. Nicht wenige von ihnen waren früher in einem Angestelltenverhältnis zu einem jüdischen Viehhändler gestanden und führten damit die Betriebe ihrer ehemaligen Dienstherren fort. Dass die Beziehungen zwischen den Bauern und den „arischen" Viehhändlern jedoch keineswegs wegen der rassistischen Politik entspannter verliefen, darauf verweisen zahlreiche Klagen von Bauern bei den Kreisbauernschaften

89 RA Dr. Bayer auf Auftrag von Josef und Theodor Mann an das Zentralmeldeamt auf Rückerstattung, 01.09.1948. In: StAN, WBIIIa 5244; Koblenz Bundesarchiv (Hg.): Gedenkbuch Opfer der Verfolgung der Juden unter der nationalsozialistischen Gewaltherrschaft in Deutschland 1933–1945, Koblenz 2006, S. 2237, 2239.

90 Ein bekanntes Beispiel stammt aus Baden, dort organisierte die jüdische Gemeinde Horb/Rexingen im Jahr 1938 eine Gruppenauswanderung nach Israel. Der Großteil der Flüchtlinge handelte mit Vieh. Sie gründeten in Israel den Kibbuzz Shavei Zion mit schwäbischem Rindvieh, das sie eigens nach Israel importiert hatten. Das Vieh hielt zwar den klimatischen Bedingungen in Israel nicht stand, aber den Viehhändlern gelang es dennoch, innerhalb kürzester Zeit ihren Kibbuzz – mit robusteren Rinderrassen – zu einem der wichtigsten Milchversorger Palästinas zu machen: Heinz Högerle (Hg.): Ort der Zuflucht und Verheißung. Shavei Zion 1938–2008. Stuttgart 2008. Für die USA: Rhonda F. Levine: Class, networks, and identity. Replanting Jewish lives from Nazi Germany to rural New York. Lanham, Boulder, New York, Oxford 2001.

über das „unehrenhafte" Geschäftsgebaren „arischer Viehverteiler". Eine dieser Beschwerden stammt von dem Bauern und Gastwirt Hans Hofmann aus Forth, der im Januar 1938 den „arischen Viehverteiler" Heinrich Gollwitzer bei der Kreisbauernschaft Nürnberg anklagte. Hofmann behauptete, der „arische Viehverteiler" habe ihm im August 1937 eine Kuh verkauft, die er ihm als junge Kuh anpries, die erst zweimal gekalbt habe und täglich angeblich 18 Liter Milch gebe. Zu seiner Enttäuschung musste der Bauer nach dem Kauf der Kuh aber feststellen, dass die Kuh nicht zweimal, sondern schon achtmal gekalbt hatte und anstatt der versprochenen 18 nur fünf Liter Milch gab, obendrein litt die Kuh auch noch an Rheumatismus, weswegen sie nicht einmal als Zugtier eingesetzt werden konnte.[91] Hofmanns Beschwerde blieb kein Einzelfall, das Verhältnis zwischen den Bauern und den „arischen Viehverteilern" verlief spannungsreich, der Viehhandel war keineswegs „ehrlicher" geworden.[92] Oder wie ein Zeitzeuge die „arischen Viehverteiler" beschrieb: „O, die ungschnittna Juden [waren] schlimmer wie die Gschnittna!"[93] Die Erinnerung an die „gschnittna" Viehhändler war unter den Zeitzeugen, die ich für meine Arbeit befragte, noch sehr lebendig. Unter alten Bauern ist bis heute der Begriff „Viehjude" gebräuchlich, wenn von Viehhändlern die Rede ist. Diese sprachliche Überlieferung verweist wie kaum andere auf die tiefe Verankerung von Juden in diesem Geschäftsfeld.

91 Hans Hofmann an die Kreisbauernschaft Nürnberg, Forth, 20.01.1938. In: StAN, Reichsnährstand, Kreisbauernschaft Nürnberg, Rep. 267 IV, Nr. 173.

92 Weitere Fälle finden sich in: StAN, Reichsnährstand, Kreisbauernschaft Nürnberg, Rep. 267 IV, Nr. 173, siehe auch das „Ehrverfahren" des Reichsnährstands gegen den Kreisbauernführer der Kreisbauernschaft Nürnberg, Konrad Wagner, 12.12.1938. In: Bundesarchiv, Berlin-Lichterfelde, R16/1 2307.

93 Zeitzeugeninterview geführt von Stefanie Fischer mit Kurt B. und Oliver G., Mönchsroth 13.03.2008; Gabeli (wie Anm. 32), S. 87.

Die jüdische Gemeinde in Rothenburg seit 1870

Oliver Gußmann

Jüdische Familien aus dem Umland ließen sich ab 1870 in Rothenburg ob der Tauber nieder und gründeten hier im Jahr 1875 eine jüdische Gemeinde. Sie bestand bis zur Vertreibung der jüdischen Bürger am 22. Oktober 1938, also bis zwei Wochen vor dem Novemberpogrom am 9. November 1938.

Die *Quellenlage* für die letzte Rothenburger Gemeinde ist dürftig, weil kaum greifbare Zeugnisse vorhanden sind. Einzelne Quellen existieren nur im Staatsarchiv Nürnberg und im Stadtarchiv von Rothenburg.[1] Einige Archive gaben auf Nachfrage an, über keine Bestände im Blick auf Rothenburg zu verfügen.[2]

Noch niemand hat die Geschichte der letzten jüdischen Gemeinde aufgearbeitet. Ein Schwerpunkt lag bisher auf der mittelalterlichen jüdischen Geschichte, für die Rothenburg wegen des Rabbi Meir ben Baruch berühmt ist. Die 2007 erschienene Bibliographie von Falk Wiesemann über die Geschichte der Juden in Bayern verzeichnet etwa 25 Titel zur letzten jüdischen Gemeinde von Rothenburg, davon sind die meisten Gemeindenachrichten aus deutsch-jüdischen Zeitschriften vor 1945.[3] Es existieren zusammenfassende Artikel: beispielsweise in dem Buch jüdischer Gemeinden in Bayern seit 1918 von Ophir und Wiesemann,[4] in dem Lexikon der jüdischen Gemeinden im deutschen Sprachraum von Alicke[5] sowie kürzlich der Eintrag von Berger-

---

1 Übersicht über die Quellen in: Cornelia Berger-Dittscheid: Art. „Rothenburg ob der Tauber". In: Wolfgang Kraus, Berndt Hamm (Hgg.), erarb. v. Barbara Eberhardt, u. a.: Mehr als Steine... Synagogen-Gedenkband Bayern. Bd. 2: Mittelfranken. Lindenberg 2010, S. 542–562, hier S. 558.

2 So die Central Archives for the History of the Jewish People (CAHJP) in Jerusalem oder die Yad Vashem Archives, Jerusalem. Auf eine Online-Recherche habe ich mich beschränkt bei den Archives of the Leo Baeck Institute, New York, dem US Holocaust Memorial Museum (USHMM) in Washington, der Wiener Library in London und dem Archiv des Centrum Judaicum in Berlin.

3 Falk Wiesemann: Judaica-Bavarica. Neue Bibliographie zur Geschichte der Juden in Bayern. Essen 2007, Nr. 10967–11008.

4 Baruch Ophir, Falk Wiesemann: Die jüdischen Gemeinden in Bayern 1918–1945. Geschichte und Zerstörung. München u. a. 1979, S. 220–221; Baruch Ophir: Rothenburg ob der Tauber. In: Pinkas Hakehillot: Encyclopedia of Jewish Communities from their foundation till after the Holocaust. Germany – Bavaria. Hg. von Yad Vashem. Jerusalem 1972, S. 359–362 (Hebräisch); Israel Schwierz: Steinerne Zeugnisse jüdischen Lebens in Bayern. Eine Dokumentation. Hg. v. d. Bayerischen Landeszentrale für politische Bildungsarbeit. München 2. Aufl. 1992, S. 185–187.

5 Klaus-Dieter Alicke: Art. „Rothenburg ob der Tauber (Mittelfranken/Bayern)", In: Ders.: Lexikon der jüdischen Gemeinden im deutschen Sprachraum. Bd. 3: Ochtrup–Zwittau. Gütersloh 2008, Sp. 3575–3579.

Dittscheid aus dem Synagogengedenkband Bayern Band 2 „Mehr als Steine..."[6] Daneben gibt es auf der Homepage der „Alemannia Judaica" einen Ortsartikel über die jüdische Gemeinde in Rothenburg im 19. und 20. Jahrhundert, der aber einige Fehler bei der Zuweisung von Namen enthält.[7]

Dieser Aufsatz macht es sich zur Aufgabe, die Geschichte der Rothenburger Juden während der 63 Jahre von 1875–1938 festzuhalten, in der Zeit der rechtlichen Gleichstellung und bis zu deren rechtlichen Ausgrenzung während des Nationalsozialismus. Genauere Forschungen, vor allem die Beschreibung einzelner Schicksale, müssen noch geleistet werden.

Der erste Teil bietet einen Überblick über die Entwicklung und charakterisiert die Gemeinde. Ein zweiter Teil befasst sich mit dem Religionslehrer Moses Hofmann, der die Gemeinde langjährig geprägt hat. Ein dritter Abschnitt zeichnet die Geschichte des Neuen Jüdischen Friedhofs an der Wiesenstraße nach. Ein vierter und abschließender Teil wirft einen Blick auf den Umgang mit der jüdischen Geschichte in Rothenburg nach 1945.

Drei Aspekte der Geschichte der letzten jüdischen Gemeinde werden in diesem Aufsatz nicht genauer berücksichtigt, weil sie an anderer Stelle in diesem Aufsatzband zur Sprache kommen. Cornelia Berger-Dittscheid berichtet von dem Betsaal, den die jüdische Gemeinde seit 1888 am früheren Herrnmarkt neben der Franziskanerkirche eingerichtet hatte. Stefanie Fischer schildert die besonderen Lebensbedingungen der jüdischen Viehhändler, des Berufes der meisten Rothenburger Juden. Daniel Bauer thematisiert die wichtigsten Aspekte der Verfolgung und Vertreibung der Rothenburger Juden durch die Nationalsozialisten.

Überblick über die Entwicklung und Charakterisierung der jüdischen Gemeinde

Seit der Ausweisung der Juden aus Rothenburg am 2. Februar des Jahres 1520 auf Betreiben des Predigers Johannes Teuschlein wohnten 350 Jahre lang keine Juden mehr in Rothenburg, so wie in vielen anderen Reichsstädten. Ausnahmen wurden gemacht, wenn Juden gegen Zollzahlungen durch die Stadttore ziehen wollten, um in der Stadt Handel zu treiben. Die Erinnerung an die mittelalterliche jüdische Gemeinde war in der Neuzeit nur mehr durch als Spolien verbaute jüdische Grabsteine im Schrannengebäude

6 Berger-Dittscheid (wie Anm. 1), S. 542–562. Für Rothenburg-Besucherinnen und -besucher existiert auch ein Stadtführer: Oliver Gußmann: Jüdisches Rothenburg ob der Tauber. Einladung zu einem Rundgang. 2. Aufl. Haigerloch 2011, S. 24–31.

7 http://www.alemannia-judaica.de/rothenburg_synagoge_n.htm. [05.11.2011].

oder im Burggarten vorhanden oder durch Lokalisierungen kenntlich wie „Judenkirchhof“ oder „Judengasse“.[8]

Die Wiederansiedlung von Juden in Rothenburg ist auf dem Hintergrund des rechtlichen Gleichstellungsprozesses der Juden in Bayern zwischen den Jahren 1808 und 1871 zu sehen. Seit dem Bayerischen Judenedikt vom 10. Juni 1813 durften Juden Bürgerrecht und Grundbesitz erwerben und es wurde ihnen Glaubensfreiheit zugesprochen. Am 10. November 1861 wurde der so genannte Matrikelparagraph des Bayerischen Judenediktes aufgehoben, der die Ansiedlung jüdischer Bevölkerung beschränkte.[9] 1868 wurde durch das Gesetz über Heimat, Verehelichung und Aufenthalt die Einwanderung von Juden nach Bayern und ihre Bewegungsfreiheit vergrößert. 1871 erreichte die Bayerische Reichsverfassung zumindest auf dem Papier die rechtliche Gleichstellung für Juden. Der Anschluss Rothenburgs an das Eisenbahnnetz im Jahr 1873 bot eine wichtige infrastrukturelle Rahmenbedingung für Gewerbetreibende, zu denen auch die meisten jüdischen „Neu-Rothenburger“ zählten, darunter auch die Viehhändler.[10]

Die ersten Juden, die in Rothenburg in den Jahren nach 1870 sesshaft wurden, waren acht Familien mit Kindern, die noch nicht das Schulalter erreicht hatten:[11] Isaak Heumann (1843–1906) ließ sich als Erster im Mai 1870 in Rothenburg nieder, kurz nachdem er seine Frau Ricke Strauß in Niederstetten geheiratet hatte. Bald zog die Familie ihres Bruders David Strauß aus Niederstetten nach. Beide Familien wohnten in der Herrngasse 2. Heute ist in diesem Gebäude neben dem Rathaus der Christkindlmarkt „Käthe Wohlfahrt“. Sie gründeten 1874 das Tuchwarengeschäft Heumann & Strauß. 1874 zog der Pferdehändler Samuel Löwenthal (1837–1904) mit seiner damals noch fünfköpfigen Familie in das Haus Herrngasse 26. Heute befindet sich dort das „Hotel Meistertrunk“.[12] In das gleiche Haus zog auch die Familie seines jüngeren Bruders, Leopold Löwenthal (geb. 1839) mit seiner Frau Babette, geborene Emrich. Sie hatten im Jahr 1875, dem Jahr der Gemeindegründung, drei kleine Kinder.[13] Die Löwenthals betrieben am unteren Ende der Herrngasse einen gemeinsamen Pferdehandel „Samuel &

---

8 Jakob Kohn: Denkwürdige Überreste der alten Judengemeinde Rothenburg o. T. In: Bayerische Israelitische Gemeindezeitung. München 1928, S. 101–103.

9 Stefan Schwarz: Die Juden in Bayern im Wandel der Zeiten. München, Wien 1963, S. 271–277.

10 Siehe den Beitrag von Stefanie Fischer in diesem Band.

11 StadtARbg (= Stadtarchiv Rothenburg) Rep. 101; Hausbesitzer-Kartei im StadtARbg; Abschrift des Geburtsregisters der Juden 1871–1875 im evangelischen Pfarrarchiv St. Jakob 4.2.2.

12 Mit ihm kamen seine Frau Mina, geborene Kahn, und drei Kinder, Carl (5 Jahre), Alfred (3 Jahre) und Ludwig (2 Jahre). In Rothenburg wurden drei weitere Kinder geboren: Pauline, Isidor und Ida.

13 Lina (3 Jahre), Selma (1 Jahr) und Gretchen, ein Neugeborenes.

Leopold Löwenthal". Ursprünglich stammte die Familie aus Archshofen. Auch weitere Familienmitglieder zogen 1882 von dort nach Rothenburg.[14] Der Metzger Moses Goldberger (1842–1922) aus Ermershausen kam im Jahr 1874 ebenfalls mit seiner jungen Familie nach Rothenburg und zog in das Haus Nr. 743 (Klingengasse 17/Alte Nr. 743).[15] Nicht weit davon, in die Klingengasse 10, zog ein Jahr später das Ehepaar Hirsch (1837–1906) und Hanna (1844–1902) Wurzinger mit einer fünfköpfigen Familie.[16] Auch die Wurzingers betrieben einen Pferdehandel. Der Viehhändler Salomon Bär Levi, schon 54 Jahre alt und seine Frau Gitta kamen 1874 ebenfalls aus Archshofen und wohnten mit ihren fünf Kindern zuerst in der Herrngasse 24.[17] Der Händler Moses Josef Mann (1835–1912) und seine Frau Ernestine stammten aus Ermetzhofen und zogen 1874 mit ebenfalls fünf Kindern in das Haus Rosengasse 22.[18] Die ersten Rothenburger Juden waren also junge Familien aus dem Umland und siedelten vornehmlich in der Herrngasse und der Klingengasse. Für die Kinder herrschte gemäß dem Judenedikt von 1813 Schulpflicht außer in der Religionslehre, für die die jüdischen Gemeinden selbst sorgen mussten.[19]

Im Jahr 1875 beantragten die Rothenburger Juden die Genehmigung, eine selbstständige Kultusgemeinde zu gründen.[20] Die Gründung wurde am 27. September 1876 von der königlichen Regierung von Mittelfranken genehmigt.[21] Gleichzeitig wurde der Religionslehrer Moses Hofmann angestellt und

---

14 Moses Löwenthal, geb. 31.12.1838 und Julius Löwenthal, geb. 16.04.1848.

15 Moses Goldberger und Caroline, geborene Weil, hatten zur Zeit der Gemeindegründung drei kleine Kinder: Mina (7 Jahre), Ida (5 Jahre) und Josua (4 Jahre).

16 Hanna Wurzinger, geborene Gutmann, stammte aus Colmberg. Die fünf Kinder hießen Samson (7 Jahre), Getta (5 Jahre), Albert (4 Jahre), Ida (3 Jahre) und Clara (1 Jahr). Samson war der spätere Synagogendiener.

17 Früher Haus Nr. 22, im Besitz der Familie seit 1874. Sie hatten 5 Kinder, Aaron (22 Jahre), Jakob (18 Jahre), Sophie (15 Jahre), Ricke (13 Jahre) und Julius (11 Jahre). Die Altersangaben beziehen sich auch hier auf das Jahr 1875.

18 Sie hatten zur Zeit der Gemeindegründung vier Kinder, Sophie (10 Jahre), Samuel (8 Jahre), Adolf (6 Jahre) und Pauline (1 Jahr).

19 Bayerisches Judenedikt vom 10. Juni 1813, §§ 32 und 33. In: Claudia Prestel: Jüdisches Schul- und Erziehungswesen in Bayern 1804–1933. Tradition und Modernisierung im Zeitalter der Emanzipation (= Schriftenreihe der Historischen Kommission bei der Bayerischen Akademie der Wissenschaften 36). Göttingen 1989, S. 387–392.

20 StAN (=Staatsarchiv Nürnberg), Reg. v. Mfr., K. d. I., Abg. 1932, Tit. 13, Nr. 1689 und ebd., Abg. 1978, Nr. 4807. – Vgl. Fränkischer Anzeiger (= FA) 30.10.1925, S. 2; Hilde Merz: Die mittelalterliche Jüdische Gemeinde in Rothenburg o.d.T. In: Dies. (Hg.): Judaika im Reichsstadtmuseum. Zur Geschichte der mittelalterlichen jüdischen Gemeinde in Rothenburg ob der Tauber. Rabbi Meir ben Baruch von Rothenburg zum Gedenken an seinen 700. Todestag. Rothenburg 1993, S. 9–28, besonders S. 25f. Gründungsmitglieder der Gemeinde waren: Moses Goldberger, Isaak Heumann, Salomon Levy, Leopold Löwenthal, Samuel Löwenthal, Moses Josef Mann (Vorstand), David Strauß und Hirsch Wurzinger.

21 Berger-Dittscheid (wie Anm. 1), S. 549, Anm. 105; StAN, Reg. v. Mfr., K. d. I., Abg. 1968, Tit. Judensachen Nr. 22.

übernahm, wie es in den kleinen orthodoxen Landgemeinden üblich war, auch das Amt des Vorsängers und Schächters. Der bereits erwähnte Moses Josef Mann bekleidete das Amt des ersten Gemeindevorstehers. Die Entwicklung der Gemeinde war bei der Besetzung von Funktionsämtern von Kontinuität geprägt: Karl Wimpfheimer beispielsweise hatte 42 Jahre lang das Amt des Kassiers, später des Vorsitzenden der Gemeinde, inne.[22] Der Religionslehrer Moses Hofmann, der sich ursprünglich nur kurz für Rothenburg verpflichten lassen wollte, blieb 51 Jahre lang bis zum Ruhestand. Sein Nachfolger als Religionslehrer und Kultusbeamter war von Oktober 1926–1929 Emil Liffgens (geb. 19. Juli 1897) aus Trabelsdorf bei Bamberg.[23] Dieser unterrichtete an der Volksschule acht Stunden und am städtischen Mädchenlyzeum vier Stunden Religion.[24] Der Nachfolger von Emil Liffgens wiederum war Sigmund Marx (1929–1933).[25] Nach Marx wurde in Rothenburg kein ausgebildeter Religionslehrer mehr angestellt. Die Gemeindegliederzahl war so drastisch im Rückgang begriffen, dass sich die Gemeinde finanziell keinen eigenen Lehrer mehr leisten konnte. Diese und auch die Aufgabe des Vorbeters übernahm nun der Synagogendiener Samson Wurzinger bis zur Übergabe der Synagogenschlüssel an die Stadtverwaltung.[26]

Die Israelitische Kultusgemeinde Rothenburg gehörte in den ersten drei Jahren zum Distriktsrabbinat Welbhausen-Uffenheim, bis dieses 1880 aufgelöst wurde.[27] In diese Zeit fällt eine Reihe von eigenständigen Vereinsgründungen der jüdischen Kultusgemeinde: [28]

- 1876 wurde die „Unterstützungskasse für arme durchreisende Juden“ gegründet. Diese Kasse unterstand der Verfügung des Religionslehrers. Im

---

22 Gemeindeleiter von 1883–1925. Nachruf auf Carl Wimpfheimer, Kultusvorstand der Gemeinde Rothenburg o. d. Tauber: Schlomo Halevi: Rothenburg o.d.T. In: Bayerische Israelitische Gemeindezeitung Nr. 18, 15.09.1931, S. 287.

23 StAN, Rep. 270/IV, Reg. v. Mfr., K. d. I., Abgabe 1968, Tit. 13, Nr. 5172. Vgl. FA vom 24.08.1926, S. 3.

24 StAN, Reg. v. Mfr., K. d. I., Abgabe 1968, Tit. 13, Nr. 5172; Emil Liffgens ging 1930 als Religionslehrer nach Memmingen. http://www.alemannia-judaica.de/memmingen_synagoge. htm [30.12.2011].

25 Berger-Dittscheid (wie Anm. 1), S. 551 Anm. 120: StAN, Reg. v. Mfr., K. d. I., Abgabe 1978, Nr. 4807; Bayerische Israelitische Gemeindezeitung 01.12.1929. Im April 1933 nahm man Sigmund Marx wegen „Beleidigung der Regierung“ in „Schutzhaft“: FA 13.04.1933.

26 Merz, Katalog (wie Anm. 20), S. 313. Der Viehhändler Samson Wurzinger (10.12.1868–16.06.1943) war ein Sohn eines der Gemeindegründer. Zuletzt wohnte er in der Lehrerwohnung Herrngasse 21. Nach der Vertreibung am 22.10.1938 kam er nach Fürth, wurde von dort deportiert und starb in Theresienstadt.

27 StAN, Reg. v. Mfr., K. d. I., Abg. 1968, Titel Judensachen Nr. 22. Der Anschluss erfolgte am 18.11.1875.

28 Ophir/Wiesemann (wie Anm. 4), S. 221. In den Vereinsakten des StadtARbg NA 1805–1809 existieren keine Hinweise auf jüdische Vereine.

Jahr 1924 hatte dieser Verein 20 Mitglieder. Vorstandsmitglieder der jüdischen Gemeinde waren auch im städtischen Armenrat vertreten.[29]

- 1878 wurde der israelitische Frauenverein der „Heiligen Schwesternschaft" gegründet und viele Jahre von Helene Löwenthal geleitet.[30] Der Zweck des Frauenvereins war die Krankenpflege und die Bestattung von Frauen.
- 1878 gründete sich die Arbeitsgemeinschaft für jüdische Geschichte. Solche Vereine hatten in vielen jüdischen Gemeinden die Aufgabe, Juden und Nichtjuden in die Literatur und Geschichte des Judentums einzuführen.

Die Gottesdienste wurden ab Herbst 1875 in einem neuen, so genannten „Betlokal" gefeiert. Offensichtlich war wohl auch eine Mikwe im Bau.[31] Vermutlich waren die Gemeindeinstitutionen anfangs in Privathäusern untergebracht, ähnlich wie in Uffenheim oder Neustadt an der Aisch.[32] Denn erst im Jahr 1888 wurde in Rothenburg das Erdgeschoss des früheren Wohnhauses Ecke Herrngasse 21/Heringsbronnengässchen (früher Herrnmarkt 40) neben der Franziskanerkirche zu einem jüdischen Betsaal umgebaut. Entsprechende Pläne, entworfen vom Bauzeichner Georg Barthelmeß[33] aus dem Jahr 1888, sind im Stadtarchiv Rothenburg erhalten geblieben.[34] (Siehe hierzu die Abbildungen 15 bis 19 im Beitrag von Cornelia Berger-Dittscheid, S. 92 bis 96).

Doch wo genau eigentlich befanden sich das „Betlokal" und die Mikwe in den dreizehn Jahren zuvor (1875–1888)?[35] Ich möchte eine vorsichtige Hypothese zu ihrer Ortslage formulieren: In einem Aufsatz von Abraham Strauß in der Bayerischen Israelitischen Gemeindezeitung heißt es: „Die inzwischen durch weiteren Zuzug verstärkte Gemeinde erwarb 10 Jahre spä-

---

29 Zum Beispiel Karl Wimpfheimer, FA 12.01.1925.

30 FA 30.07.1930.

31 Berger-Dittscheid (wie Anm. 1), S. 549f. und Anm. 112. „Rothenburg". In: Der Israelit Nr. 17, 19.04.1876, S. 350.

32 Siehe Barbara Eberhardt, Cornelia Berger-Dittscheid: Art. „Uffenheim". In: Mehr als Steine, Bd. 2 (wie Anm. 1), Seite 691–704, hier: Seite 693f.

33 Zu Bartelmeß siehe: Ekkehart Tittmann: Georg Andreas Bartelmess (1844–1905). Planer der vierten Rothenburger Synagoge 1888. Ein mittelfränkisches Aufsteiger-Schicksal am Ende des 19. Jahrhunderts. In: Die Linde 94 (2012) [im Druck].

34 StadtARbg, NA 166.3 mit drei Bauzeichnungen aus dem Jahr 1888: „Einrichtung eines Betsaales, Versetzung der Hausthüre, Einsetzung von 2 Fenstern und Verlegung der Aufgangstreppe, für die israelitische Cultusgemeinde, in Hs. Nro. 40 am Herrnmarkt dahier". Der etwa 95 m^2 große Betsaal war sehr engräumig, bot 40 Männern Sitzplätze und, getrennt durch eine schmale Holztrennwand, auch etwa 40 Plätze für Frauen. Ein ehemaliges Waschhaus hin zur Hofbronnengasse wurde zu einer beheizbaren Mikwe umgebaut. Zum Synagogengebäude vgl. auch den Aufsatz von C. Berger-Dittscheid über die Synagogen in Rothenburg in diesem Band. Heute befindet sich dort ein Modegeschäft.

35 Bayerische Israelitische Gemeindezeitung Nr. 10, 06.11.1925, S. 187.

Abb. 1: Tafel Herrngasse 15 (Foto: Gußmann)

ter in der Herrngasse ein historisches Haus mit der Inschrift ‚Hier wohnte im Februar 1474 der Erzherzog und spätere Kaiser Maximilian eine Woche lang', errichtete darin die Synagoge, Lehrerwohnung, Schul- und Beratungszimmer [...]".[36] Eine ähnliche Inschrift befindet sich jedoch nicht an dem Betsaal von 1888, sondern am Haus der Herrngasse 15, dem „Wittgensteinhaus", gelegen zwischen Gotischem Haus und Montessorischule. Das Epitaph an der Hausmauer besitzt einen nahezu gleich lautenden Text: „Hier wohnte im Februar 1474 der Kaiser Friedrich III. eine Woche lang." Eine Suche in der Häuserkartei des Stadtarchivs Rothenburg und dem Rothenburger Adressbuch hat aber keine Hinweise auf jüdische Bewohner ergeben.

Wie die Ansiedlung von Juden von den Einwohnern der Stadt Rothenburg aufgenommen wurde, ist nicht bekannt. 1876 hatte man bereitwillig der jüdischen Gemeinde von Rothenburg, die noch keinen eigenen Friedhof besaß, für eine Beerdigung in dem rund 20 Kilometer entfernten Ermetzhofen den städtischen Leichenwagen zur Verfügung gestellt. Die jüdi-

36 Abraham Strauß: „Ein Doppeljubiläum in Rothenburg o. d. Tauber". In: Bayerische Israelitische Gemeindezeitung Nr. 10, 06.11.1925, S. 187.

Abb. 2: Hornburghaus, Herrngasse 15 (Foto: Gußmann)

sche Seite war sehr um ein positives Verhältnis zur Stadt bemüht und lobte das Verhalten der Stadt. Zwei Mal wird bei der Formulierung das Wort „Toleranz" verwendet:

> „Diese humane Handlungsweise verdient gewiß in diesen weitverbreiteten Blättern Erwähnung; sie zeigt, daß man hier keinen Unterschied der Confessionen kennt. Die jetzige Generation hat sich über die veralteten Vorurtheile hinweggesetzt; die Bevölkerung ist von Toleranz beseelt und zeigt sich wohlwollend gegen Andersgläubige. Die hiesige Stadt kann jenen Städten, wo die Toleranz noch nicht ganz zum Durchbruch gekommen, als leuchtendes Vorbild aufgestellt werden."[37]

Im Oktober 1885 schlossen sich die Rothenburger dem Distriktsrabbinat Ansbach an.[38] Schon in den Jahren vorher hatte der Distriktsrabbiner von

---

37 Berger-Dittscheid (wie Anm. 1), S. 549; Art. „Rothenburg". In: Der Israelit 17 (16/1876) vom 19. April 1876, S. 350.

38 StAN Best, Reg. Kammer des Inneren (= K.d.I.), Abgabe 1968, Tit. Judensachen Nr.22; Abraham Strauß: „Ein Doppeljubiläum in Rothenburg o. d. Tauber". In: Bayerische Israelitische Gemeindezeitung Nr. 10, 06.11.1925, S. 187, 549; Ophir/ Wiesemann (wie Anm. 4), S. 221.

Ansbach, Aron Bär Grünbaum (1841–1893), die Gemeinde von Rothenburg verwaltet.

Der höchste Stand der Gemeindezahlentwicklung wurde 1910 mit 100 Personen erreicht.[39]

Im April 1914 entdeckte man bei Straßenbauarbeiten am Judenkirchhof (heute Schrannenplatz) mittelalterliche Grabsteine aus den Jahren 1297–1399 und den Pogrom-Gedenkstein, der an die Ermordung von Rothenburger Juden während des Rintfleisch-Pogroms im Jahr 1298 erinnert.[40] In den Jahren nach der Entdeckung der mittelalterlichen Grabsteine wurde Rothenburg deshalb zu einem Anziehungspunkt für jüdische Forscher und Besucher. Die Steine haben heute einen Platz in der Judaica-Abteilung des Reichsstadtmuseums gefunden.

Dem Ersten Weltkrieg fielen auch zwei Mitglieder der jüdischen Gemeinde zum Opfer: Hans Löwenthal (gef. 12. März 1915) und Moritz Gottlob (gef. 19. Sept. 1918). Für beide wurde im Jahr 1922 eine Ehrentafel in der Synagoge aufgestellt.[41] Außerdem hat man sie später auf die Tafeln der Gefallenen der Weltkriege in der Blasiuskapelle im Burggarten aufgenommen.

1926 gab es 28 jüdische Haushaltsvorstände in der Stadt. Vierzehn davon waren Viehhändler von Beruf. Außerdem gab es das „Stoffwarengeschäft Heumann & Strauß“ in der Herrngasse 1, das Lederwarengeschäft von Leopold Westheimer in der Oberen Schmiedgasse 1, das „Kurz-, Weiß- und Wollwarengeschäft“ von Karl Wimpfheimer in der Unteren Schmiedgasse 5. Der Metzger und Viehhändler Moritz Lehmann wohnte in der Oberen Schmiedgasse 18. Außerdem wohnte der jüdische Architekt Siegfried Goldberger in der Galgengasse 41. Ab 1923–1932 unterrichtete am Rothenburger Gymnasium der Zionist Professor Dr. David Tachauer als Lehrer für Mathematik und Physik.[42]

Wegen der Abwanderung in größere Städte, der niedrigen Geburtenrate, der Weltwirtschaftskrise 1929 und wegen zunehmender antisemitischer Vorkommnisse, gingen die Gemeindegliederzahlen drastisch zurück auf 45 Personen im Jahr 1933.[43] Mit dem zahlenmäßigen Rückgang und der damit ver-

---

39 Ophir/Wiesemann (wie Anm. 4), S. 221.

40 FA 07.05.1914; 08.05.1914; 19.05.1914; „Rothenburg“. In: Allgemeine Zeitung des Judenthums (Leipzig) vom 19.06.1914, Beilage: „der Gemeindebote“, S. 3–4; Die Grabsteinfunde auf dem Judenkirchhof. In: Die Linde 6 (1914) S. 21f.; Ludwig Schnurrer: Zur Entdeckung der jüdischen Grabsteine auf dem Judenkirchhof in Rothenburg 1914. In: Die Linde 80 (1998) S. 42–44.

41 „Der Israelit“ 17.02.1922; „Der Israelit“ 02.06.1921, S. 6. FA 09.01.1922.

42 Rainer Strätz: Biographisches Handbuch Würzburger Juden 1900–1945 (= Veröffentlichungen des Stadtarchivs Würzburg 4/2) Würzburg 1989, S. 630.

43 Die Entwicklung der Gemeindegliederzahlen war nach Ophir/Wiesemann (wie Anm. 4), S. 220f. folgende: 1875: 8 Familien; 1891: 18 Familien; 1910: 100 Personen; 1925: 79 Personen; 1933: 45; 01.01.1935: 35; 01.01.1937: 29; 29.09.1938: 22; 22.10.1938: 22; 23.10.1938: 0. Zu den Verfolgungen der Landjuden in Mittelfran-

bundenen Verarmung stand die Rothenburger jüdische Gemeinde nicht allein da. Um die finanziellen Verhältnisse der Gemeinde stand es im Jahr 1930 katastrophal.[44] Der Niedergang der israelitischen Kultusgemeinde hatte sich schon in den Jahren nach dem Ersten Weltkrieg abgezeichnet. Bis etwa 1919 kann man davon sprechen, dass die jüdischen Bürger zumindest toleriert wurden.[45]

Das erste öffentlich gewordene antisemitische Ereignis läutete um 1920 eine Phase zunehmender Ausgrenzung ein: Bereits am 4. August 1920 wurden nachts Häuser jüdischer Bürger, die Synagoge und andere Häuser mit Hakenkreuzen in Teerfarbe beschmiert.[46] Mit Zahlen greifbar ist die Stimmung im Ergebnis der Reichstagswahl vom 14. September 1930, als die NSDAP in Rothenburg 33,6 Prozent der Stimmen erhielt, während die NSDAP in anderen Bezirken nur 18,3 Prozent erreichte.[47] Das letzte größere Ereignis nach einer Serie von antisemitischen Aktionen bis zur Vertreibung der Juden am 22. Oktober 1938 war im August 1937 die Aufstellung der von dem Rothenburger Maler Unbehauen gestalteten „Mahntafeln" an den Stadttoren von Rothenburg mit ihrer massiven antisemitischen Ikonographie.[48] Die Tafeln hingen dort bis zum Ende des Krieges. Touristische Besucher erfuhren so bereits an den Toren in Bild und Wort den Antisemitismus als Aushängeschild Rothenburgs.

Moses Hofmann, Lehrer „in der Stadt des Maharam, Rothenburg" 1875–1926

Herkunft und Ausbildung

Für die etwa 15–20 jüdischen Kinder der 1875 neu in Rothenburg angesiedelten Juden musste eine religiöse Erziehung gewährleistet werden.[49] So

ken: Stefanie Fischer: Clashing Gears: Jewish Cattle Traders, Farmers, and Nazis in Conflict, 1926–35. In: Holocaust Studies: A Journal of Culture and History 16 (2010) S. 15–39.

44 StAN, Reg. v. Mfr., K. d. I., Abg. 1968, Tit. Judensachen Nr. 22, Brief von Joseph Wimpfheimer an die Regierung von Ansbach.

45 Ein Indiz für die relative Integration mag ein Fächer sein, auf dessen Blätter bei einer Tanzstunde am 29.04.1919 Sinnsprüche geschrieben wurden, wozu auch vier jüdische Tanzpartner beigetragen hatten. – Abbildung siehe Gußmann (wie Anm. 6), S. 27.

46 FA 06.08.1920, S. 3.

47 Rainer Hambrecht: Der Aufstieg der NSDAP in Mittel- und Oberfranken (1925–1933) (= Nürnberger Werkstücke zur Stadt- und Landesgeschichte 17). Nürnberg 1976, S. 190f.

48 Ulrich Herz: Der Maler und Mensch Ernst Unbehauen (1899–1980). Auch ein Stück Rothenburger Zeitgeschichte. Rothenburg 2011, S. 38–49.

49 StAN, Reg. v. Mfr., K.d.I., Abg. 1932, Tit. 13. Nr. 1689.

schrieb am 18. Februar 1875 der Rothenburger Israelitenverband in der Zeitschrift „Der Israelit“ eine Stelle für einen unverheirateten Vorbeter, Schächter und Religionslehrer aus.[50] Man entschied sich für den seit vier Jahren in Zeckendorf wirkenden 24-jährigen Religionslehrer Moses Hofmann und stellte ihn am 21. September 1875 an. Die Erlaubnis zur Anstellung wurde vom Stadtmagistrat in Rothenburg unter dem Vorbehalt erteilt, dass die Religionsstunden „nicht mit den Unterrichtsstunden der deutschen Schulen collidieren.“[51] Neben dem Religionsunterricht nahm Moses Hofmann in der Gemeinde zahlreiche weitere Aufgaben wahr.[52] Das Gehalt des Religionslehrers wurde von den jüdischen Familien bezahlt, dazu kam ein Zuschuss der Stadt Rothenburg.

Über ein halbes Jahrhundert lang, von 1875 bis 1926, hat Moses Hofmann die jüdische Gemeinde Rothenburgs geprägt. Wer war dieser Mann? Moses Hofmann wurde am 2. November 1851 in dem kleinen unterfränkischen Dorf Dittlofsroda (Rabbinatsgemeinde Bad Kissingen) geboren.[53] Er entstammte einer orthodoxen Familie. Sein Vater Josef Hofmann (geb. 1817 oder 1818) war ein Viehhändler. In der jüdischen Gemeinde Dittlofsroda war der Vater hoch geachtet und er nahm dort auch religiöse Aufgaben wahr; er war beispielsweise verantwortlich für das Schofarblasen an den Hohen Feiertagen.[54] Als der Vater von Moses Hofmann im Alter von fast 90 Jahren am 27. Mai 1907 starb, schrieb die Zeitung „der Israelit“ einen Nachruf:

> „Von tiefer Frömmigkeit beseelt, hat der Verblichene noch bis in seine letzten Tage die religiösen Pflichten mit jugendlicher Rüstigkeit erfüllt. Auf seinen Stock gestützt, erschien er regelmäßig trotz seiner großen Schwäche, im Sommer wie im Winter, zum gemeinsamen Gebet.“[55]

Sein Sohn Moses Hofmann sollte Religionslehrer werden. Die Vorbereitung dazu leistete die Präparandenschule in Höchberg und anschließend die Israelitische Lehrerbildungsanstalt in Würzburg. Moses Hofmann besuchte also zuerst drei Jahre lang (1865–1867) die orthodoxe Präparandenschule von Höchberg. Der orthodoxe Rabbiner von Höchberg, Lazarus Ottensoser (1798–1876) hatte die Talmud-Tora-Schule etwa 1840 gegründet. Wenige Jahre bevor Hofmann auf die Schule ging, war sie zu einer „Israelitischen

50 Der Israelit Nr. 9 vom 03.03.1875, S. 175.

51 StAN, Reg. v. Mfr., K.d.I., Abg. 1932, Tit. 13. Nr. 1689.

52 Er war auch Schächter (Schlachter), leitete den Gottesdienst als Vorsänger und war für karitative Aufgaben zuständig. So leitete er die 1876 gegründete und bereits genannte „Unterstützungskasse für arme durchreisende Juden“ (s.o.).

53 Zu Dittlofsroda s. Cornelia Binder, Michael Mence: Nachbarn der Vergangenheit. Spuren von Deutschen jüdischen Glaubens im Landkreis Bad Kissingen mit dem Brennpunkt 1800 bis 1945. Wartmannsroth 2004, S. 265–277.

54 Der Israelit Nr. 24, 13.06.1907, S. 10.

55 Ebd.

Abb. 3: Heutige Ansicht der Präparandenschule von Höchberg (Foto: Gußmann)

Präparandenschule“[56] umgewandelt worden, um Schüler auf die anschließende Seminarausbildung für Lehrer vorzubereiten.[57]

Dies geschah in weiteren drei Jahren von 1868 bis 1871 in Würzburg an der erst 1864 gegründeten und orthodox ausgerichteten „Israelitischen Lehrerbildungsanstalt“ (ILBA).[58] Die Aufgabe dieses Seminars war

> „die Heranbildung jüdischer Lehrer, die auf der Grundlage einer aufrichtigen religiösen Gesinnung und einer streng religiösen Lebensführung mit den erforderlichen Kenntnissen auf dem Gebiet der Religionswissenschaften als Religionslehrer und der allgemeinen Fachbildung als Volksschullehrer ausgerüstet“

56 Dies war im Jahr 1861. Seit 1865 war ihr Sitz in dem Gebäude Sonnemannstraße 15 in Höchberg, das heute ein kleines Museum enthält. Im ersten Stock befanden sich drei Unterrichtsräume, ein Konferenzzimmer und ein Lehrmittelraum.

57 Der Israelit vom 30.05.1866. – Roland Flade: Lehrer, Sportler, Zeitungsgründer. Die Höchberger Juden und die israelitische Präparandenschule (= Schriften des Stadtarchivs Würzburg 12). Würzburg 1998.

58 Bayerische Israelitische Gemeindezeitung vom 15.09.1929. Zur ILBA s. Prestel (wie Anm. 19); Falk Wiesemann: Die israelitische Lehrerbildungsanstalt Würzburg (1864–1938). Ein Beitrag des fränkischen Landjudentums zum jüdischen Bildungswesen in Deutschland. In: Wolf D. Gruner (Hg.): Wissenschaft – Bildung – Politik. Von Bayern nach Europa. Festschrift für Ludwig Hammermayer zum 80. Geburtstag. Hamburg 2008, S. 341–359.

wurden.[59] Im Jahr 1868 wurden mit Moses Hofmann sieben Schüler aufgenommen; insgesamt besuchten 22 Schüler das Seminar.[60] Sowohl der Unterricht als auch die Unterkunft im Lehrerseminar waren kostenlos und wurden durch Spenden getragen.[61] An der Lehrerbildungsanstalt unterrichteten sechs Lehrer unter dem Vorsitz des Würzburger Distriktsrabbiners Seligmann Bär Bamberger (1807–1878).[62]

Nach dem Examen am Königlichen Schullehrerseminar war Moses Hofmann zuerst vier Jahre (1871–1875) als Religionslehrer in Zeckendorf[63] bei Bamberg tätig. Aus Zeckendorf stammte auch seine spätere Frau Karolina Ansbacher.

Leben der Familie Hofmann in Rothenburg

Moses Hofmann und seine Frau „Lina“ geb. Ansbacher (06. April 1854–20. Dezember 1899) heirateten am 15. August 1877 in Würzburg. Moses Hofmann befand sich damals schon zwei Jahre in Rothenburg in einer gesicherten Position. Zehn Monate später, am 16. Juni 1878, wurde den Hofmanns eine Tochter geboren, die sie Emma nannten. Offensichtlich war seit der Geburt des Mädchens der bisherige Wohnraum zu klein geworden, denn 1879 zog die junge Familie in das Haus Herrnmarkt 40 (heute Herrngasse 21).[64] Der Betsaal war im Erdgeschoss eingerichtet, während die Familie Hofmann in der Lehrerwohnung im ersten Stock wohnte. Auch die Unterrichtsräume befanden sich im ersten Stock. Die Hofmanns hatten insgesamt drei Töchter: Emma, Gretchen und Rosa.

Die älteste, Emma Hofmann (1878–1942), besuchte ab einem Alter von elf Jahren die Höhere Töchterschule in Rothenburg. Nach dem Koblenzer Gedenkbuch wohnte sie später in Würzburg, wurde 1942 verschleppt und in dem Todeslager Majdanek bei Lublin 1942 ermordet.[65] Die zweite Tochter, Gretchen (1883–1954), wurde am 5. Dezember 1883 geboren. Gretchen zog am 13. Juni 1909 nach Würzburg, heiratete 1909 Josef Ansbacher aus Veitshöchheim, und wohnte in der Neubaustraße 32. Ihr Mann besaß zu-

59 Prestel (wie Anm. 19) S. 349.

60 Zeitschrift „Der Israelit“ vom 28.10.1858; Prestel (wie Anm. 19), S. 349.

61 Vgl. „Der Israelit“ vom 02.12.1868; Prestel (wie Anm. 19), S. 350.

62 Statistisches Amts- & Adreß-Handbuch für den königlich-bayerischen Regierungsbezirk Unterfranken und Aschaffenburg. Würzburg 1870, S. 107; Prestel (wie Anm. 19) S. 120–127, 286–290.

63 Angela Hager, Hans-Christof Haas: Art. „Zeckendorf“. In: Wolfgang Kraus u. a. (Hgg.), erarb. v. Barbara Eberhardt u. a.: Mehr als Steine... Synagogen-Gedenkband Bayern. Bd. 1. Lindenberg 2007, S. 221–227.

64 Neun Jahre später, im Januar 1888, kaufte die Israelitische Kultusgemeinde dieses Wohnhaus und ließ es zu einem Betsaal mit Lehrerwohnung umbauen, s. o. Anm. 34.

65 Strätz (wie Anm. 42) S. 59f., 271f.

sammen mit Adolf Fränkel die Kurz- und Wollwarengroßhandlung Ansbacher & Fränkel (Marktplatz 15, Würzburg). Gretchen und ihr Mann flohen 1939/40 in die USA. Sie starb am 18. Mai 1954 in New York. Die jüngste Tochter hieß Rosa (1890–1941). Sie wurde am 20. Februar 1890 in Rothenburg geboren. Sie heiratete Leo Ansbacher aus Zeckendorf und wohnte in Bamberg. Das Ehepaar wurde von dort verschleppt und Rosa wurde am 29. November 1941 im KZ Jungfernhof bei Riga ermordet.

Moses Hofmanns Frau Lina starb plötzlich am 21. Dezember 1899.[66] Nach ihrem Tod nahm Moses Hofmann auch Realschüler in sein Haus auf, wofür er in der Zeitung ein „Schülerpensionat" inserierte.[67]

Wirken von Moses Hofmann

Moses Hofmann unterrichtete 1879/80 bis 1922/23 als israelitischer Religionslehrer an der Lateinschule und der Realschule von Rothenburg. Über sein Wirken heißt es: „Am Schluß des Schuljahres 1922/23 schied aus dem Lehrkörper aus der Lehrer für israelitische Religion, Moses Hofmann, der viele Jahrzehnte hindurch die Schüler seiner Konfession treu und eifrig unterrichtet hatte."[68]

Überregional war Moses Hofmann im Jahr 1879 an der Gründung des „Israelitischen Lehrervereins für das Königreich Bayern" beteiligt.[69] 20 Jahre lang, von 1896 bis 1916, war er an der Verwaltung des Vereins beteiligt. Dort engagierte er sich für die Witwen und Waisen der jüdischen Lehrerfamilien.[70] Die 29. Generalversammlung des bayerischen Israelitischen Lehrervereins fand auf Einladung von Moses Hofmann am 20. Juli 1908 in Rothenburg statt.[71] Der Berichterstatter der pädagogischen Beilage zur Zeit-

66 Todesanzeige FA 21.12.1899.

67 Anzeige in der Zeitung „Der Israelit" am 13.06.1900 und 16.08.1900. In der Kartei der jüdischen Einwohner Rothenburgs werden fünf Realschüler genannt, die Hofmann beherbergte.

68 Jahresbericht Realschule und Progymnasium Rothenburg. Schuljahr 1925/26, S. 12.

69 Simon Dingfelder: Vierzig Jahre Israelitischer Lehrerverein für das Königreich Bayern 1880–1920. Rockenhausen 1921, S. 4.

70 Jakob Stoll: 50 jähriges Ortsjubiläum. In: Mitteilungen des Israelitischen Lehrervereins für Bayern Nr. 27, 13.11.1925, S. 65; Abraham Strauß: Moses Hofmann. In: Mitteilungen des Israelitischen Lehrervereins für Bayern Nr. 8, 15.09.1929.

71 Die 29. Generalversammlung des bayerischen Lehrervereins in Rothenburg o. d. Tauber. In: Der Israelit 30.07.1908, S. 12–13. Später folgte ein ausführlicherer Bericht des Schriftführers Aron Mandelbaum: Bericht über die XXIX Generalversammlung des israelitischen Lehrervereins für das Königreich Bayern am 20. Juli 1908. In: Der Israelit Nr. 43, 29.10.1908, S. 11–12 und in: Der Israelit Nr. 45, 12.11.1908, S. 12. – Mit Einzelheiten der Rothenburger Konferenz setzt sich ein Leserbrief auseinander: Nachklänge aus der General-Versammlung des bayerischen Lehrer-Vereins in Rothenburg. In: Der Israelit Nr. 35, 27.08.1908, S. 11–12; Nr. 39, 24.09.1908, S. 12 und

schrift „Der Israelit" hob eingangs die Bedeutung der Stadt Rothenburg für Juden hervor:

> „Die diesjährige Konferenz der bayrischen Lehrer stand entschieden unter einem günstigen Stern. Natur und Geschichte weben um das freundliche Tauberstädtchen einen Zauber, dem sich niemand so leicht entziehen kann. Für uns Juden kommt noch die Erinnerung an die hehre Gestalt des *Maharam mi Rothenburg* [transkribiert aus dem Hebräischen: unser Lehrer Rabbi Meir aus Rothenburg] hinzu, der ja nicht nur eine ragende Geistesgröße, sondern auch ein bewunderns-würdiger Charakter war, und so ein leuchtendes Vorbild für jeden Lehrer sein kann."[72]

Am Vorabend dieser Konferenz saßen jüdische und christliche Lehrerkollegen sowie Mitglieder der israelitischen Kultusgemeinde gesellig beieinander. Dies war die große Stunde des bekannten Rothenburger christlichen Judaisten Heinrich Laible[73], dessen Klugheit und diplomatisches Geschick auch von jüdischer Seite gelobt wurde. Der eigentliche Konferenztag begann mit einer Stadtführung durch einen christlichen Kollegen, wobei die jüdische Vergangenheit Rothenburgs hervorgehoben wurde. Die Tagung mit 80 Teilnehmern fand dann im evangelischen Vereinshaus statt und dauerte fünf Stunden. Nach den Grußworten, auch von Moses Hofmann, und dem Bericht des Vereinsvorsitzenden, Lehrer Hirsch Goldstein aus Heidingsfeld (1854–1929), warb Simon Dingfelder mit einer Rede für die „rechtliche und materielle Besserstellung der israelitischen Religionslehrer in Bayern". In seiner Rede beklagte er die völlige Rechtlosigkeit des Religionslehrers dem örtlichen Rabbiner und der jüdischen Gemeinde gegenüber. Außerdem bemängelte er die äußerst geringe Besoldung. Zu einer Aufstockung des Gehalts fühlte der Staat sich nicht verpflichtet. Die Rede gipfelte in der Forderung nach der rechtlichen Gleichstellung der jüdischen Lehrer mit den Volksschullehrern. Wie es zu erwarten war, wurde die Rede unter stürmischem Beifall positiv aufgenommen und nach einer lebhaften Debatte mit einem Resolutionstext einstimmig befürwortet.

Am 31. Oktober 1925 feierten die Rothenburger Juden sowohl das 50-jährige Gemeindejubiläum als auch das 50-jährige Dienstjubiläum von Religionslehrer Moses Hofmann.[74] Dabei wurden auch Glückwunschschreiben von der katholischen und der evangelischen Kirchengemeinde überbracht.[75]

Nr. 41, 08.10.1908, S. 20; FA 13.07.1908; FA 22.07.1908. Der bayerische israelitische Lehrerverein hatte im Jahr 1908 183 eingeschriebene Mitglieder.

72 Zitat: Die 29. Generalversammlung des bayerische Lehrervereins in Rothenburg o. d. Tauber. In: Der Israelit 30.07.1908, S. 12.

73 Hans Klemm: Der Rothenburger Judaist Heinrich Laible (1852–1929). In: Reinhard Dobert: Zeugnis für Zion. Festschrift zur 100-Jahrfeier des Evangelisch-Lutherischen Zentralvereins für Mission unter Israel e.V. Erlangen 1971, S. 69–81.

74 FA 30.10.1925, S. 2; FA 24.11.1925, S. 3. Abraham Strauß: Ein Doppeljubiläum in Rothenburg o. d. Tauber. In: Bayerische Israelitische Gemeindezeitung Nr. 10,

Auf der Titelseite der Bayerischen Israelitischen Gemeindezeitung stand: „Ein Doppeljubiläum in Rothenburg o. d. Tauber“[76] Von Moses Hofmann weiß die Zeitung zu berichten: „Er steht im gesegneten Alter von 74 Jahren noch im Dienste, in seltener körperlicher und geistiger Rüstigkeit.“[77]

Auseinandersetzung Hofmanns mit dem Antisemitismus

Am 19. Dezember 1923 hielt die Propagandistin des antisemitischen deutschvölkischen Schutz- und Trutzbundes, Andrea Ellendt, eine dreistündige völkische Hetzrede gegen Juden, die ausführlich im Fränkischen Anzeiger paraphrasiert wurde.[78] Eingeladen hatte zu dem Vortrag im Vereinshaussaal die antisemitische Partei „Reichsflagge“. Die in ihrem Wesen charismatische Ellendt erschien während der Jahre 1922/1923 in ganz Franken auf antisemitischen Veranstaltungen und hatte tags zuvor einen ähnlichen Vortrag in einer Turnhalle in Schillingsfürst gehalten. In dem häufig von Zustimmungsrufen unterbrochenen Vortrag schob die Rednerin den Juden die Schuld an den Finanzproblemen und Kriegen der Zeit zu. Sie rief dazu auf, sich „unter der großen Fahne Deutschland zusammenzuscharen zum Kampf um die christlich-germanische Weltanschauung.“[79] Diese „ideale Weltanschauung“ sei der Gegensatz zu dem, was „der Jude“ vertrete.

In einem Leserbrief am 4. Januar 1924 wies Moses Hofmann[80] den Judenhass Ellendts zurück: Es

> „heften sich an ihre [Ellendts] Sohlen Unfriede, Haß und Verhetzung und nicht selten auch Gewalttat. In der hiesigen Stadt wurde bisher der konfessionelle Friede nicht gestört; soll jetzt der Unfrieden auch hierher getragen werden? Der Vortrag der

06.11.1925, S. 185–187; Art. „Jubiläum der Gemeinde Rothenburg“. In: Bayerische Israelitische Gemeindezeitung Nr. 10, 06.11.1925, S. 199; Der Israelit 19.11.1925 S. 7. Anwesend war auch der Würzburger Distriktsrabbiner Dr. Siegmund Hanover.

75 Bayerische Israelitische Gemeindezeitung Nr. 10, 06.11.1925, S. 199. Anfang April 1924 hatte der evangelische Stadtpfarrer Fabri bei einem Familienabend des evangelischen Arbeitervereins noch einen antisemitischen Vortrag zum Thema „Stellung der evangelischen Christen zur Judenfrage“ gehalten. Bericht in: FA 03.04.1924.

76 Abraham Strauß: Ein Doppeljubiläum in Rothenburg o. d. Tauber. In: Bayerische Israelitische Gemeindezeitung Nr. 10, 06.11.1925, S. 185–187.

77 Ebd., S. 187.

78 Ankündigung: FA 17.12.1923; FA 19.12.1923; Berichte in: FA 20.12.1923; FA 28.12.1923; FA 29.12.1923. Nur von Ellendts Behauptung, „90 Prozent aller Zeitungen der gesamten Weltpresse sind in jüdischer Hand“, fühlt sich die Schriftleitung des Fränkischen Anzeigers getroffen: „Die Behauptung der Rednerin ist etwas kühn, ob sie auch die Beweise dafür hat? In den Fachkreisen der deutschen Presse sind Beweise dafür, dass dem, soweit es Deutschland betrifft, nicht so ist.“ Zitat in: FA 28.12.1923.

79 FA 28.12.1923.

80 Der Leserbrief ist anonym, aber die Autorschaft Hofmanns ist sehr wahrscheinlich, s. Klemm (wie Anm. 73) Seite 81, Anm. 70.

Rednerin selbst ist ein Musterbeispiel dafür, wie man Wahres und Unwahres, schöne nationale Worte und phantastische Erfindungen durcheinander bringen kann."[81]

Es kam zu einer Leserbriefdebatte im Fränkischen Anzeiger, bei der sich auch der mit Moses Hofmann befreundete Rothenburger christliche Gymnasialprofessor Heinrich Laible einschaltete. [82]

Hofmanns letzte Jahre

Seit 1875 hatte der jüdische Religionslehrer Moses Hofmann die Israelitische Kultusgemeinde Rothenburgs aufgebaut und geprägt. Am 31. Oktober 1925 ehrte man den Jubilar mit einer großen Feier zum 50-jährigen Dienstjubiläum, die man mit einer Feier zum 50-jährigen Bestehen der Israelitischen Kultusgemeinde Rothenburgs verband.[83] Moses Hofmann ging schließlich Ende August 1926 in den Ruhestand, was zehn Tage zuvor mit einer Abschiedsfeier in der Synagoge und im Hotel Eisenhut begangen wurde. Dabei wurde durch Distriktsrabbiner Dr. Eli Munk sein Nachfolger, der Religionslehrer Emil Liffgens, in sein Amt eingeführt. Hofmann selbst erhielt die Ehrenmitgliedschaft der Gemeinde.[84]

Moses Hofmann verbrachte seinen Ruhestand in Würzburg bei seiner Tochter Emma. Er starb am 22. August 1929 in Würzburg im Alter von 78 Jahren an einem Leberleiden.[85] Einen Tag später wurde er auf dem israelitischen Friedhof in Höchberg bestattet.[86]

Auf seinem Grabstein in Höchberg steht auf Hebräisch kaum mehr lesbar geschrieben:

„Hier ruht der fromme Mann, R'R' Mosche, Sohn von Joseph, genannt Hofmann, Lehrer der Kinder in der Stadt des Mahara"m, Rothenburg, Rabbinatsrichter, Hirte seiner Herde, Vorbeter in seiner Gemeinde, in Redlichkeit führte er die Mitglie-

81 Anonym von „hiesiger israelitischer Seite": „Eingesandt" FA 04.01.1924; Anonyme Erwiderung eines „reindeutschen Bürgers": FA 25.01.1924; „Erklärung" von der „gleichen israelitischen Seite": FA 01.02.1924; Leserbrief von Heinrich Laible: FA 08.02.1924; FA 09.02.1924. In der Debatte ging es um den Antisemitismus und den mit antijüdischer Absicht zitierten Talmud.

82 Zu Laible s. o. Anm. 73.

83 Bayerische Israelitische Gemeindezeitung 08.09.1926 und ebd. 09.02.1927; FA 24.11.1925, S. 3.

84 FA 24.08.1926, S. 3; Rothenburg. In: Bayerische Israelitische Gemeindezeitung. München 1926/9 (08.09.1926), S. 247–248.

85 Moses Hofmann. In: Bayerische Israelitische Gemeindezeitung vom 15.09.1929; FA 23.08.1929.

86 Er erhielt sein Grab neben seinem Freund, dem früheren Vorsitzenden des Israelitischen Lehrervereins, Hirsch Goldstein, der wenige Wochen zuvor, am 15.07.1929 verstorben war.

Abb. 4: Grabstein von Moses Hofmann auf dem jüdischen Friedhof von Höchberg (Foto: Gußmann)

der seines Hauses, abberufen zu dem Sitz in der Höhe, 15. Menachem 689 nach der kleinen Zählung. Seine Seele sei eingebunden in den Bund des Lebens".[87]

Moses Hofmann kann als orthodoxer Religionslehrer und Seelsorger seiner Gemeinde betrachtet werden, der nach innen und außen um ein harmonisches Zusammenleben der verschiedenen Konfessionen und Religionen bemüht war.

---

87 Naftali Bar-Giora Bamberger: Der jüdische Friedhof in Höchberg (= Schriften des Stadtarchivs Würzburg 8). Würzburg 1991, S. 262. Der Name Moses Hofmann ist auch auf Deutsch zu lesen. Die hebräische Inschrift bildet ein Akrostichon, das den Namen Mose ergibt.

Der jüdische Friedhof an der Wiesenstraße

Der unscheinbare Friedhof der letzten jüdischen Gemeinde liegt etwa einen halben Kilometer nordöstlich der Altstadt in der Würzburger Straße 46. Das Areal von 2960 Quadratmetern ist zum Teil von einer hohen weißen Mauer umgeben. An der Ecke zur Wiesenstraße steht das Tahara-Haus (Leichenwaschhaus) aus roten Ziegelsteinen.[88] Von der ursprünglichen Einrichtung – Leichenwaschstein, Ofen, Bahre – ist nichts mehr erhalten.[89]

Die seltenen Besucherinnen und Besucher staunen über die große Schlichtheit des Areals und die Gleichförmigkeit der 41 Grabsteine. 38 Steine tragen oberhalb des Sockels die Jahreszahl 1947. Die meisten Grabsteine haben im oberen Bereich einen stilisierten Chanukka-Leuchter und vor dem Namen ein hebräisches p.t.[90]

Abb. 5: Grabsteine in der Gestaltung von 1947 (Foto: Gußmann)

88 Allgemein zu Tahara-Häusern und anderen Friedhofsbauten sowie Trauerbräuchen s. Ulrich Knufinke: Bauwerke jüdischer Friedhöfe in Deutschland (= Schriften der Bet Tfila-Forschungsstelle für jüdische Architektur in Europa 3). Petersberg 2007; Christoph Daxelmüller: Der gute Ort. Jüdische Friedhöfe in Bayern (= Hefte zur Bayerischen Geschichte und Kultur 39). Augsburg 2009.

89 Siehe Anm. 112: Nach 1945 war nur noch der Leichenwaschstein aus Granit erhalten.

90 p. t. = *poh tamun/temunah*: „hier ist verborgen/begraben".

Abb. 6: Grabstein in der Gestaltung von 1947 (Foto: Gußmann)

Manche Grabsteine tragen fünf Buchstaben t.n.z.b.h.[91], die Abkürzung des traditionellen Segenswunsches über den Verstorbenen: „möge seine Seele eingebunden sein im Bündel des Lebens".[92] Acht Gräber sind Doppelgräber, zwei Kindergräber. Die ehemalige Rothenburger Stadtarchivarin Hildegard Krösche hat in einem Aufsatz in dem historischen Heimatblatt „Die Linde" die Namen von 46 Bestatteten mit Geburts- und Sterbedatum veröffentlicht und eine Grabnummerierung vorgenommen.[93] Die Geschichte des Friedhofes liegt jedoch immer noch im Dunkeln und soll im folgenden Abschnitt erhellt werden.

Die Entstehungsgeschichte des Friedhofes

Die Friedhofsanlage mit einem Leichenhaus an der Ecke Wiesenstraße/Würzburger Straße in Rothenburg wurde erst 25 Jahre nach der Gemeindegründung errichtet. Bevor die Juden von Rothenburg 1899 ihren eigenen

---

91 t.n.z.b.h. = *tehi nafscho zerurah bezeror ha-chaiim.*

92 Ein Zitat aus dem 1. Buch Samuel 25,29.

93 Hildegard Krösche: Der jüdische Friedhof an der Wiesenstraße. In: Die Linde 80 (1998) S. 82–84; Michael Trüger: Jüdische Friedhöfe in Bayern. In: Der Landesverband der israelitischen Kultusgemeinden in Bayern 9 (1994) S. 19–20.

Abb. 7: Früheres Taharahaus Ecke Würzburger Straße/Wiesenstraße in Rothenburg o.d.T. (Foto: Gußmann)

Friedhof an der Wiesenstraße bekamen, bestatteten sie auf dem Judenfriedhof von Ermetzhofen. Für die Jahre 1876 bis 1899 sind auf dem rund 20 Kilometer entfernten Bezirksfriedhof mindestens elf Bestattungen von Rothenburger Juden bezeugt.[94] Im September 1899 erhielt die Israelitische Kultusgemeinde Rothenburg von der Regierung in Ansbach die Erlaubnis, auf dem von ihr gekauften Areal Nr. 3258 einen neuen Friedhof anzulegen.[95] Außerdem wurde um 1900 die Wasserleitung von der Schweinsdorfer Straße verlängert, so dass sie auch das abgelegene Friedhofsgelände erreichte.[96] Und man errichtete das rechteckige Taharahaus aus roten Backsteinen an der Straßenecke.

Das älteste Grab (Nummer 33)[97] auf dem Friedhof befindet sich in der nordöstlichen Ecke und trägt den Namen von Karoline (Lina) Hofmann, der Frau des Religionslehrers Moses Hofmann.[98] Als Letzte wurde wahr-

---

94 Johanna Morgenstern-Wulff: Der jüdische Friedhof von Ermetzhofen. Eine Dokumentation im Auftrag der Gemeinde Ergersheim. Ergersheim 1988, S. 13. Vgl. Abraham Kannenmacher: Verzeichnis der im Bezirksfriedhof Ermetzhofen bestatteten Bürger jüdischen Glaubens. August–September 1936 (unveröffentlicht). Am 30.07.1899 trennte sich die Gemeinde Rothenburg wieder von dem Friedhof in Ermetzhofen, s. Zentrales Staatsarchiv Coswig 75A, Er. 3, Ermetzhofen.

95 Stellvertretender Bürgermeister Wagner an die königliche Regierung in Ansbach vom 12.09.1899. StAN, Reg. v. Mfr., K.d.I, Abg. 1952, Nr. 4482.

96 Skizze in den Akten des Magistrats der Stadt Rothenburg, Betreff: Verlängerung der Wasserleitung vor dem Würzburger Tor 1899. StadtARbg 554.10.

97 Nach der Zählung von Krösche (wie Anm. 93).

98 Siehe oben Anm. 66.

Abb. 8: Gedenkstein an die Familie Mann (Foto: Gußmann)

scheinlich kurz nach dem 28. Januar 1938 Anna Löwenthal auf dem Rothenburger Friedhof beigesetzt. Sie starb im Alter von 75 Jahren.

Auf einigen Gräbern werden Sterbedaten genannt, die nach der Vertreibung der jüdischen Gemeinde aus Rothenburg am 22. Oktober 1938 liegen.

Dies ist der Fall bei Theodor Mann, 1942,[99] Julius Mann, 1939,[100] und Josef Mann, 1942.[101] Da nur bei diesen Gräbern „Zum treuen Gedenken" vermerkt ist, ist zu vermuten, dass es sich dabei um Gedenksteine und keine Grabsteine im eigentlichen Sinn handelt.

Als Anfang Mai 1914 bei einem Aufsehen erregenden Fund 33 mittelalterliche Grabsteine und Menschenknochen auf dem Schrannenplatz zutage traten,[102] hat der jüdische Religionslehrer Moses Hofmann diese Knochen eingesammelt und pietätvoll im neuen jüdischen Friedhof bestattet.[103] Die Ortslage dieser Knochen-Beisetzung ist unbekannt. Lehrer Moses Hofmann hat Fotografien der Grabsteine aufnehmen lassen und zusammen mit Rabbiner Dr. Pinchas Kohn aus Ansbach einige Inschriften übersetzt.[104] Geplant hatte er auch, einige der mittelalterlichen Grabsteine auf dem neuen Friedhof aufzustellen.[105] Im Jahr 1927 ließ die Gemeinde den Friedhof sanieren, die Mauer versetzen und Wege anlegen. Außerdem wurde ein neuer Leichenwagen angeschafft.[106]

Die Geschichte des Friedhofs seit 1938

Von dem Grundstück des verwaisten Friedhofes wurden seit 1938 immer mehr Teile abgesprengt: Zuerst der Acker hinter dem Friedhof, dann das Leichenhaus, und schließlich wurde der Friedhof selbst aufgelöst:[107] Noch im Oktober 1938 musste Josef Wimpfheimer, der Vorsitzende der israelitischen Kultusgemeinde, den Acker hinter dem Friedhof verkaufen.

Das Areal von 2300 Quadratmetern schien am entbehrlichsten zu sein und war möglicherweise für eine Friedhofserweiterung vorgesehen gewesen. Das Gelände ging für 500 Reichsmark an Anna Ohr. Als Nächstes, am 26. Okto-

---

99 Theodor Mann, geb. 09.02.1865, gest. 1942, Grab Nummer 9.

100 Julius Mann, geb. 13.02.1901, gest. 11.07.1939, Grab Nummer 26.

101 Josef Mann, geb. 01.05.1869, gest. 1942, Grab Nummer 27.

102 Wochenbericht des Vorstandes des Stadtmagistrats Rothenburg an das Präsidium der Königlichen Regierung von Mittelfranken: StAN Bestand K.d.I. (Abgabe 1968), Tit. Judensachen Nr. 34.; weitere Literatur: Anm. 40.

103 Bayerische Israelitische Gemeindezeitung Nr. 10, 06.11.1925, S. 186. Moses Hofmann: In der Stadt des „Maharam". In: Der Israelit 21.05.1914, S. 11.

104 Die Grabsteinfunde auf dem Judenkirchhof. In: Die Linde 6 (1914), S. 21; Nathan Cohn: Rothenburg ob der Tauber. In: Allgemeine Zeitung des Judentums. Leipzig 1916, S. 19–20, hier S. 20.

105 Hofmann, Moses: In der Stadt des „Maharam". In: Der Israelit 28.05.1914, S. 20. Der Stadtmagistrat beschloss aber am 17.09.1918, sie im Steinmuseum in der Blasiuskapelle aufzustellen bzw. am Fundort, s. StAN Bestand, K.d.I., Abgabe 1968, Tit. Judensachen Nr. 34.

106 StAN Bestand, Reg. K.d.I., Abgabe 1968, Tit. Judensachen Nr. 22.

107 Auszug aus dem Grundbucheintrag vom 27.05.1946 für Bürgermeister Hörner, StadtARbg 554.9.

Abb. 9: Purim-Teller. Privatbesitz des Herrn Josef Wimpfheimer, 1813, Zinn (Aufnahme: 29.07.1928, Theodor Harburger. – Foto: Central Archives for the History of the Jewish People, Jerusalem).

ber 1939, verkaufte der rechtliche Vertreter der jüdischen Gemeinde von Rothenburg, Ernst Oppenheimer aus München, das Taharahäuschen mit dem angrenzenden Grasplatz für 300 Reichsmark an Heinrich und Ludmilla Feeß. Diese vermieteten das Taharahaus etwa 1942 als Wohnung an eine Verwandte, Wilma Gruber, für 15 Reichsmark im Monat.

Weil der Friedhof verwaist war, wurde er offenbar als Niemandsland betrachtet. Im Jahr 1943 hat man den Friedhof geschändet und dabei die Grabsteine umgeworfen.[108] Der Kernbestand des Friedhofs geriet auf diese Weise in das Blickfeld der Stadt Rothenburg. Die Stadt trat als Rechtsnachfolgerin der jüdischen Kultusgemeinde auf, die den Friedhof wiederum an die Stadt selbst verkaufte. So „arisierte“ die Stadt Rothenburg am 26. Mai 1943 mittels eines notariell beurkundeten Kaufvertrags den jüdischen Friedhof.[109] Der Kaufpreis von 310 Reichsmark war laut Kaufvertrag auf das

108 Eine Zeitzeugin erinnerte sich, dass die Grabsteine eines Tages alle umgeworfen waren.

109 Abschrift vom 09.04.1948 der Urk. Rolle 322 des Kaufvertrages vom 26.05.1943, StadtARbg 554.10. Der Amtmann Hans Wirsching trat dabei gleichzeitig als Verkäufer und als Käufer auf.

„Sonderkonto ‚Grundstückserlöse' der Reichsvereinigung der Juden in Deutschland"[110] bei dem Bankhaus Heinz, Tecklenburg und Co., Berlin W 8, Wilhelmplatz 7", einzuzahlen.[111] Im Kaufvertrag wurde, wie bei anderen Verkäufen jüdischer Friedhöfe im Dritten Reich üblich, hervorgehoben, dass auch die vorhandenen Grabsteine mitverkauft seien.

In den folgenden Monaten bis etwa Weihnachten 1945 holte Steinmetzmeister und Stadtratsmitglied Johann Herrscher immer wieder Grabsteine von dem Friedhofsgelände ab, bis schließlich fast alle Grabsteine fehlten.[112] Es ist kaum anzunehmen, dass die Grabsteine für den Straßenbau verwendet wurden, weil man die zerbrochenen Steine unbeachtet liegen ließ. Die Steinmetzfirma bearbeitete die Steine noch vor Ort. Wahrscheinlich wurden die jüdischen Namen von den Grabsteinen abgefräst und die Steine nach 1943 für nichtjüdische Grabsteinsetzungen weiterverkauft. Möglich ist also, dass einige der nichtjüdischen Grabsteine des städtischen Friedhofs vor dem Rödertor ehemals jüdische Grabsteine waren.

Nach Kriegsende beschlagnahmte das amerikanische Militär den Friedhof und überließ ihn der jüdischen Vermögensverwaltung JRSO.[113] Im Jahr 1946 forderte die Militärregierung von der Stadt Rothenburg die Wiederherstellung des jüdischen Friedhofs ein. Bürgermeister Hörner ließ sich über die Besitzverhältnisse und den Zustand des jüdischen Friedhofs informieren. Das Gelände bot ein trauriges Bild:

> „Der Friedhof befindet sich in einem verwahrlosten Zustand. [...] Aus dem vorderen Teil des Friedhofs ist ein Gemüsegarten gemacht worden, der hintere Teil, auf dem einige zerbrochene Steine herumliegen, ist mit Gras überwuchert. Ein einziges Grab ist von Babette Baumann, Adam Hörberstr. 33 wiederinstandgesetzt und mit Blumen geschmückt worden. [...] Ein großer Granitblock, auf dem die Toten

---

110 Die im Juli 1939 gegründete „Reichsvereinigung der Juden in Deutschland" unterstand direkt dem Reichssicherheitshauptamt und handelte nicht eigenverantwortlich, s. Beate Meyer: Tödliche Gratwanderung. Die Reichsvereinigung der Juden in Deutschland zwischen Hoffnung, Zwang, Selbstbehauptung und Verstrickung (1939–1945). Göttingen 2011.

111 Das Bankhaus trug seit 1941 den Namen Heinz, Tecklenburg und Co. und war die „arisierte" Berliner Filiale des Bankhauses A. E. Wassermann. Siehe: Ingo Köhler: Die „Arisierung" der Privatbanken im Dritten Reich. Verdrängung, Ausschaltung und die Frage der Wiedergutmachung (= Schriftenreihe zur Zeitschrift für Unternehmensgeschichte 14). 2. Aufl. München 2008.

112 Schreiben am 28.05.1946 von (Name nicht lesbar) Betr. Israelitischer Friedhof an Bürgermeister Hörner, StadtARbg 554.10.

113 Die Jewish Restitution Successor Organization (JRSO) mit Sitz in New York wurde 1948 von amerikanischen und internationalen jüdischen Organisationen gegründet und ging aus der Jewish Restitution Organisation (JRO) 1947 hervor. In Deutschland hatte sie in Nürnberg ihren Hauptsitz. Sie hatte die Aufgabe, in der amerikanischen Besatzungszone das private Vermögen von Menschen, die aus rassischen Gründen verfolgt, enteignet oder ermordet worden waren, oder das Eigentum von in der Nazizeit aufgelösten jüdischen Institutionen und Organisationen zu restituieren.

gewaschen wurden, ist noch unversehrt zurückgeblieben. Aus dem Leichenhaus sind alle Inventareinrichtungen weggebracht worden mit unbekanntem Ziel.“[114]

Im Sitzungsprotokoll des Rothenburger Stadtrats heißt es am 31. Mai 1946:

„Die Militärregierung hat verlangt, dass durch ehemalige Parteigenossen die Zerstörung beseitigt und der Friedhof wieder in einen würdigen Zustand versetzt wird. Ehemalige Mitglieder der NSDAP haben Herrn Bürgermeister [= Friedrich Hörner] den Vorschlag gemacht, alle nach dem Entnazifizierungsgesetz Belastete aufzufordern, sich freiwillig zur Wiederherstellung des zerstörten Friedhofes zu melden und damit zum Ausdruck zu bringen, dass auch sie die abscheuliche Tat verurteilen und durch ihren freiwilligen Einsatz ihren Willen zur Wiedergutmachung bekunden. Der Stadtrat bat Herrn Bürgermeister, die Angelegenheit zu übernehmen und diesbezügliche Anordnungen zu treffen.“[115]

Die Namen der Grabschänder – bezeichnet als „Bubenhände“[116] – von 1942/1943 waren den Stadträten offenbar bekannt, weil „die für die Zerstörung Verantwortlichen zum Ersatz der Unkosten verpflichtet werden.“[117] 1947 beauftragte die Stadt die Ochsenfurter Steinmetzfirma Lorenz Krämer für 4600 Reichsmark, die 40 neuen einheitlichen Grabsteine herzustellen, die heute noch auf dem Friedhof stehen.[118] Die Grabstein-Firma Herrscher, die bis 1945 die alten Grabsteine abgeräumt hatte, erhielt von der Stadt Rothenburg den Auftrag, die von der jüdischen Kommission gewünschten Einfassungen zu errichten, Wege zu errichten und die Inschriften der Steine zu schreiben, während ehemalige Parteigenossen die Steine aufstellten.[119] Zu bezweifeln ist jedoch, ob die neuen Grabsteine überhaupt über dem bestimmungsgemäßen Ort zu stehen kamen, d. h. genau über den Gräbern, deren Namen sie trugen. Eine alte Grabliste ist nicht mehr vorhanden. Vergleicht man die Krösche-Grabliste mit der chronologischen Reihenfolge der Sterbedaten, so wird die Reihenfolge ohne ersichtlichen Grund häufig

114 Zitat s. Anm. 112.

115 Sitzungsbericht des Stadtrates Rothenburg vom 31.05.1946/Nr. 118: Antrag der Militärregierung Rothenburg auf Instandsetzung des Judenfriedhofes. StadtARbg.

116 Aufruf des Stadtrates zur Wiederherstellung des Friedhofs vom 06.06.1946 StadtARbg 554.10.

117 Sitzungsbericht des Stadtrates Rothenburg vom 19.12.1946/Nr. 246: „Judenfriedhof“: „Der Bürgermeister [= Friedrich Hörner] teilt mit, dass die hier eingesetzte jüdische Kommission verlangt, dass für jedes einzelne Grab ein eigener Grabstein mit Fassung gesetzt wird und damit einverstanden ist, wenn zu diesem Zweck einheitliche Steine beschafft werden. Nach einem Angebot der Firma Krämer in Ochsenfurt würde ein den Wünschen der Kommission entsprechender Stein ohne Fassung 115,– RM kosten. Der Stadtrat beschließt die Bestellung von 40 Steinen, verlangt aber, dass nach endgültiger Instandsetzung des Friedhofes die für die Zerstörung Verantwortlichen zum Ersatz der Unkosten verpflichtet werden.“

118 Die Stadt Rothenburg überwies am 19.08.1947 4600 Reichsmark an die Firma Lorenz Krämer in Ochsenfurt, Einzelplan Rothenburg 1947, 7–9, StadtARbg.

119 StadtARbg 554.9. Aufstellung der Kosten durch die Firma Herrscher (ohne Datum) und Rechnung vom 30.07.1948.

durchbrochen. Außerdem haben Nachkommen von Shoah-Überlebenden beim Besuch des Rothenburger Friedhofes die Ortslage der Grabsteine in Zweifel gezogen.[120]

In den Jahren nach dem Krieg befürchtete man weitere Friedhofsschändungen: Der Stadtrat beschloss am 1. Oktober 1947:

> „Vom Stadtbauamt wird im Einvernehmen mit der jüdischen Kommission der Einbau einer Wohnung im Friedhofsgebäude jüdischer Friedhof vorgeschlagen, da die Unterbringung eines Wächters dort zwingend erforderlich wäre. Diesbezügliche Verhandlungen sollen vorgenommen werden und wird dem Vorsitzenden Vollmacht zur Führung erteilt."[121]

Nach den Umbauarbeiten diente das Taharahaus zunächst als Mietwohnung für den Polizeihauptwachtmeister Peterreins, dann für Privatleute, später als Unterkunft für Durchreisende. Seit einigen Jahren ist es ganz ungenutzt und vom Verfall bedroht.

Die Pflege für die Friedhofsanlage oblag bis 1953 der Stadt Rothenburg. Danach wurde der Friedhof dem Landesverband der Israelitischen Kultusgemeinden zurückgegeben. Zeitweise hat die Stadt Rothenburg die Erinnerung an den jüdischen Friedhof völlig verdrängt. Eine entsprechende Anfrage nach dem Friedhof beantwortete am 18. August 1960 der Rothenburger Oberbürgermeister Lauterbach: „Eine jüdische Gemeinde besteht hier nicht und der alte jüdische Friedhof wurde während des Krieges aufgelassen."[122]

Der Friedhof wurde ein weiteres Mal im Jahr 1975 umgestaltet: Man errichtete auf der westlichen Seite eine Steinmauer und verlegte den Eingang auf diese Seite. Das schmiedeeiserne Tor zeigt heute zwei Davidssterne.

Der Umgang mit der jüdischen Geschichte nach 1945

In der Zeit nach 1945 bemühten sich Rothenburger Oberbürgermeister, frühere jüdische Bürger der Stadt einzuladen oder deren Nachkommen. Von manchen Rothenburgern wurde sogar die Hoffnung auf Wiederansiedlung geäußert. Rothenburg wieder besucht haben beispielsweise aus Israel Carola Anfänger, geb. Oberndörfer, im Juli 1992, die Familie Mann in den

---

120 Schreiben von Ernst Gottlob (New York) an Oberbürgermeister Friedrich Hörner vom 28.09.1947, StadtARbg Ordner 063/1 Wiedergutmachung und Rückerstattung.

121 Stadtratsprotokollbuch Nr. 589 vom 01.10.1947: „Einbau einer Wohnung im Gebäude des jüdischen Friedhofes". Im Juni 1948 regte die Polizei in Rothenburg an, die Dienstwohnung für einen Polizeiwachmann dort einzubauen, um so für einen ausreichenden Schutz zu sorgen (StadtARbg Az. 554.9). Die Stadt baute das Taharahäuschen um und ließ Obstbäume im Garten fällen. Dies führte 1950 und 1951 zu einem Prozess mit den Eigentümern des Häuschens, Familie Feeß, über die Kosten für die Baumaßnahmen.

122 Akt 333 Jüdische Religionsgemeinschaft 772.

60er Jahren aus den USA und Nachkommen der Familie Lehmann-Katz im Jahr 2008. In der Nachkriegszeit hat man bis in die 1990er Jahre die jüdische Geschichte der Stadt verdrängt, verschwiegen oder beschönigt. In Rothenburg kommt vielleicht ein besonders großes Verdrängungspotential mit dazu, weil die Stadt durch den internationalen Tourismus stark frequentiert wird und deshalb gerne nur ihre romantisierende Seite präsentiert.

In den Archivalien des Stadtarchivs tauchen in der offiziellen Korrespondenz der Stadt über Anfragen nach der jüdischen Stadtgeschichte häufig verschleiernde Formulierungen wie diese auf: „In der Stadt Rothenburg ob der Tauber wurden keine Deportationen von Juden durchgeführt. Die damals hier wohnhaften Juden hatten sich alle ordnungsgemäß in eine andere Stadt abgemeldet.“[123]

Als weiteres Beispiel für eine Aufarbeitung der Vergangenheit mit verschämter oder beschönigender Tendenz mag die Umbenennung des „Judenkirchhofes“ in „Schrannenplatz“ genannt sein. Im September 1955 erblickte der englische Universitätsprofessor Cyril Bibby[124] mit seiner Reisegruppe in Rothenburg die hebräischen Schriftzeichen der ehemaligen Grabsteine, die an vielen Stellen in Rothenburger Häuser eingelassen waren. In seinem Brief an den Oberbürgermeister fragte Bibby nach der Bezeichnung „Judenkirchhof“. Ein einfacher Mann von der Straße habe ihm erzählt, in den letzten Kriegstagen seien hier massenweise Juden von der SS abgeschlachtet worden und deswegen nenne man den Platz heute Judenkirchhof.[125] Diese Behauptung war natürlich falsch, aber das Gerücht war in die Welt gesetzt. Prof. Bibby war ein führender Mitarbeiter des Magazins *Reader's Digest*. So sah die Stadt Rothenburg die Gefahr, dass ihr Ansehen weltweit in Verruf gerate. Deshalb beauftragte Bürgermeister Keitel den Stadtarchivar Heinrich Schmidt, Prof. Bibby einen authentischen Bericht über die Judenverfolgungen in Rothenburg zu liefern.[126] Schmidt hebt am Ende seines Informationsbriefes an Bibby hervor: „Von einem Abschieben einzelner Israeliten von Rothenburg aus in Konzentrationslager ist nichts bekannt.“[127] Diese Formulierung vernebelt die Tatsachen wider besseres Wissen. Verschwiegen wird nämlich die in Rothenburg allen bekannte öffentliche Vertreibung der Juden aus Rothenburg am 22. Oktober 1938. Die Formulierung, von Rothenburg aus sei niemand deportiert worden oder ins KZ eingeliefert worden, kommt so

123 Akt 333 Jüdische Religionsgemeinschaft 772: Brief v. 04.04.1962; Betreff: Erstellung von Namenslisten aller deportierten Juden. Bezug RE vom 28.03.1962.

124 Cyril Bibby (1914–1987) war Erziehungswissenschaftler am University College Plymouth St. Mark & St. John.

125 FA 16.09.1955, S. 5. Vgl. auch Joshua Hagen: Preservation, Tourism and Nationalism. The Jewel of the German Past. Aldershot 2006, 256f.

126 FA 17.09.1955, S. 9; FA 21.09.1955; FA 22.09.1955, S. 7.

127 FA 22.09.1955, S. 6.

häufig vor, dass man geradezu von einer bewusst oder unbewusst konstruierten offiziellen Wirklichkeit im Umgang mit den jüdischen Bürgern und der Erinnerung an sie sprechen kann. Fast drei Jahre nach dem Vorfall mit Prof. Bibby, im Juli 1958, beantragte Stadtrat Wilhelm Reingruber (Freie Wählervereinigung) im Stadtrat, den „Judenkirchhof" einfach in „Schrannenplatz" umzubenennen. Reingruber begründete seinen Antrag damit, dass es in Rothenburg bereits einen Judenfriedhof gebe und dass es nicht angebracht sei, „diesem Platz, der doch nur als Parkplatz diene, weiter diesen Namen zu belassen."[128] Die Umbenennung wurde am 10. Juli 1958 im Stadtrat einstimmig entschieden. Der Fränkische Anzeiger berichtete zwei Tage später, dass Fremde es als pietätlos empfänden, dass auf einem Judenkirchhof Volksfeste und Messen abgehalten würden. – Der suggestive Kommentar des Fränkischen Anzeigers lautet: „Solcher Argumentation muß man beipflichten. Also: der Judenkirchhof ist tot, es lebe der Schrannenplatz."[129] Auf diese Weise hat man in den Jahren nach 1945 die jüdische Stadtgeschichte Rothenburgs in einer dreisten Art und Weise verdrängt und „entsorgt".

Ausblick

Vorsichtige Schritte zur journalistischen Aufarbeitung der jüdischen Geschichte seit 1918 wagte seit Januar 1983 der Chefredakteur des „Fränkischen Anzeigers", Dieter Balb. Er veröffentlichte Ausschnitte aus dem Zeitungsarchiv und unternahm Befragungen, die heute nicht mehr möglich sind, weil seitdem viele der Zeitzeugen verstorben sind.[130] 1993 gedachte man auch auf Initiative der Museumsdirektorin Hilde Merz des 700-jährigen Todestags von Rabbi Meir von Rothenburg und richtete im Reichsstadtmuseum die Judaica-Abteilung ein.[131] 1998 wurde im Burggarten ein Denkmal aufgestellt, das an das Rintfleisch-Pogrom von 1298 erinnert. Seit 2002 gibt es eine bronzene Erinnerungstafel von Peter Nedwal im Rabbi Meir-Gärtchen.[132] Im Jahr 2008 enthüllte die frühere Präsidentin des Zentralrates der Juden in Deutschland Charlotte Knobloch eine Gedenktafel an dem früheren Betsaal, Herrngasse 21.

---

128 StadtARbg, Abt. NS 024.5 Stadtrat 1956–1960. Beschluss Nr. 906 vom 10.07.1958.

129 FA 12.7.1958, S. 9.

130 Dieter Balb: Rothenburg im Nationalsozialismus, Artikelserie im Fränkischen Anzeiger (1983 und 1985).

131 Originale Rothenburger Judaica-Gegenstände existieren dort nur sehr wenige. Nach dem Ende des Zweiten Weltkrieges wurde von Unbekannten eine kleine Sammlung jüdischer Kultgeräte aus dem Reichsstadtmuseum abgeholt und an einen unbekannten Ort gebracht. – Hilde Merz: Chanukkaleuchter und Trendel für das Reichsstadtmuseum. In: Die Linde 69 (1987) S. 90–91, hier S. 90.

132 Wortlaut des Textes: „Zum Gedenken an unsere jüdischen Mitbürger, die in der Zeit von 1933 bis 1938 aus Rothenburg vertrieben wurden."

Abb. 10: Schuhe-Rosen-Aktion der Arbeitsgruppe „Jüdisches Rothenburg" vom 22.10.2011 (Foto: Gußmann)

Die „Schuhaktion", mit der die Arbeitsgruppe „Jüdisches Rothenburg" am 22. Oktober 2011 an die Vertreibung der Juden vom Oktober 1938 erinnerte, ist bei den Hausbesitzern und Mietern auf eine überwiegend positive Reaktion gestoßen, so dass viele Rothenburger sich nun auch für die Einrichtung von so genannten „Stolpersteinen" des Künstlers Günter Demnig interessieren.[133]

Mittlerweile gehört es zum guten Ansehen einer Stadt, dass die Erinnerung an das Leben, aber auch an die Vertreibung der jüdischen Einwohner nicht schamhaft verschwiegen, sondern festgehalten wird. Nur durch eine aktiv gepflegte Erinnerung wird man die Geschichte der Juden von Rothenburg lebendig erhalten können.

133 Ein so genannter Stolperstein wird vor dem Haus von Vertriebenen oder in der Shoah Getöteten im Boden eingelassen und trägt die Lebensdaten der betreffenden Personen.

Verwendete Literatur

(Quellen sind in den Anmerkungen genannt)

Alicke, Klaus-Dieter: Art. „Rothenburg ob der Tauber (Mittelfranken/Bayern)". In: Ders.: Lexikon der jüdischen Gemeinden im deutschen Sprachraum. Bd. 3: Ochtrup - Zwittau. Gütersloh 2008, Sp. 3575–3579.

Balb, Dieter: Rothenburg im Nationalsozialismus. Artikelserie im Fränkischen Anzeiger (1983 und 1985).

Bamberger, Naftali Bar-Giora: Der jüdische Friedhof in Höchberg (= Schriften des Stadtarchivs Würzburg 8). Würzburg 1991.

Berger-Dittscheid, Cornelia: Art. „Rothenburg ob der Tauber". In: Kraus, Wolfgang/Hamm, Berndt (Hgg.), erarb. v. Eberhardt, Barbara u. a.: Mehr als Steine... Synagogen-Gedenkband Bayern Bd. 2: Mittelfranken. Lindenberg 2010, S. 542–562.

Binder, Cornelia/Mence, Michael: Nachbarn der Vergangenheit. Spuren von Deutschen jüdischen Glaubens im Landkreis Bad Kissingen mit dem Brennpunkt 1800 bis 1945. Wartmannsroth 2004.

Brenner, Michael/Eisenstein, Daniela (Hgg.): Die Juden in Franken (= Studien zur jüdischen Geschichte und Kultur in Bayern 5). München 2012 [Das Buch konnte für den vorliegenden Beitrag nicht mehr berücksichtigt werden].

Daxelmüller, Christoph: Der gute Ort. Jüdische Friedhöfe in Bayern (= Hefte zur Bayerischen Geschichte und Kultur 39). Augsburg 2009.

Dingfelder Simon: Vierzig Jahre Israelitischer Lehrerverein für das Königreich Bayern 1880–1920. Rockenhausen 1921 [http://sammlungen.ub.uni-frankfurt.de/freimann/urn/ urn:nbn:de:hebis:30-180014479009].

Eberhardt, Barbara/Berger-Dittscheid, Cornelia: Art. „Uffenheim". In: Kraus, Wolfgang, Hamm, Berndt (Hgg.), erarb. v. Eberhardt, Barbara u. a.: Mehr als Steine... Synagogen-Gedenkband Bayern Bd. 2: Mittelfranken. Lindenberg 2010, S. 691–704.

Fischer, Stefanie: Clashing Gears: Jewish Cattle Traders, Farmers, and Nazis in Conflict 1926–35. In: Holocaust Studies: A Journal of Culture and History 16 (2010), S. 15–39.

Flade, Roland: Lehrer, Sportler, Zeitungsgründer. Die Höchberger Juden und die israelitische Präparandenschule (= Schriften des Stadtarchivs Würzburg 12). Würzburg 1998.

Gußmann, Oliver: Jüdisches Rothenburg ob der Tauber. Einladung zu einem Rundgang. 2. Aufl. Haigerloch 2011.

Hagen, Joshua: Preservation, Tourism and Nationalism. The Jewel of the German Past. Aldershot 2006.

Hager, Angela/Haas, Hans-Christof: Art. „Zeckendorf“. In: Kraus, Wolfgang u. a. (Hgg.), erarb. v. Eberhardt, Barbara u. a.: Mehr als Steine... Synagogen-Gedenkband Bayern Bd. 1. Lindenberg 2007, S. 221–227.

Halevi, Schlomo: Rothenburg o.d.T. In: Bayerische Israelitische Gemeindezeitung Nr. 18, 15. Sept. 1931, S. 287.

Herz, Ulrich: Der Maler und Mensch Ernst Unbehauen (1899–1980). Auch ein Stück Rothenburger Zeitgeschichte. Rothenburg 2011.

Hofmann, Moses: In der Stadt des „Maharam“. In: Der Israelit, 21. Mai 1914, S. 11; 28. Mai 1914, S. 19–20; 04. Juni 1914, S. 7.

Klemm, Hans: Der Rothenburger Judaist Heinrich Laible (1852–1929). In: Dobert, Reinhard: Zeugnis für Zion. Festschrift zur 100-Jahrfeier des Evangelisch-Lutherischen Zentralvereins für Mission unter Israel e. V. Erlangen 1971, S. 69–81.

Knufinke, Ulrich: Bauwerke jüdischer Friedhöfe in Deutschland (= Schriften der Bet Tfila-Forschungsstelle für jüdische Architektur in Europa 3). Petersberg 2007.

Köhler, Ingo: Die „Arisierung“ der Privatbanken im Dritten Reich. Verdrängung, Ausschaltung und die Frage der Wiedergutmachung (= Schriftenreihe zur Zeitschrift für Unternehmensgeschichte 14). 2. Aufl. München 2008.

Kohn, Jakob: Denkwürdige Überreste der alten Judengemeinde Rothenburg o. T. In: Bayerische Israelitische Gemeindezeitung. München 1928, S. 101–103.

Krösche, Hildegard: Der jüdische Friedhof an der Wiesenstraße. In: Die Linde 80 (1998), S. 82–84.

Merz, Hilde: Chanukkaleuchter und Trendel für das Reichsstadtmuseum. In: Die Linde 69 (1987), S. 90–91.

Merz, Hilde: Die mittelalterliche Jüdische Gemeinde in Rothenburg o.d.T. In: Dies. (Hg.): Judaika im Reichsstadtmuseum. Zur Geschichte der mittelalterlichen jüdischen Gemeinde in Rothenburg ob der Tauber. Rabbi Meir ben Baruch von Rothenburg zum Gedenken an seinen 700. Todestag. Rothenburg 1993, S. 9–28.

Meyer, Beate: Tödliche Gratwanderung. Die Reichsvereinigung der Juden in Deutschland zwischen Hoffnung, Zwang, Selbstbehauptung und Verstrickung (1939–1945). Göttingen 2011.

Morgenstern-Wulff, Johanna: Der jüdische Friedhof von Ermetzhofen. Eine Dokumentation im Auftrag der Gemeinde Ergersheim. Ergersheim 1988.

Ophir, Baruch: Rothenburg ob der Tauber. In: Yad Vashem (Hg.), Pinkas Hakehillot: Encyclopedia of Jewish Communities from their foundation till after the Holocaust, Germany – Bavaria. Jerusalem 1972, S. 359–362 (hebräisch).

Ophir, Baruch/Wiesemann, Falk (Hgg.): Die jüdischen Gemeinden in Bayern 1918–1945. Geschichte und Zerstörung. München u. a. 1979.

Prestel, Claudia: Jüdisches Schul- und Erziehungswesen in Bayern 1804–1933. Tradition und Modernisierung im Zeitalter der Emanzipation (= Schriftenreihe der Historischen Kommission bei der Bayerischen Akademie der Wissenschaften 36). Göttingen 1989.

Schwarz, Stefan: Die Juden in Bayern im Wandel der Zeiten. München, Wien 1963.

Schwierz, Israel: Steinerne Zeugnisse jüdischen Lebens in Bayern. Eine Dokumentation. Hg. v. d. Bayerischen Landeszentrale für politische Bildungsarbeit. 2. Aufl. München 1992.

Strätz, Rainer: Biographisches Handbuch Würzburger Juden 1900–1945 (= Veröffentlichungen des Stadtarchivs Würzburg 4/2). Würzburg 1989.

Strauß, Abraham: „Ein Doppeljubiläum in Rothenburg o. d. Tauber". In: Bayerische Israelitische Gemeindezeitung Nr. 10, 6. Nov. 1925, S. 187.

Tittmann, Ekkehart: Georg Andreas Bartelmess (1844–1905). Planer der vierten Rothenburger Synagoge 1888. Ein mittelfränkisches Aufsteiger-Schicksal am Ende des 19. Jahrhunderts. In: Die Linde 94 (2012) [im Druck].

Trüger, Michael: Jüdische Friedhöfe in Bayern. In: Der Landesverband der israelitischen Kultusgemeinden in Bayern 9 (1994), S. 19–20.

Wiesemann, Falk: Die israelitische Lehrerbildungsanstalt Würzburg (1864–1938). Ein Beitrag des fränkischen Landjudentums zum jüdischen Bildungswesen in Deutschland. In: Gruner, Wolf D. (Hg.): Wissenschaft – Bildung – Politik. Von Bayern nach Europa. Festschrift für Ludwig Hammermayer zum 80. Geburtstag. Hamburg 2008, S. 341–359.

Wiesemann, Falk: Judaica-Bavarica. Neue Bibliographie zur Geschichte der Juden in Bayern. Essen 2007.

Antisemitismus in Rothenburg ob der Tauber (1933–1945)

Daniel Bauer

In den 1930er Jahren lässt sich als langfristiges Ziel der NS-Herrschaft die Vertreibung der Juden aus Deutschland erkennen, wobei die beteiligten Instanzen auf der lokalen Ebene einen großen Handlungsspielraum hatten und ihre spezifischen politischen, sozialen und ökonomischen Ziele verfolgten.[1] Lange vor der Vertreibung der Juden aus Rothenburg hatten die lokalen Nationalsozialisten damit begonnen, der jüdischen Bevölkerung die Existenz- und Lebensräume zu nehmen. Seit der nationalsozialistischen Machtergreifung im Jahre 1933 war der Verdrängungsprozess konsequent vorangetrieben worden, durch Gesetze, Verordnungen, Boykotte und organisierte Ausschreitungen.[2] Kaum fünf Jahre später bilanzierte der Propagandaleiter der Rothenburger NSDAP Höfler im Oktober 1938: „Die Judenfrage im Kreis Rothenburg o.d.T. [hätte] in diesem Monat ihre Erledigung [...] gefunden."[3] Ziel der folgenden Darstellung ist es, sowohl den Verlauf als auch die Art und Weise der sozialen Praxis des Antisemitismus und seine konkreten Auswirkungen in der Stadt und im Bezirk Rothenburg ob der Tauber zu betrachten.

Übergriffe, Boykotte und Diskriminierung

Der Terror der örtlichen NSDAP und SA gegen Juden nahm auf dem Lande besonders brutale Formen an. Die gezielten Aktionen richteten sich vor allem gegen jene Juden, die den wirtschaftlichen Interessen der Nationalsozialisten auf der lokalen Parteiebene, die ihre Zeit für gekommen hielten, ein Dorn im Auge waren.[4] Bereits in den ersten Monaten der NS-Herrschaft

---

1 Dieser Vortrag wurde im Rahmen meines Dissertationsprojektes „Die Nationalsozialistische Herrschaft in Stadt und Bezirk Rothenburg ob der Tauber" erarbeitet. – Wolf Gruner: Die NS-Judenverfolgung und die Kommunen. Zur wechselseitigen Dynamisierung von zentraler und lokaler Politik 1933–1941. In: Vierteljahrshefte für Zeitgeschichte 1 (2000), S. 75–126, hier S. 78.

2 Konrad Kwiet: Nach dem Pogrom: Stufen der Ausgrenzung. In: Wolfgang Benz (Hg.): Die Juden in Deutschland 1933–1945. Leben unter nationalsozialistischer Herrschaft. 4. Aufl. München 1996, S. 545–659, hier S. 545.

3 BArch (ehem. BDC), PK, Höfler, Georg, 27.08.1897. Monatsbericht von Kreispropagandaleiter Höfler an die Gaupropagandaleitung „Franken" der NSDAP in Nürnberg vom 04.11.1938.

4 Avraham Barkai: Etappen der Ausgrenzung und Verfolgung bis 1939. In: Michael Meyer (Hg.): Deutsch-jüdische Geschichte in der Neuzeit. 4 Bde., hier: Bd. 4: Aufbruch und Zerstörung 1918–1945. München 1997, S. 193–224, hier S. 194. – Bereits

kam es zu gewaltsamen Ausschreitungen von Seiten der SA und antisemitischer Fanatiker in der Stadt Rothenburg und damit zur ersten Phase antijüdischer Maßnahmen.[5] Die oberste SA-Führung ernannte im März 1933 Karl Kitzinger aus Gebsattel zum Sonderkommissar für das Bezirksamt Rothenburg. Er sollte die Sicherheit aufrechterhalten, Übergriffe verhindern und die Gewähr dafür bieten, dass alle Anordnungen und Maßnahmen sofort umgesetzt würden.[6] Noch am Tag seiner Amtsernennung ließ er im württembergischen Creglingen vier jüdische Einwohner in Schutzhaft nehmen.[7] Ebenfalls im März 1933 überfielen SA-Männer das Anwesen der Güter- und Viehhandelsfirma Mann und misshandelten den Inhaber Josef Mann und seine zwei Söhne Justin und Norbert.[8] Der jüdische Lehrer Sigmund Marx wurde am 25. April 1933 auf Anordnung des Leiters des Sondergerichts Nürnberg in Schutzhaft genommen und nach Nürnberg in das Untersuchungsgefängnis transportiert.[9] Am 6. August 1933 brachten Mitglieder des Freiwilligen Arbeitsdienstes den jüdischen Lederhändler Leopold Westheimer wegen so genannter „Rassenschande" ins Gefängnis, wobei man ihm ein Plakat mit entsprechender Aufschrift umhängte und ihn barfuß durch die Stadt führte. Angeblich hätte sich Westheimer an seinem Dienstmädchen vergreifen wollen.[10] Am 15. November 1933 wurde der jüdische Kaufmann Karl Thinius in Schutzhaft genommen.[11] Die Vorfälle im Jahr 1933 zeigten, dass bei der politischen Mentalität der Rothenburger Bevölkerung antisemitisches Gedankengut anzutreffen war.[12] Es kam zu kei-

vor 1927 kam es zu Auseinandersetzungen zwischen Landwirten und jüdischen Viehhändlern in Rothenburg: Fränkischer Anzeiger (künftig abgekürzt mit FA) 05.02.1927, FA 19.02.1927, FA 05.03.1927.

5 Walther Hofer: Stufen der Judenverfolgung im Dritten Reich 1933–1939. In: Herbert Strauss, Norbert Kampe (Hgg.): Antisemitismus. Von der Judenfeindschaft zum Holocaust. Bonn 1984, S. 172–185, hier S. 176; Hans Günther Adler: Der verwaltete Mensch. Studien zur Deportation der Juden aus Deutschland. Tübingen 1974, S. 35.

6 FA 27.03.1933. Die Einberufung der SA-Sonderkommissare erwies sich als eine der folgenreichsten Institutionen für die innere Entwicklung Bayerns in den Jahren 1933 bis 1934. – Ortwin Domröse: Der NS-Staat in Bayern von der Machtergreifung bis zum Röhm-Putsch. München 1974, S. 287. Formal wurde die Stadt Rothenburg ob der Tauber erst am 01.04.1935 im Zuge der „neuen Deutschen Gemeindeordnung" in den Bezirk Rothenburg eingegliedert. FA 11.04.1935.

7 FA 25.03.1933.

8 Halbmonatsbericht des Regierungspräsidenten von Ober- und Mittelfranken, 07.04.1933. In: Martin Broszat, Elke Fröhlich, Falk Wiesemann (Hgg.): Bayern in der NS-Zeit. Bd. 1: Soziale Lage und politisches Verhalten der Bevölkerung im Spiegel vertraulicher Berichte. München, Wien 1977, S. 434–435.

9 FA 26.04.1933.

10 FA 07.08.1933.

11 FA 15.11.1933.

12 Oliver Gußmann: Jüdisches Rothenburg ob der Tauber. Einladung zu einem Rundgang. Haigerloch 2003, S. 29.

nerlei Protestaktionen zugunsten der betroffenen Juden. So bewährte sich der Antisemitismus als effektive Waffe demagogischer Propaganda.[13]

Eine Flut von Gesetzen und Verordnungen ermöglichte – wie im gesamten „Dritten Reich" – auch in Rothenburg die Ausgrenzung und Diskriminierung aus der Gesellschaft. Hier sei nur auf das „Gesetz zur Wiederherstellung des Berufsbeamtentums" vom 7. April 1933 verwiesen sowie auf die „Nürnberger Gesetze" vom 15. September 1935.[14] Bestimmungen wie das „Gesetz zum Schutze des deutschen Blutes und der deutschen Ehre"[15] bildeten die Ausgangspunkte zur völligen Entrechtung der Juden und waren Grundlage für weitere Diskriminierungen. Es folgten Übergriffe auf jüdische Mitbürger: So wurde zum Beispiel am 11. Februar 1936 der jüdische Handelsmann Stern Feuty in Insingen von dem Lehrer Schmidt und der Oberklasse seiner Schule aus dem Dorf Insingen hinausgejagt.[16]

Wirtschaftlicher Boykott

Der Sozialneid der NSDAP-Mitglieder gegenüber jüdischen Viehhändlern war offensichtlich. Am 1. April 1933 rief die Kreisleitung der NSDAP im *Fränkischen Anzeiger* die Rothenburger Bevölkerung auf, die nationalsozialistische Haltung gegen die jüdische Bevölkerung dadurch zu unterstützen, dass beim Viehverkauf und der Viehverwertung jüdische Viehhändler boykottiert werden.[17] Einen Anhaltspunkt dafür lieferte 1936 auch Ludwig Stahl – Propagandaleiter der Ortsgruppe Dombühl – in einem Schreiben an die Kreisleitung, in dem er sich mit den Worten beschwerte:

> „Man könnte meinen, die Juden hätten wieder mehr Recht bekommen, denn in letzter Zeit vergeht kein Tag [...], an dem Juden nicht Geschäfte machen [...], wenn man so was sieht, möchte man handgreiflich werden".[18]

In seiner Funktion als Kreispropagandaleiter forderte Höfler die Ortsgruppen auf, die zuständigen Blockleiter der NSDAP zu veranlassen, „in Zusammenarbeit mit dem Bürgermeister, dem Ortsbauernführer und anderen Parteigenossen in Zukunft unter Verwendung der entsprechenden Vordru-

---

13 Hannah Arendt: Elemente und Ursprünge totaler Herrschaft. Antisemitismus, Imperialismus, Totalitarismus. Frankfurt a. M. 1955, S. 749.

14 Wolfgang Benz: Stationen der Ausgrenzung. Antijudaismus und Antisemitismus als Ideologie des Genozids. In: Wolfgang Benz (Hg.): Ausgrenzung – Vertreibung – Völkermord. Genozid im 20. Jahrhundert. München 2006, S. 71–94, hier S. 84f.

15 RGBl. Nr. 100. In: RGBl. Teil 1, hg. v. Reichsministerium des Innern. Berlin 1935, S. 1146f.

16 Monatsbericht des Regierungspräsidenten von Ober- und Mittelfranken, 07.03.1936. In: Broszat/Fröhlich/Wiesemann (wie Anm. 8), S. 459.

17 FA 01.04.1933.

18 StAN, Rep. 503. NSDAP Mischbestand, Kreisleitung Rothenburg o.d.T., Nr. 6. Schreiben von Ludwig Stahl vom 23. April 1936.

cke jeden Fall zu melden, in welchem ein Volksgenosse mit dem Juden" verkehrte. Ferner forderte Höfler, die bekannt gewordenen Fälle von Handelstätigkeiten mit Juden, die sich im Laufe des vergangenen Sommers und Herbstes zutrugen, nachträglich noch an die Kreisleitung zu melden, damit die dort vorliegenden Aufzeichnungen entsprechend ergänzt werden könnten.[19]

Um dem Handel von Landwirten mit Juden entgegenzuwirken, empfahl der Kreispropagandaleiter Höfler dem zuständigen Gauamt für Agrarpolitik in Nürnberg, jenen Bauern die staatlichen Zuschüsse zu sperren und die Handelstätigkeit in öffentlichen Sitzungen anzuprangern.[20] Höfler war davon überzeugt, dass sehr viele Bauern, die verbittert waren, aus reiner Opposition gegen die Partei, nun erst recht mit den Juden handeln würden.[21] In seiner pamphlethaften Hetzschrift „Der Bauer Imschloss kann nicht vom Juden lassen" prangerte Höfler öffentlich die Handelstätigkeiten des Bauern Georg Imschloss aus Steinfeld an, da jener nach wie vor mit Juden Geschäfte machte.[22] So appellierte Höfler an die nationalsozialistische Gesinnung der örtlichen Landwirte, sich ihres Standesgenossen zu schämen. Er und die Partei hofften, dass sie einen Trennungsstrich ziehen würden zwischen sich und dem so genannten „Judenknecht" Imschloss.[23]

Das waren längst nicht alle Maßnahmen. Hinzu kamen ständige neue Schikanen und verschiedene Formen der Diskriminierung. Immer wieder rief die Lokalpresse im Namen der NSDAP zum Boykott jüdischer Geschäfte auf.[24]

> „Für uns im Kreis Rothenburg kann es nur eine Parole geben: Keinen Pfennig mehr zum Juden tragen! Kauft in deutschen Geschäften und handelt mit deutschen Händlern! [...] Rothenburg, das einst schwer unter dem Judentum zu leiden hatte, muß auch jetzt wieder die Einigkeit und Geschlossenheit bewahren, die es in früheren Zeiten gezeigt hat und die es ermöglichte, der Juden Herr zu werden."[25]

Seit Anfang 1938 hatte sich die Situation der Juden im Bezirk Rothenburg zusehends verschlechtert. Gegen ihren Willen wurden Angestellte mit Gewalt von Mitgliedern der NSDAP und SA abgehalten, ihre berufliche Tätigkeit bei jüdischen Kaufleuten auszuüben.[26] Laut Spruchkammerprotokoll wurde Eli-

19 BArch (ehem. BDC), PK, Höfler, Georg, 27.08.1897. Schreiben von Kreispropagandaleiter Höfler an die Ortsgruppenleitung der NSDAP in Frommetsfelden vom 17.12.1936.

20 BArch (ehem. BDC), PK, Höfler, Georg, 27.08.1897. Schreiben von Kreispropagandaleiter Höfler an das Gauamt für Agrarpolitik vom 25.11.1937.

21 Ebd.

22 BArch (ehem. BDC), PK, Höfler, Georg, 27.08.1897: Georg Höfler „Der Bauer Imschloss kann nicht vom Juden lassen." Ohne Datum.

23 Ebd.

24 FA 01.04.1933, FA 18.12.1937.

25 Ebd.

26 StAN SpKA Rothenburg o.d.T., G 89.

sabeth Ehrmann, Angestellte des jüdischen Kaufmanns Wimpfheimer, unter brachialer Gewalt daran gehindert, ihrer Tätigkeit nachzugehen und anschließend zur Kreisleitung abgeführt.[27]

Die methodisch geführten Hasskampagnen des Jahres 1938 – vor allem aber die seit 1937 verschärft einsetzende Boykottbewegung gegen jüdische Händler in Stadt und Land – übten immensen Druck auf die jüdische Bevölkerung aus.[28] 1937 wurde die vom Judenreferat der SS empfohlene Methode, die Juden durch Gewalttätigkeiten zur Aufgabe ihrer Geschäfte zu bewegen, verstärkt angewandt.[29] So leitete Kreisleiter Steinacker bereits am 20. Juli 1937 einen Werbefeldzug zur Verbreitung des *Stürmer* in Stadt und Kreis Rothenburg ein. Im Rahmen dieser Werbeaktion der NSDAP versammelten sich mehrere Nationalsozialisten aus der Stadt Rothenburg in der Unteren Schmiedgasse und hinderten nichtjüdische Kunden am Betreten des Geschäfts Josef Wimpfheimers.[30] Ein darauf folgendes Ermittlungsverfahren auf Grund einer Beschwerde des Inhabers wurde am 24. September 1937 wegen der Gegendarstellung der Kreisleitung von den Rothenburger Behörden eingestellt.[31] In seinem Monatsbericht für August 1937 schreibt Höfler an die Gaupropagandaleitung der NSDAP in Nürnberg, dass die Judenfrage in letzter Zeit wieder verschärft aufgenommen worden sei. Nachdem bereits in den vergangenen Jahren einige Judenfamilien die Stadt verlassen hätten, wären noch zwei Ladengeschäfte übrig geblieben. Doch wären auch diese nach Höflers Einschätzung bald soweit, ihr Geschäft abzugeben. Die örtliche Partei werde schon dafür sorgen, die Juden dazu zu zwingen, auch die Grundstücke zu einem tragbaren Preis abzugeben. Generell würde sich Höfler wünschen, dass die benachbarten Kreise ebenso scharf vorgingen wie die Rothenburger.[32] Am 29. September 1938 wurde der letzte jüdische Betrieb in Rothenburg geschlossen.[33]

---

27 Ebd.

28 StAN, Rep. 503, Kreisleitung Rothenburg o.d.T., Nr. 6. – Ian Kershaw: Antisemitismus und Volksmeinung. Reaktionen auf die Judenverfolgung. In: Martin Broszat, Elke Fröhlich (Hgg.): Bayern in der NS-Zeit. Bd. 2: Herrschaft und Gesellschaft im Konflikt. München, Wien 1979, S. 281–348.

29 Avraham Barkai: Vom Boykott zur „Entjudung“. Der wirtschaftliche Existenzkampf der Juden im Dritten Reich 1933–1943. Frankfurt a. M. 1988, S. 137.

30 StadtA R, Rep. 101.

31 Ebd.

32 BArch (ehem. BDC), PK, Höfler, Georg, 27.08.1897. Schreiben von Kreispropagandaleiter Höfler an die Gaupropagandaleitung der NSDAP vom 02.09.1937.

33 FA 30.09.1938.

Pseudowissenschaftlich-motivierter Antisemitismus

Antijudaismus und Antisemitismus hatten in Rothenburg eine lange Tradition – mit all ihren gesellschaftlichen Auswirkungen.[34] Neu war der wissenschaftlich verkleidete und rassisch motivierte Antisemitismus, der sich als politisches Instrument gebrauchen ließ.[35] Vorträge über das internationale Judentum, jüdische Ritualmorde und die lokale jüdische Geschichte zeichneten in Rothenburg und seinen Lokalblättern wie der *Linde* und den *Mitteilungen des Vereins Alt-Rothenburg* ein Zerrbild der Juden als eine allen Deutschen feindlich gesonnene Schar fremdartiger Schmarotzer.[36] Auf der Basis der NS-Ideologie schürten Regionalhistoriker wie zum Beispiel Walter Bose und Martin Schütz mit ihren Schriften den lokalen Antisemitismus in Rothenburg ob der Tauber. Der in Rothenburg hoch geschätzte Studienrat Martin Schütz, ehemaliger Leiter des Stadtarchivs, veröffentlichte mehrere Aufsätze wie „Der Jude im Heimatschrifttum Rothenburgs", „Was der fränkische Sippenforscher über die Judenfrage wissen muß", oder „Wie der Jude Seckle von Schnaittach der Reichsstadt Rothenburg ob der Tauber Vorschriften machen wollte".[37] Stets versuchte Schütz in seinen Arbeiten den Antisemitismus historisch zu

---

34 Seit dem Mittelalter kam es immer wieder zu Ausschreitungen und Vertreibungen in der freien Reichsstadt. – Vgl. Heinrich Schmidt: Rothenburg und die Juden. In: Der Bergfried. Rothenburger Blätter (Februar 1962) H. 2., S. 9–61; Harry Breßlau: Zur Geschichte der Juden in Rothenburg an der Tauber. In: Zeitschrift für die Geschichte der Juden in Deutschland 3 (1890), S. 1–17; Hilde Merz u. a. (Hgg.): Judaika im Reichsstadtmuseum. Zur Geschichte der mittelalterlichen jüdischen Gemeinde in Rothenburg ob der Tauber. Rabbi Meir Ben Baruch von Rothenburg zum Gedenken an seinen 700. Todestag. Rothenburg o.d.T. 1993; August Schnitzlein: Aus Rothenburgs Vergangenheit. Kurze Geschichte der Reichsstadt Rothenburg. Rothenburg o.d.T. 1913; Ders.: Zur Geschichte der Judenverfolgungen in Rothenburg o. d. Tauber. In: Das Bayerland 32 (1921), S. 249–251; Ders.: Zur Geschichte der Vertreibung der Juden aus Rothenburg o. Tauber 1519/20. In: Monatshefte für Geschichte und Wissenschaft des Judentums 61 (1917), S. 263–284; Abraham Strauß: Ein Doppeljubiläum in Rothenburg o. d. Tauber. In: Bayerische Israelitische Gemeindezeitung. Nachrichtenblatt der Israelitischen Kultusgemeinde in München und des Verbandes Bayerischer Israelitischer Gemeinden 10 (06. November 1925), S. 185–187; Denkwürdige Überreste der alten Judengemeinde Rothenburg o.d.T. In: Bayerische Israelitische Gemeindezeitung 7 (1928), S. 101–103.

35 Wolfgang Benz: Die Juden im Dritten Reich. In: Karl Dietrich Bracher, Manfred Funke, Hans-Adolf Jacobsen (Hgg.): Deutschland 1933–1945. Neue Studien zur nationalsozialistischen Herrschaft. Düsseldorf 1992, S. 273–290, hier S. 273.

36 FA 24.03.1934, FA 12.01.1936, FA 02.08.1937, FA 07.11.1937.

37 Martin Schütz: Der Jude im Heimatschrifttum Rothenburgs. In: Jahresbericht des Vereins „Alt-Rothenburg" (1938), S. 30–37; Ders.: Was der fränkische Sippenforscher über die Judenfrage wissen muß. In: Die Linde 29 (1939), S. 76–80; Ders.: Wie der Jude Seckle von Schnaittach der Reichsstadt Rothenburg ob der Tauber Vorschriften machen wollte. In: Martin Schütz (Hg.): Vom Rothenberg. Gesammelte Aufsätze und Beiträge zur Geschichte der ehemalig. Herrschaft und der bayer. Festung (1939) H. 1, S. 13–22.

fundieren, indem er sich auf geschichtliche Ereignisse im lokalen Bereich bezog und diese pseudowissenschaftlich im nationalsozialistischen Sinne auslegte. Darüber hinaus rezensierte er in der *Linde* antisemitische Analysen von Wilhelm Grau, dem Leiter der „Forschungsabteilung Judenfrage des Reichsinstituts für Geschichte des neuen Deutschlands".[38] Sein umfangreichstes antisemitisches Werk war das 180 Seiten zählende Buch „Eine Reichsstadt wehrt sich: Rothenburg ob der Tauber im Kampfe gegen das Judentum", das 1938 im Auftrag von Julius Streicher herausgegeben wurde.[39] Der Titel des Werkes ist Programm: Der Historiker lieferte hier einen Abriss der Rothenburger Geschichte, angefangen von der Vertreibung der Juden aus Rothenburg (1519/20) bis hin zur Haltung der Stadt Rothenburg im 19. Jahrhundert und inkorporiert dabei stets nationalsozialistische Ideologeme.[40] Im Fränkischen Anzeiger wurde für den Erwerb dieser Schriften geworben und die politischen Leiter der Partei sorgten dafür, dass das Buch von Martin Schütz von den NSDAP-Mitgliedern gekauft wurde.[41] Bereits zwei Wochen nach dem Erscheinen Anfang Mai 1938 waren bereits über 1000 Bestellungen auf das Buch eingegangen, um es noch zum Vorzugspreis von 2,85 RM zu erhalten.[42] Auf der Zehnjahresfeier der Rothenburger NSDAP-Ortsgruppe im November 1937 hielt Dr. Schütz im Sitzungssaal des Rathauses auf Einladung des Kreisleiters vor dem Kreis- und Ortsgruppenstab, den politischen Leitern sämtlicher Gliederungen und Verbänden sowie den Ratsherren, den Vertretern des Stadtrates und sonstiger Behörden einen Vortrag über seine neuesten Forschungen im Rahmen seiner Buchveröffentlichung und hob hervor, dass er es geradezu als Fügung ansehe, vor den politischen Leitern der NSDAP referieren zu dürfen. In seinem Vortrag ließ der Redner die Vertreibung der Juden aus dem mittelalterlichen Rothenburg wieder aufleben. Für Schütz war in den mittelalterlichen Rothenburger Akten eine Lehre darin zu sehen, „in welch vorbildlicher Weise der Rat der Stadt Rothenburg im Jahre 1519 für seinen Teil und in seinem engen Rahmen die Judenfrage löste."[43] Am Ende seines Vortrags forderte er die Anwesenden auf, das Gehörte hinauszutragen und sich mit dieser Frage auch immer wieder zu beschäftigen. Er erinnerte die Rothenburger daran, „stolz darauf zu sein, in einem Kreis und in einer Stadt

---

38 Martin Schütz: Der Jude im deutschen Schrifttum. Antisemitismus im späten Mittelalter. Eine grundlegende Arbeit von W. Grau. In: Die Linde 29 (1939), S. 25–30. Für die Forschungsabteilung „Judenfrage" des Reichsinstituts für Geschichte des neuen Deutschlands sei verwiesen auf: Horst Junginger: Die Verwissenschaftlichung der „Judenfrage" im Nationalsozialismus. Hg. v. Klaus-Michael Mallmann. Darmstadt 2011, S. 59.

39 Martin Schütz: Eine Reichsstadt wehrt sich. Rothenburg ob der Tauber im Kampfe gegen das Judentum. Hg. v. Julius Streicher. Rothenburg o.d.T. 1938.

40 Ebd., S. 158.

41 StAN, Rep. 503, Kreisltg. Rthbg. o.d.T., Nr. 6. FA 28.05.1938, FA 10.05.1938.

42 FA 28.05.1938.

43 FA 09.11.1937.

wirken zu dürfen, in der man schon in den vergangenen Jahrhunderten die Gefahr des Judentums erkannt hätte.“[44]

Auch im musealen Bereich war die Rothenburger NSDAP nicht untätig, der hiesigen Bevölkerung rassistisch motivierte Propaganda zu vermitteln. So veranstalteten die NSDAP-Kreisleitung und das Kreisamt für Volksgesundheit in Zusammenarbeit mit dem Deutschen Hygiene-Museum im März 1937 die Ausstellung „Blut und Rasse“. Bei der Eröffnungsrede im evangelischen Gemeindehaus betonte der Bürgermeister Dr. Schmidt, dass die Ausstellung die Aufgabe habe, „den in der nationalsozialistischen Weltanschauung verankerten Gedanken [...] von der rassischen Gestaltung des deutschen Menschen zum Ausdruck zu bringen.“[45] In einfacher, aber eindringlicher Form versuchte die Ausstellung das Verständnis „[...] für die rasse[n]politische Gesetzgebung des Dritten Reiches“ zu wecken und über die fatalen Folgen der „Vermischung mit artfremden Blut“ aufzuklären. Vorträge mit dem Titel „Das Freimaurertum ist aus Israel geboren“ von Staatssekretär Dauser untermauerten die nationalsozialistischen Verschwörungstheorien gegenüber dem „internationalen Judentum“ und wurden turnusmäßig mit verschiedenen Akzentuierungen durch die örtliche NSDAP organisiert. Neben geladenen Referenten trugen ebenfalls örtliche Parteigrößen wie Kreisleiter Steinacker zur antisemitischen Propaganda bei. Honoriert wurde dies mit regem Zulauf durch die Rothenburger Bevölkerung, sei es in Gaststätten, dem Rathaus oder auf dem Marktplatz.[46]

Bildnerischer Antisemitismus

Anlässlich des 51. Geburtstages von Julius Streicher überreichte Kreisleiter Steinacker dem Gauleiter und selbsternannten „Frankenführer“ die Ehrenbürgerurkunde der Stadt Rothenburg.[47] Im Gegenzug vermachte Streicher den Rothenburgern eine so genannte Mahntafel, die am 12. Februar 1936 feierlich eingeweiht wurde. Verschiedene Gliederungen der NS-Bewegung und zahlreiche Zivilpersonen wohnten dem gut inszenierten Spektakel bei. Angebracht am linken Torhäuschen des Rödertors trug die Steintafel in alten gotischen Lettern die Aufschrift:

> „Die Weltgeschichte nennt die Namen der Völker, die am Juden zugrunde gingen. Ihr tragisches Ende ist eine furchtbare Mahnung für die Völker, die noch am Leben sind. ... Julius Streicher“.[48]

---

[44] Ebd.
[45] FA 10.03.1937.
[46] FA 13.03.1937.
[47] FA 13.02.1936.
[48] FA 13.02.1936; Schütz, Reichsstadt (wie Anm. 39).

Angefertigt wurde die Tafel durch den lokalen Künstler und Kreisheimatpfleger der NSDAP Ernst Unbehauen.[49] Kreisleiter Steinacker sah in jenem Künstler eine „unersetzliche Kraft" für die Partei, die „mit Begeisterung hinter der nationalsozialistischen Bewegung steh[e] und sich unter Hintanstellung seiner eigenen Person und seiner persönlichen Interessen für die Belange der Bewegung [einsetze] ..."[50] Während der NS-Herrschaft warf der Rothenburger Künstler seine ganze künstlerische Energie in die Waagschale. Die Herausgabe des antisemitischen Werkes „Eine Reichsstadt wehrt sich" im Jahre 1938 unterstützte Unbehauen durch den Entwurf des Titelblattes.[51] Des Weiteren fertigte der Künstler vier Holztafeln an, die als die so genannten Rothenburger „Judentafeln" Eingang in die Stadtgeschichte fanden. Bei der feierlichen Kundgebung der NSDAP-Ortsgruppe 1. August 1937 wurden Unbehauens antisemitische Tafeln an den Ortseingängen der mittelalterlichen Stadtmauer am Spitaltor, am Burgtor, am Galgentor und am Klingentor angebracht.[52]

Die Tafeln hatten folgende Beschriftung: Am Spitaltor forderte die so genannte „Mahntafel":

> „Wir gebieten bey Leibesstraf, daß hinfür kein Bürger, wes Standes er auch sei, mit keinem Juden des Handelns, es sei gleich Kauf oder Verkauf, Leihen und Vertauschen oder ein ander Weg sich einlassen soll. Der Rat der Stadt Rothenburg uff der Tauber."[53]

Die Tafel am Burgtor lautete:

> „I leicht die Stroeß und Gäßli o, doezu die ganz Landwehr, Der Herrgott hat es Wunder to, I siech kann Jude mehr."[54]

Die „Judentafel" am Galgentor trug die Aufschrift:

> „Profit, Gier und List, Im Handeln bei mir ist. Tu Feyern, Fressen und Sauffen und schöne Frowlein kaufen. Mein Eid gilt nicht – Allein, mir ist nicht zu gemein."[55]

Am Klingentor trug die Tafel folgenden Reim:

> „Ein Reichstadt an der Tauber leyt, ist Rothenburg genannt. Da haben die Juden lange Zeit, getrieben große Schant. Mit Wucherey und scharfer List, damit gar mancher Frummer zu Grund verdorben ist."[56]

---

49 FA 13.02.1936. Für eine vertiefte Auseinandersetzung mit der Person Unbehauen sei verwiesen auf die Biographie von Ulrich Herz: Der Maler und Mensch Ernst Unbehauen (1899–1980). Auch ein Stück Rothenburger Zeitgeschichte. Rothenburg o.d.T. 2011.

50 StAN, SpKA Rothenburg o.d.T., U6. Kreisleiter Steinacker in seiner politischen Beurteilung an das Gaugericht Franken der NSDAP 1936.

51 StAN, SpKA Rothenburg o.d.T., U6.

52 FA 02.08.1937.

53 Ebd.

54 Ebd.

55 Ebd.

56 Ebd.

Mahntafel am Spitaltor.

Abb. 1: „Judentafel" am Spitaltor [Abb. aus: Martin Schütz: Eine Reichsstadt wehrt sich: Rothenburg ob der Tauber im Kampfe gegen das Judentum. Rothenburg 1938, S. 113]

Mahntafel am Galgentor.

Abb. 2: „Judentafel“ am Galgentor [Abb. aus: Schütz: Eine Reichsstadt wehrt sich, S. 129]

Mahntafel am Klingentor.

Abb. 3: „Judentafel“ am Klingentor [Abb. aus: Schütz: Eine Reichsstadt wehrt sich, S. 96]

Am Burgtor

Abb. 4: „Judentafel“ am Burgtor [Abb. aus: „Fränkischer Anzeiger“, 02.08.1937. Foto: Stadtarchiv Rothenburg o.d.T.]

Bei dem letzten Zitat handelt es sich um einen Ausschnitt aus einem judenfeindlichen Lied, das anlässlich der Vertreibung der Juden aus Rothenburg geschrieben wurde.[57] Somit knüpfte auch Unbehauen an den mittelalterlichen Antijudaismus an, um seine Werke bildlich zu gestalten.

Des Weiteren ähnelten die Bilder in ihrer Darstellung den vulgär-antisemitischen Karikaturen von Philipp Rupprecht – bekannter unter dem Pseudonym Fips – aus der antisemitischen Wochenzeitung *Der Stürmer*. Unbehauen setzte mit seinen Zeichnungen ältere antisemitische Klischees ins Bild. Er visualisierte Stereotypen mit abstoßenden körperlichen Eigenschaften, die als Ausdruck einer in jeder Hinsicht abstoßenden Persönlichkeit zu sehen waren: fettleibig, unrasiert, wulstige Lippen, eine gekrümmte große Nase und hervorstehende Augen.

Für sein Wirken durfte der Künstler im Fränkischen Anzeiger eine besondere Belobigung erfahren. In dem Zeitungsartikel zeigte er sich für die Gestaltung der Mahntafeln voll verantwortlich.[58] Somit findet sich in der Person Unbehauen ein wichtiger Akteur, der im Rahmen seines Parteiamtes als Kreisheimatpfleger die lokale Machtstruktur stützte und durch sein künstlerisches Schaffen in der Region den Antisemitismus flankierte.

Vertreibung der Rothenburger Juden

Unter der NS-Herrschaft verließen alle in Rothenburg ob der Tauber wohnhaften Juden die Stadt. Bereits bis Anfang 1938 kam es zur Abwanderung von 57 jüdischen Bürgern.[59] Dem NS-Regime in Rothenburg ob der Tauber ging die Auswanderung aber nicht schnell genug. Die letzten jüdischen Bürger wurden am 22. Oktober 1938 aus der Stadt gewiesen.[60] Die SA drang in die Wohnungen jener Juden ein, die sich weigerten, Rothenburg zu verlassen[61] und zerstörte das Mobiliar, wie die Zeitzeugin W. er-

57 Cornelia Berger-Dittscheid: Rothenburg ob der Tauber. In: Wolfgang Kraus u. a. (Hgg.): Mehr als Steine... Synagogen-Gedenkband Bayern. Bd. 2: Mittelfranken. Lindenberg 2010, S. 542–562, hier S. 562.

58 FA 02.08.1937.

59 Einige Rothenburger Juden emigrierten, der Großteil verzog innerhalb Deutschlands. – Baruch Ophir, Falk Wiesemann: Die jüdischen Gemeinden in Bayern 1918–1945. Geschichte und Zerstörung. München, Wien 1979, S. 220.

60 FA 24.10.1938. Die BLVW-Akten weisen darauf hin, dass ein paar in die USA emigrierten, jedoch war dies nur ein geringer Anteil. Das Schicksal der 17 vertriebenen Rothenburger Juden – nach ihrem Abtransport per Eisenbahn in Richtung Nürnberg – ist aus dem Quellenmaterial nicht rekonstruierbar. Hagens These, Rothenburg ob der Tauber könnte in seiner Funktion als nationalsozialistische Musterstadt, mit der Vertreibung der jüdischen Bevölkerung eine Vorreiterfunktion für die „Reichskristallnacht“ am 09.11.1938 abgeliefert haben, kann auf Grund der Quellenlage nicht aufrecht gehalten werden. – Joshua Hagen: Preservation, Tourism und Nationalism. The Jewel of the German Past. Aldershot 2006, S. 216.

61 Ophir/Wiesemann, Jüdische Gemeinden (wie Anm. 59), S. 221.

zählte.[62] Anschließend wurden die Juden in der Synagoge zusammen getrieben und aufgefordert, die Stadt umgehend zu verlassen.[63] In einem Telegramm an den Kreisleiter Steinacker bedankte sich Gauleiter Streicher „für die Mitteilung, daß die letzten Juden aus Rothenburg verschwunden sind." Er führte weiter aus: „Hoffentlich ist damit die Zeit der Schande auch für Ihre schöne altehrwürdige Kreisstadt für immer ausgelöscht."[64]

Damit waren bereits zwei Wochen vor dem Pogrom der so genannten Reichskristallnacht in der Nacht vom 9. zum 10. November 1938 alle Juden aus Rothenburg ob der Tauber vertrieben, die jüdische Synagoge wurde geplündert und zerstört. Wenige Tage später wurden an allen Stadttoren Schilder aufgehängt, die darauf hinwiesen, dass die Stadt Rothenburg nach einem „jahrhundertelangen heldenhaften Abwehrkampf" gegen das „teuflische Parasitentum" jetzt endlich judenfrei sei, worauf der Stadt eine öffentliche Belobigung des Gauleiters Streicher zuteil wurde.[65] Nachdem auch die jüdischen Mitbürger aus der Stadt Rothenburg vertrieben waren, ergingen seitens Gauleitung im Juli 1939 erneut Appelle an die Kreisleitung, weiterhin antisemitische Propaganda in den einzelnen Ortsgruppen zu betreiben. Der Verlag des *Stürmers* stellte zu diesem Zweck „zugkräftiges Aufklärungsmaterial" in Form von Plakaten, pseudowissenschaftlicher Abhandlungen und Hetzschriften zur Verfügung.[66]

Was den Verbleib der Rothenburger Juden betrifft, so lässt sich dieser nur in Teilen rekonstruieren. Aktenkundig bewiesen ist, dass 32 in Rothenburg geborene und bis 1938 hier wohnhafte jüdische Bürger als verschollen gemeldet sind oder in den Konzentrations- und Vernichtungslagern der Nationalsozialisten in Osteuropa ums Leben kamen.[67] Die Spuren führen meist über Nürnberg und Fürth nach Theresienstadt, Riga, Izbica und Auschwitz. Exemplarisch sei verwiesen auf das Schicksal der Familie Wurzinger. Sigmund Wurzinger wurde zusammen mit seinen beiden Kindern Hannelore und Hans Siegfried am 10. September 1942 von Nürnberg aus nach Theresienstadt abtransportiert. Sigmund Wurzinger verstarb ein Jahr später, im Dezember 1943, in Theresienstadt, während seine 17-jährige Tochter und sein elfjähriger Sohn am 23. Oktober 1944 in Auschwitz ums Leben kamen.[68]

---

62 Zeitzeugengespräch mit W.

63 Ophir/Wiesemann, Jüdische Gemeinden (wie Anm. 59), S. 221.

64 FA 24.10.1938.

65 Rothenburgs Juden im Wandel der Zeit. In: Aufbau. America's leading German language Newspaper – Founded 1943, 12.04.1991.

66 StAN, Rep. 503. NSDAP Mischbestand, Kreisleitung Rothenburg o.d.T., Nr. 6.

67 Cornelia Berger-Dittscheid (wie Anm. 57), S. 554.

68 http://www.bundesarchiv.de/gedenkbuch/directory.html.de#frmResults [01.11.2011].

In Rothenburg erfolgten während der NS-Herrschaft ab 1938 mehrere so genannte „Arisierungen“ unter Federführung der lokalen NSDAP in Zusammenarbeit mit der städtischen Verwaltung.[69] Dabei wurden sowohl jüdische Kultgegenstände als auch mehrere Wohnhäuser, Gewerbebetriebe und Anwesen zwangsweise übereignet.[70] Zuständig dafür waren die unteren Verwaltungsbehörden sowie der Rothenburger Landrat und der Oberbürgermeister.[71] „Arisiert“ wurden unter anderem das Anwesen der Gebrüder Mann,[72] Leopold Westheimers Lederwarengeschäft in der Kirchgasse und sein Wohnhaus in der Herrngasse,[73] ferner das Wohn- und Geschäftshaus von Josef Wimpfheimer in der Unteren Schmiedgasse.[74] Zwangsweise übereignet wurde auch das Wohnhaus von Fanny Löwenthal in der Herrngasse.[75] Außerdem wurden verschiedene jüdische Kunst- und Kultgegenstände zwangsweise beschlagnahmt.[76] Auch das Gebäude in der Herrngasse, in dem sich die jüdische Synagoge befand, wurde von einem Rothenburger aufgekauft und in eine Privatwohnung umgewandelt.[77] Das Grundstück des jüdischen Friedhofs und die dortige Totenhalle gingen in den Besitz der Stadt Rothenburg über.[78] Ortsansässige Rothenburger erkannten die Gunst der Stunde und erstanden die sich ehemals im jüdischen Besitz befindlichen Immobilien.

Resistenz

Diejenigen, die wirtschaftliche Vorteile durch Kontakte mit Juden hatten, sei es durch geschäftliche Beziehungen mit jüdischen Viehhändlern oder durch Arbeit bei jüdischen Geschäftsinhabern, waren nicht ohne Weiteres bereit, diesen Kontakt abzubrechen und die jüdische Bevölkerung zu boykottieren.[79] Der wirtschaftliche Handel spielte sich fortan im Geheimen ab.[80] Der Propagandaleiter der Ortsgruppe Dombühl, Ludwig Stahl, vermerkte am 27. Januar 1936 in einem Schreiben an die Kreisleitung:

---

69 StAN, SpKA Rothenburg o.d.T., H147.

70 Das Bezirksamt Rothenburg o.d.T. regelte den bürokratischen Ablauf des Einsatzes jüdischen Vermögens. Vgl. StAN, LRA Rothenburg o.d.T., Abgabe 1975, Nr. 325.

71 StAN, BLVW, Nr. 325.

72 StAN, BLVW, Nr. 339.

73 StAN, BLVW, Nr. 384a.

74 StAN, BLVW, Nr. 386.

75 StAN, BLVW, Nr. 399.

76 StAN, BLVW, Nr. 395, 396.

77 Ophir/Wiesemann, Jüdische Gemeinden (wie Anm. 59), S. 221. Vgl. StadtA Rodt, Rep. 101.

78 StAN, LRA Rothenburg o.d.T., Abg. 1975, Nr. 404.

79 Kershaw (wie Anm. 28), S. 299.

80 Zeitzeugengespräch mit G.

> „Die Handelstätigkeit der Juden greift zur Zeit immer mehr um sich […], da sich einige Bauern […] von der Viehverwertung benachteiligt fühlten, machen sie mit den Juden Geschäft[e], es hat sogar ein Bauer ein Pferd von einem Rothenburger Juden gekauft."[81]

Ferner belegte ein anonymes Schreiben vom 10. August 1934 an den Reichsstatthalter Ritter von Epp, dass sich manche Rothenburger sorgten, antisemitische Hetzplakate mit der Aufschrift „Die Juden sind unser Unglück" könnten dem Fremdenverkehr schaden.[82] Darüber hinaus setzte sich der Anspruch des NS-Regimes in einem Kernpunkt nicht durch: Die Nationalsozialisten vermochten nicht die ganze Bevölkerung mit aggressivem Judenhass zu erfüllen, wie die weltanschaulichen Lageberichte vom 20. Oktober 1943 aus Ortsgruppen wie Hartershofen und Frommetsfelden im Bezirk Rothenburg ob der Tauber zeigten.

> „Das Märchen vom „anständigen Juden" tritt zur Zeit wieder auffällig hervor. Man hört des Öfteren die Meinung vertreten, daß die Juden von der Partei zu hart behandelt worden seien."[83]

Somit erreichte die Depersonalisierung der NS-Ideologie, die in abstrakter Form nicht den konkreten jüdischen Mitmenschen, sondern das „Judentum" meinte, nicht die Basis auf der lokalen Ebene.

> „Der Jude in höherer Stelle, der Einfluß hat im Staatsleben, das geben sie zu, den hätte man entfernen können; den kleinen Juden unter dem Volk und der breiten Volksmasse, der wäre gut gewesen …"[84]

Der weltanschauliche Lagebericht der Kreisleitung in Rothenburg vom 20. Februar 1944 zeigte, wie die Gewalt gegenüber der jüdischen Bevölkerung kritisiert wurde:

> „[…] der Kampf der Partei gegen die Juden war zu scharf, dafür haben wir jetzt den Krieg und den Luftterror gegen unsere Städte und Zivilbevölkerung. Genau so, wie ihre Synagogen zerstört worden sind, werden jetzt unsere Wohnhäuser zerstört."[85]

Jedoch geht aus den Aussagen auch hervor, dass nur die Art und Weise der Judenverfolgung kritisiert wurde; bestimmte Grundlinien des NS-Antisemitismus prägten aber weiterhin die Mentalität eines großen Teils der Bevölkerung.

---

81 StAN, Rep. 503 NSDAP Mischbestand, Kreisleitung Rothenburg o.d.T., Nr. 6.

82 StaR, Rep. 101. Zur Rolle des Reichsstatthalters Franz Xaver Ritter von Epp für die nationalsozialistische Herrschaft sei verwiesen auf: Bernhard Grau: Der Reichsstatthalter in Bayern: Schnittstelle zwischen Reich und Land. In: Hermann Rumschöttel, Walter Ziegler (Hgg.). Staat und Gaue in der NS-Zeit. Bayern 1933–1945. München 2004, S. 129–169.

83 StAN, Rep. 503, Kreisleitung Rothenburg o.d.T., Nr. 7. Weltanschauliche Lageberichte vom 20. Oktober 1943.

84 Ebd.

85 StAN, Rep. 503, Kreisleitung Rothenburg o.d.T., Nr. 7. Weltanschaulicher Lagebericht der Rothenburger Kreisleitung vom 20. Februar 1944.

Fazit

Es bleibt festzuhalten: Antisemitische Politik wurde in der Stadt Rothenburg unter der NS-Herrschaft – den Bestimmungen auf Reichsebene sogar vorauseilend – durchgeführt, angefangen bei Boykottmaßnahmen, Einschränkungen bei der Gewerbe- und Berufsausübung bis hin zur Vertreibung der jüdischen Bürger. Die Anhänger des NS-Regimes profitierten sowohl von den wirtschaftlichen Boykottmaßnahmen wie auch von den „Arisierungen", bei denen sie sich bereicherten.[86] Die Rothenburger Gemeindeverwaltung unterstützte die „Judenpolitik" der NSDAP bis hin zur Verwertung des Vermögens der Vertriebenen über den vollen Zeitraum der nationalsozialistischen Herrschaft.

86 Die „arisierten" Häuser wurden deutlich unter dem Marktwert an die Rothenburger weiter verkauft. Vgl. StAN, BLVW-Akten, Stadt Rothenburg.

Autoren

Daniel Bauer, Lehramtsassessor, Promotionsstudent im Fach Neueste Geschichte an der Friedrich-Alexander-Universität Erlangen-Nürnberg

Dr. phil., Dipl. Ing. (FH) Cornelia Berger-Dittscheid, Mitarbeiterin beim Synagogen-Gedenkband Bayern, Birkenweg 5, 93142 Maxhütte-Haidhof

Dr. Stefanie Fischer M.A., freie wissenschaftliche und pädagogische Mitarbeiterin bei der Stiftung „Denkmal für die ermordeten Juden Europas" und bei der „Gedenk- und Bildungsstätte Haus der Wannsee-Konferenz", Berlin

Dr. Oliver Gußmann, Touristen- und Gästepfarrer St. Jakob, Klostergasse 15, 91541 Rothenburg

Prof. Dr. Johannes Heil, Ignatz Bubis-Lehrstuhl für Kultur, Geschichte und Religion, Hochschule für Jüdische Studien, Landfriedstr. 12, 69117 Heidelberg

Dr. Ludwig Schnurrer, Historiker, ehem. Leiter des Stadtarchivs Rothenburg o.d.T., Gerhard-Hauptmann-Straße 12, 91541 Rothenburg o.d.T.

Thomas Schreiner, Dipl.-Archivar, Stadtarchiv Rothenburg ob der Tauber, Büttelhaus, Milchmarkt 2, 91541 Rothenburg o.d.T.

Claudia Steffes-Maus, Arye Maimon-Institut für Geschichte der Juden Universität Trier, Universitätsring 15 DM 226, 54286 Trier

Register

Ortsregister

Personenregister

Zeitfracht Medien GmbH
Ferdinand-Jühlke-Straße 7
99095 Erfurt, Deutschland
produktsicherheit@kolibri360.de